Markus Schächter

Die Messdiener

Markus Schächter

Die Messdiener

Von den Altarstufen zur Showbühne.
Erfahrungen der Showstars von Günther Jauch
bis Matthias Opdenhövel

HERDER

FREIBURG · BASEL · WIEN

MIX
Papier aus verantwortungsvollen Quellen
FSC® C083411

2. Auflage 2014

www.herder.de

Satz: de·te·pe, Aalen
Herstellung: CPI books GmbH, Leck

Printed in Germany

ISBN 978-3-451-29971-1

Inhalt

Vorwort

Wenn in einem der prominenten Top-Jobs gut die Hälfte der dort erfolgreichen Stars aus einer Gruppe von Menschen kommt, deren Vergangenheit eine auffällige Gemeinsamkeit aufweist, dann macht das neugierig. Und wenn es zwischen diesem Spitzenjob und dieser Herkunft auf den ersten Blick ausgesprochen wenig Gemeinsamkeiten zu geben scheint, dann lohnt es sich allemal, genauer hinzuschauen. Jedenfalls erklärt sich die biografische Beziehung zwischen vielen Showstars aus der ersten deutschen Fernsehliga und ihrer kirchlichen Vergangenheit mit Messdienerzeit nicht von selbst. Von den 25–30 Unterhaltungsmoderatoren in den letzten drei Jahrzehnten sagen gut 15 von sich, dass sie früher Messdiener waren. Gibt es eine besondere, bisher unbeachtete Verbindungslinie zwischen Showbiz und Messdienst? Dies war eine Frage, die auch bei mir als ehemaligem Programmentscheider im ZDF irgendwann einmal aufkam. Sicher keine zentrale oder strategisch bedeutsame Frage. Sie stellte sich mehr aus programmpsychologischer Verwunderung. Der Gegensatz zwischen beiden Tätigkeiten könnte – *prima vista* – ja kaum größer sein. Hier das glamouröse Entertainment mit dem Millionenpublikum und dem roten Teppich, mit den gefeierten Stars und den großen Schlagzeilen – dort ein eigentümlich zurückgenommener, fast verschroben wirkender Zirkel junger Menschen mit geheimnisvoll anmutenden Spezialaufgaben für Gottesdienst und religiöse Zeremonien.

Was steckt hinter einem solchen Zusammenhang, der seit den 80er Jahren nicht nur Programminsider erstaunt? Welche heimliche Verbindungslinie existiert zwischen den Altarstufen und der Showbühne? Was hat eine solche Karriere mit einer religiös grundierten Kindheit zu tun, die die ehemaligen Messdiener auf der Showbühne als gemeinsamen Ausgangspunkt bezeichnen? Steckt in der katholischen Kindheit eine spezifische Lust und List und eine Kraft, die erklärbar macht, dass eine solche Vergangenheit als eine besonders geeignete Startrampe für den Erfolg im Showbiz taugt?

Das wäre dann eine neue Sicht der Dinge. Bis vor noch gar nicht so langer Zeit war es in der öffentlichen Diskussion in Deutschland ziemlich klar, dass eine kirchliche Kindheit, ob katholisch oder evangelisch, durchaus kritisch zu sehen ist. Der evangelisch sozialisierte Psychoanalytiker Tilmann Moser hat es in dem extremen Bild der »Gottesvergiftung« drastisch so formuliert: »Kirchliche Kindheit ist kindliches Unglück.« Moser beschreibt seine in der Kindheit anerzogene Religiosität als Krankheit und als eine Fessel, die die Entwicklung eines wirklichen und gelingenden Lebens behindert und zu Neurosen führt. Dieses Deutungsmuster hat lange für den öffentlichen Disput eine Art Deutungshoheit besessen.

In Diskussionen über kirchlich geprägte Kindheiten war, wenn es um katholische Zusammenhänge ging, das Amt und der Begriff des Messdieners in besonderem Maße exemplarisch. Wer in der säkularen Welt von sich sagt, er sei Ministrant gewesen, galt eher als sonderbar. Ein Messdiener galt als eher harmloser und argloser Zeitgenosse, der noch nicht viel weiß vom Leben. »Oberministrant« gar war ein anderes Wort für jemand, der sich mit einem falschen Leben aufspreizt.

Immerhin: Im letzten Jahrzehnt hat sich das Klima um die Einschätzung religiöser Fragen etwas gedreht. Glaube und Spiritualität, die Fragen nach der eigenen Herkunft, nach dem Sinn der eigenen Existenz haben einen neuen Stellenwert. Eine ganze Reihe von Ereignissen haben nach der Jahrtausendwende so etwas wie die »Rückkehr der religiösen Frage« begründet: die zugespitzte Auseinandersetzung mit dem Islam, die Beschäftigung mit dem Buddhismus, die weltweite Aufmerksamkeit um das öffentliche Sterben des polnischen Papstes, später der ganz neue Papst Franziskus. Indikator und Symptom eines neuen Denkens war auch der sensationelle Erfolg des Pilgerbuchs von Hape Kerkeling mit seinen Erzählungen vom lieben Gott und dem Glauben an ihn.

Neue Umfragen sprechen seit 2005 davon, dass es eine Art »Wiederkehr des Religiösen« gibt. Nur wenig von dem, was zu dieser »Renaissance der Religion« gehört, zahlt allerdings auf das Konto der Kirchen ein. Bis heute gibt es eine unverminderte Austrittswelle, die durch Missbrauchsskandale und Kommunikationsversagen zugleich befeuert wird. Aber Religion und Spiritualität werden zu Beginn des neuen Jahrtausends wieder ein gesellschaftlich akzeptiertes Thema. Ein Nebeneffekt dessen, dass auch das Interesse an den Besonderheiten einer kirchlichen Kindheit mit Taufe und Kommunion bzw. Konfirmation wieder zunimmt, ist ein neues Interesse auch an der bunten Existenz der Messdiener-Gruppen. Gänzlich ironiefrei spricht die »Süddeutsche Zeitung« vom Ministrantendienst als einer »Schule des Lebens«. Die Argumentation folgt einer neuen Erfahrung. Wie könnte man ansonsten erklären, fragt die Zeitung, warum so viele Politiker, Spitzensportler, Schauspieler, Kabarettisten und Künstler der Öffentlichkeit kundtun, dass sie einmal Messdiener waren? Anders als noch Jahre zuvor macht man jetzt fröhlich öffentlich, dass man doch gerne bei diesem »Club« war, bei dem man zum ersten Mal seinen öffentlichen Auftritt und auch erstmals öffentliche Anerkennung erfahren hatte. Ein solcher Stolz folgt freilich einer ziemlich eigenen Logik.

Nirgendwo in der Gesellschaft wird einer so großen Gruppe von so jungen Menschen so früh und so selbstverständlich zugetraut, eine solche Breite an Aufgaben, Funktionen und Tätigkeiten zu übernehmen wie im katholischen Gottesdienst.

Und nirgendwo gibt es für Kinder und Jugendliche so früh die Chance, vor erwachsenen Menschen ihren eigenen Auftritt zu gestalten, mit klaren Rollenzuweisungen und wichtigen Funktionen. Sie sind dann Teil einer vorgegebenen, festgelegten Dramaturgie, die viele Facetten menschlicher Emotionen kennt: bewegend feierlich wie etwa in der Osterliturgie, düster und mitleidend wie in der Fastenzeit, adventlich getragen und in tausend Kerzen getaucht vor und um Weihnachten.

Fast 500 000 junge Menschen in Deutschland, 50 000 in Österreich und 35 000 in der deutschsprachigen Schweiz sind bei diesem Dienst dabei. Dass es derzeit wieder mehr Messdiener gibt als in den letzten Jahren, hängt auch damit zusammen, dass es jetzt überall üblich ist, dass auch Mädchen am Altar stehen dürfen: eine revolutionäre Veränderung für den Altardienst in der katholischen Kirche, wenn man bedenkt, dass die »Akolythen« – wie die Messdiener früher hießen – über ein Jahrtausend lang eine Vorstufe zum Priesteramt bildeten. Das alte Idealbild der Kleriker-Ministranten hat sich in seinen unterschiedlichen Ausprägungen im Prinzip bis zur Mitte des letzten Jahrhunderts gehalten.

In der Nachkriegsgeneration, ab 1950 bis Mitte der 60er Jahre, erlebt ein neuer Typus des Gemeindemessdieners eine bis dahin ungekannte Konjunktur: Fast jeder getaufte Junge, der bei der Erstkommunion war, sollte, konnte und wollte jetzt Messdiener werden. Und dafür hatte sich auch längst eine klare Hierarchie-Vorstellung unter den Ministranten herausgebildet. Es ist eine ganz eigene interne Karriereleiter. Und für jede Stufe gab es eine Aufstiegsmöglichkeit, die mit einem lateinischen Titel umschrieben war. Der Anfänger, der die Kerzen trug, war der Ceroferar, wer als Assistent des zelebrierenden Priesters den Altardienst besorgte, war der Akolyth. Der legendäre Rauchfass-Schwenker, der bei den feierlichen Hochämtern und bei Prozessionen dem liturgischen Geschehen eine besondere Note zu geben hatte, war der Thurifer. Und der, der die Fürbitten und die Lesung vortragen durfte, war der Lektor. Dazwischen gab es noch die Stufe des Fahnenträgers und, wenn man ganz oben angekommen war, die dirigierende Funktion des Zeremoniars, der die anderen anleitete. Das ist für junge Leute vor und in der Pubertät eine steile Nomenklatur, die früher durch die lateinische Sprachgestalt der Gebete und Antwortrituale mit zungenbrecherischen Wortkaskaden noch überhöht wurde.

All dies machte aus manchen frommen Messdienergruppen einen stolzen, seiner besonderen Bedeutung und Stellung bisweilen sehr bewussten und darum ziemlich geschlossenen Zirkel. Mit dem langsamen Niedergang der Volkskirche wurde jedoch in vielen Gemeinden der selbstbewusste Kreis mit seinen vielen Funktionen eher zur Kleingruppe. Die Anzahl und das Ansehen der »Minis« gingen Ende der 70er und in den 80er Jahren deutlich zurück. In der Öffentlichkeit setzte ein Reputationsknick ein. Wer freiwillig dabeiblieb, sah sich in seiner Rolle von der Gesellschaft eher belächelt – so, als wenn er noch nicht den Anschluss an die Moderne gefunden hätte.

Das neue Klima in der Bewertung religiöser Fragen Anfang des neuen Jahrhunderts, die Renaissance von Religion und Glaube bringt dann aber auch eine Veränderung im Selbstwertgefühl der Messdiener: Der Ministrant im roten Talar ist bei den Inszenierungen der Weltjugendtage und der großen, jetzt live im Fernsehen übertragenen Feierlichkeiten der Weltkirche ein besonderer Hingucker. Die Öffentlichkeit wird wieder aufmerksam auf diese Messdiener, die lange Zeit vom Radar der breiten Wahrnehmung verschwunden waren. Man wird neugierig auf diesen Verein, zu dem sich immer mehr prominente Mitglieder der Gesellschaft bekennen – und zwar auch solche, von denen man in ihrem jeweiligen Metier nicht ohne Weiteres erwartet hat, dass sie ihrem einstmaligen

»Club« so große Bedeutung für die Prägung ihres Lebens zuerkennen.

Die Auflistung jener Ministranten, die das belegen, ist beachtlich. Der geläufigste Zusammenhang ist dabei noch der zwischen der Sakristei und der Politik. Von Spitzenpolitikern, die Messdiener waren, war schon immer die Rede. Es waren vornehmlich die Christdemokraten wie Helmut Kohl oder Bernhard Vogel, Heiner Geißler oder Norbert Blüm, bei denen klar war, dass in einem quasi natürlichen Kausalzusammenhang zwischen Altarstufen und Kabinettsplätzen Menschen kontinuierlich ihren Weg vom Messdiener über die Junge Union zu Spitzenfunktionen in der Politik gegangen sind – ein Weg, der heute ja keineswegs mehr selbstverständlich ist.

Gleichzeitig wird die Öffentlichkeit überrascht von sehr engagierten ehemaligen Messdienern in der SPD-Führungsriege: Andrea Nahles, SPD-Linke, Ministerin für Rentenreform und Mindestlohn, war in ihrer kleinen Eifelgemeinde eines der ersten Mädchen, die sich gegen den Widerstand des Pfarrers durchgesetzt hatten und eine Hauptrolle am Altar spielten. 2009 schreibt sie ein autobiografisches Buch: »Frau, gläubig, links«. Ein ganz neuer Dreiklang, den ihr nicht zuletzt ihr Engagement bei den Messdienern nahegelegt habe, sagt die Autorin, die dann später beim Sturz von Franz Müntefering eine zentrale Rolle spielen sollte. Ausgerechnet Müntefering. Er ist der »Sprecher« der Messdiener-Fraktion in der SPD – und ein großer Erklärer, wie Politik »zu gehen hat«: »Wir brauchen gerade in der Politik Inszenierung und beste Dramaturgie«, schreibt er in einem großen Essay über das Staatstheater der Alltagspolitik. Und weiter: »Ich war in Kindheit und Jugend Messdiener. Da habe ich intensiv erlebt und gelernt, was ich Jahrzehnte später dann in meiner Partei wiederfand: Rituale, Gesang, Besinnung und Gemeinschaft, Gebete und Erkenntnisse, Fahnen und Musik.«

Fehlt nur noch der Weihrauch. Den hatte sich ein anderer politischer Alpha-Mann aus dem rot-grünen Lager zu eigen gemacht. Joschka Fischer war lange Zeit Messdiener und Weihrauchspezialist in Oeffingen bei Stuttgart.

Prägende Einflüsse gibt es dann freilich auch in vielen anderen Beziehungsgeflechten – zum Beispiel in der Sphäre der Kunst: Ein Beispiel ist der verstorbene Theaterregisseur Christoph Schlingensief, lange Deutschlands umtriebigster und innovativster Theaterprovokateur. Nur zwei Jahre nach seinem Tod hat seine Heimatstadt Oberhausen bewusst jene Straße nach ihm benannt, an der die Herz-Jesu-Kirche liegt, wo Schlingensief in Kindertagen ein sehr aktiver Messdiener war und seitdem in permanentem, aber intensiv produktivem Clinch mit den dortigen Pfarrern lag.

So ähnlich war es auch bei Christoph Maria Herbst, dem Hauptdarsteller in der Erfolgsserie »Stromberg«, einem TV-Serienerfolg und späteren Kinofilm über Deutschlands fiesesten Chef, »der nach unten tritt und nach oben buckelt«. Im wahren Leben ist er umgänglich, ein bekennender Christ aus kirchlich aktivem katholischem Elternhaus. Der zweite Vorname »Maria« war offensichtlich bewusst und programmatisch gewählt. »Was bin ich froh, dass sich Joseph keine Sandy oder Priscilla geschnappt hat«, sagt Christoph Maria Herbst, der über zehn Jahre Messdiener, Obermessdiener und dann Lektor war.

Auf ihre kirchliche Vergangenheit und religiöse Grundierung berufen sich auch überraschend viele Spitzensportler. Unter den Fußballern fällt der sonst sehr zurückhaltende Nationalspieler Miroslav Klose durch seine deutliche Position auf. »Ich bin gläubiger Katholik«, sagt der Sohn polnischer Eltern aus dem schlesischen Oppeln. Er war in seiner Nordpfälzer Heimat engagierter Messdiener und Sternsinger. Von ihm gibt es den typischen Klose-Satz: »Ich freue mich auf

Weihnachten, weil es dann bald wieder losgeht mit der Sternsingerei.« Sein Glaube sei ein selbstverständlicher Teil seiner Existenz.

Auch sein Trainer, Joachim Löw, spricht über den Glauben. Der ehemalige Messdiener aus der Schwarzwald-Gemeinde Schönau findet, es nutze der Gruppendynamik seiner Elf, wenn sich einzelne Spieler für Wertefragen und Spiritualität öffneten. Löw bekennt, sein Glaube gebe ihm die Zuversicht, »dass es stärkere Kräfte im Menschen gibt als den Egoismus«.

Als »kabarettbegabt« gilt der Stürmerstar der Nationalmannschaft und des FC Bayern, Thomas Müller. Der Messdiener aus Pähl im bayerischen Pfaffenwinkel war bei der gewonnenen Weltmeisterschaft 2014 einer der auffälligsten und überzeugendsten Spieler. Er verkörpert eine Haltung von Teamfähigkeit, Unbekümmertheit und Selbstbewusstsein wie kaum jemand sonst. Seine Mannschaftskollegen haben oft genug seine geradezu besessene Lust gerühmt, als besonderer Individualist sich in den Dienst der Mannschaft zu stellen.

In fast jeder wichtigen Teilöffentlichkeit lassen sich solche Spuren verfolgen: Bruno Jonas, Gerhard Polt oder Dieter Nuhr im Kabarett, Christian Rach und Johann Lafer in der Spitzengastronomie oder Tom Buhrow, Claus Kleber und Heribert Prantl im Journalismus – oder auch in der Literatur, wo die Büchner-Preisträger Arnold Stadler und Martin Mosebach für ganz unterschiedliche Positionen in kirchlicher und existenzieller Selbstreflexion stehen. Selbst in den Gewerkschaften und sozialen Spitzenverbänden gibt es Chefs, wie Franz-Josef Möllenberg, Vorsitzender der Gewerkschaft Nahrung – Genuss – Gaststätten, oder Ulrich Schneider, Sprecher des gesellschaftskritischen Paritätischen Wohlfahrtsverbandes, die sich gerne dazu bekennen, einstmals in der Kirche »gedient« zu haben. Sie alle sind Taktgeber im öffentlichen Diskurs, gehören zu den Meinungsführern ihres Metiers. Daraus entsteht ein bemerkenswert großes Spektrum, eine unerwartet breite Präsenz und eine gesellschaftliche Auffälligkeit.

Eine Branche aber sticht alle anderen aus und ist an Zahl und Bedeutung der dort versammelten ehemaligen Messdiener kaum zu übertreffen. Es ist mit der Unterhaltungsindustrie im Fernsehen ausgerechnet der Show-Zirkus der großen Unterhaltungsbranche.

Wie geht das zusammen – vom Hochamt am Hauptaltar zum TV-Event am Hauptabend? So sehr sich auch bei der ersten Annäherung ein geradezu krasser Kontrast und scheinbar unüberbrückbarer Graben zwischen beiden »Dienst-Leistungen« auftut, so ist für viele heutige Showstars der Weg von der Stille der Frühmesse zu den »standing ovations« des Hallenpublikums keineswegs ein Widerspruch. Sie sind Lieblinge der Öffentlichkeit und die Aushängeschilder der Sender, in denen sie auftreten.

Da ist Thomas Gottschalk, über Jahrzehnte der Superstar des deutschen Unterhaltungsfernsehens, der als einer der Ersten – fröhlich, offensiv und geradeaus – von seiner kirchlichen Prägung gesprochen hat und seine religiöse Herkunft, seine kirchliche Kindheit und darin seine Messdienerzeit als eine Wurzel seiner unvergleichlichen Erfolgsstory bezeichnet. Die Presse nennt den blonden Alleskönner gern den »geborenen Messdiener«. Da ist Gottschalks Freund, Günther Jauch, der Souverän der etwas leiseren Show, der als Moderator und Journalist das breite Themenspektrum der neugierigen Zeitgenossen repräsentiert. Das Fernsehpublikum vertraut ihm wie kaum einem anderen und wünscht ihn sich in die allerhöchsten deutschen Ämter. Auch Hape Kerkeling gehört dazu, der Entertainer mit der sanften Heiterkeit und tiefen Spiritualität.

Gottschalk, Jauch und Kerkeling waren lange Zeit das Spitzentrio der Unterhaltungsbranche im deutschen Fernsehen.

Sie haben über eine sehr lange Strecke den Gipfel familienfähiger und populärer Unterhaltung verkörpert. Stefan Raab mit seiner bisweilen anarchischen Stilistik macht das Trio zum Spitzenquartett. Er trifft vor allem den auf Comedy ausgerichteten Geschmack jüngerer Zuschauer. Stefan Raab hat im Rheinland »das Glöckchen nicht nur gebimmelt, wenn der Priester Kelch und Hostie hebt«. Sein alter Gemeindepfarrer schwärmt von ihm als von einem »ungewöhnlich an der Sache interessierten und über die Maßen engagierten Messdiener«. Stefan Raab selbst verschließt sich im Interesse seiner Familie und der Privatsphäre seiner Kinder restriktiv wie kaum ein anderer der öffentlichen Nachfrage. Für ein Gespräch zu diesem Buchprojekt über die Erfahrung einer katholischen Kindheit stand er bedauerlicherweise nicht zur Verfügung.

Die hohe Präsenz der Ministranten im Showgeschäft ist keine Generationsfrage: Es gibt die ganz Jungen, die in den 90er Jahren ihre Messdienerzeit hinter sich gebracht haben, es gibt die Babyboomer wie das beschriebene Quartett, geboren vor und nach 1960, und es gibt die, die vor dem Krieg, während der Kriegswirren oder in der noch deutlich durch sie geprägten Zeit geboren wurden.

Zu den Letzteren zählt Frank Elstner. Der Erfinder von »Wetten, dass …?« hat eine 50-jährige Spitzenkarriere mit vielen Höhepunkten und mit nur ganz wenigen Tiefs hingelegt.

Alfred Biolek ist ein Kind des böhmischen Katholizismus mit einer stark barocken Grundierung. Er war lange ein Messdiener, der sich begeistert hat an der Inszenierungskraft der Messen, Andachten und Prozessionen. Die »grandiose Emotion bei einer Mozart-Messe« und die verschiedensten Feierlichkeiten des ganzen Kirchenjahres mit ihren »dramaturgischen Momenten einer biblischen Traurigkeit und himmlischen Freude« genoss er nach der Flucht mit seiner Familie aus der böhmischen

Heimat auch in seiner neuen, protestantisch geprägten Umgebung in Württemberg.

Dieter Kürten hat noch im fortgeschrittenen Alter ministriert. Samstagsabends führte er eloquent und humorvoll durch das »Aktuelle Sportstudio«, am Sonntagmorgen war der »Mann für alle Fälle« im Sonntagsgottesdienst als Messdiener und Lektor zu sehen und zu hören.

Dieter Kürten, Alfred Biolek, Frank Elstner: drei Moderatoren mit vorkonziliarer Messdienerfahrung, die ihre klassische TV-Karriere in einer Zeit gemacht haben, in der die noch fehlende Konkurrenz Zeit und Möglichkeit ließ, um ruhiger und sorgfältiger als jemals wieder in der TV-Geschichte das eigene Format, das eigene Talent, das eigene Profil und schließlich die eigene Marke aufzubauen.

Gegen Ende einer solchen Zeit, die die heutigen Macher gerne als »altes Paradies« bezeichnen, betritt ein anderer Quotenkönig die Unterhaltungsbühne: Jürgen von der Lippe, Sohn eines Barmixers in einem Nachtlokal, wird durch charismatische Religionslehrer in Aachen zum Messdienen bewogen. Seine große Karriere als Spaß-Moderator ist durch einen ganz individuellen Stil, dem man die 68er-Impulse anmerkt, geprägt. Heute bezeichnet sich Jürgen von der Lippe, der früh aus der Kirche ausgetreten ist, als bekennenden Agnostiker, der sich in seinen Publikationen und auf der Bühne mal ironisch, mal nachdenklich mit dem Glauben seiner Kindheit auseinandergesetzt hat: »Ich glaube nicht an Gott. Aber ich vermisse ihn«, wird sein gern zitiertes Anti-Credo.

»Mich lässt diese Sache nicht mehr los«, bekennt dagegen Reinhold Beckmann. Die katholische Kindheit in einer eher schwierigen norddeutschen Diaspora hinterlässt tiefe Spuren. Seine kirchliche Frühzeit bedeutet dem Granden der ARD-Unterhaltung nach wie vor außerordentlich viel. Er – und darin ähnelt er Thomas Gottschalk – bekennt sich selbstbewusst und offensiv dazu, dass es für ihn einen durchaus engen Zusammenhang von kirchliche Wurzeln und erwachsener Existenz gibt.

Anne Will, Talk-Moderatorin, sieht nur einen losen Zusammenhang zwischen ihrer kölnisch-katholischen Kindheit und ihrer heutigen Lebensform, sie nimmt eher Brüche wahr als Brücken. Sie ist in diesem Buch eine zweifache Ausnahme: Sie ist nicht nur die einzige Frau unter dem runden Dutzend männlicher Kollegen, sie durfte sich auch nicht offiziell Messdienerin nennen, weil ihr Pfarrer damals Frauen am Altar strikt abgelehnt hatte. Das hat einerseits dazu geführt, dass ihr Engagement für Gleichberechtigung und ihr Kampf gegen Ungleichbehandlung bereits früh begonnen hat; und andererseits entwickelte sie den Ehrgeiz, dem Pfarrer ein Schnippchen zu schlagen und es ihrem »dienenden« älteren Bruder gleichzutun. Bei Schul- und Wortgottesdiensten, aber auch bei der Aussendung der Sternsinger übernimmt sie, etwa als Lektorin, Messdienerhilfsdienste.

Mit halben Sachen und falschen Restriktionen hat sich niemand aus der jüngeren Generation der Messdiener mehr abspeisen lassen müssen. Die Gemeinsamkeit der Ministranten aus den späten 80er und den 90er Jahren, die es – nicht ohne Verwunderung in der Szene – ebenfalls schafften, später auf der großen Bühne der Fernsehshows im Mittelpunkt zu stehen, lag darin, dass sie sich ganz bewusst und freiwillig für den Altardienst entschieden haben. Da gab es nicht mehr die großen Klassenverbände, die sich kollektiv beim Pfarrer einschreiben ließen. Die Entscheidung war hier eine ganz individuelle Wahl und setzt Selbstbewusstsein voraus.

Matthias Opdenhövel, Moderator während der Fußballweltmeisterschaft 2014 vor bis zu 30 Millionen Zuschauern, war auch einer von diesen. Zum Ende seiner kirchlichen Karriere war er der Kreuzträger, der im feierlichen Hochamt und an besonderen Festtagen des Kirchenjahres vor der gesamten Schar der liturgischen Funktionsträger vorherschreitend besondere Verantwortung für den Ablauf der Liturgie trug.

Einen ähnlichen »Karriere«-Verlauf an den Altarstufen verzeichnet auch Guido Cantz, der Mittelpunkt des ARD-Klassikers »Versteckte Kamera«. In den drei großen »K's«, die in Köln zählen – Kirche, Karneval und Kicken –, wollte Guido sich von niemand übertreffen lassen.

Sven Lorig, seit vielen Jahren Anchorman im Morgenmagazin und Moderator unterschiedlicher Showabende in der ARD, war die lange Zeit von zehn Jahren engagiert beim Dienen.

Willi Weitzel hat mit »Willi wills wissen« die Herzen der Kinder und die Unterstützung ihrer Eltern wie auch das Votum der Juroren von großen Fernsehpreisen erobert. Und er hat es fertiggebracht, auf dem Höhepunkt seiner Sendung von sich aus Schluss zu machen, um mit etwas Neuem zu beginnen. Die Gefahr eines möglichen dunklen Schattens über seiner Messdiener-Kindheit in Gestalt eines aufdringlichen Pfarrers hat er abwehren können. Dieses Erlebnis ist bis heute für ihn eine große Belastung.

Ein Messdiener ganz eigener Herkunft ist Markus Lanz: In seiner Heimat in den italienischen Dolomiten hatte man kaum eine Chance, nicht Messdiener zu werden. Die fünf Jungs aus seinem Kommunionunterricht waren zur »Aufrechterhaltung« der liturgischen Minimalia fest vom Pfarrer eingeplant – und Lanz blieb schließlich bis zum Abitur dabei. Wenn er heute zur Kur für die Seele wieder über den Brenner nach Hause zurückfährt, wohnt er in der Nähe seines Heimatdorfes auf einer ausgebauten Alm. Touristen sind bisweilen überrascht, wenn sie im Sommer bei den großen feierlichen Gottesdiensten unter den mitwirkenden Gläubigen auch einen Kopf entdecken, den sie aus dem deutschen Fernsehen kennen.

Es sind diese besonders feierlichen, im Fachjargon »levitierten« Messen, die Harald Schmidt, selbst eine der Legenden des Showbusiness, zu einer Erklärung des Zusammenhangs zwischen TV-Moderation und Messdienerei bringen: Die Begegnung mit Liturgie und Inszenierung sei für jedes Messdiener-Kind, »eine erste fundamentale Erfahrung der Theatralik«. Sie gehe, wenn sie nur intensiv wiederholt und abwechslungsreich variiert werde, durchaus in Herz und Seele, Hirn und Bauch. Harald Schmidt war, auch wenn es die Gerüchte anders wollen, kein Messdiener. Er hat die Prüfung zum Kirchenmusiker gemacht und in Gottesdiensten seiner Gemeinde die Orgel gespielt. Er hat die Abläufe einer katholischen Messe quasi aus der Höhe der Empore und aus der Distanz der Orgelbank erlebt und kann sie daher von außerhalb bewerten: Der TV-Auftritt so mancher Kollegen mit kirchlicher Vergangenheit sei, sagt er, in Rhetorik und Körpersprache massiv von den liturgischen Grundmustern und pastoralen Vorbildern durchsetzt.

Matthias Brodowy, langjähriger Ministrant und heute aufstrebender Kabarettist, benennt die Zusammenhänge konkreter: »Wir haben als Messdiener nicht nur eine liturgische Tiefe gelernt, sondern schon als Kind gelernt zu inszenieren. Wir haben Dramaturgie gelernt, wir haben gelernt, vor Menschen, die uns beobachten, zu laufen, zu handeln und zu sprechen.« Brodowy ist ein Vertreter der These, dass der Dienst am Altar die perfekte Vorbereitung für den Erfolg auf der Bühne sei: »Wer einmal als Lektor diese ganzen alttestamentlichen Texte mit den schwierigen Namen fehlerfrei und in einer vollbesetzten Kirche vorgelesen hat, kann mit dem Mikrofon umgehen. Er kann es weit bringen.«

Auf dieser frühen Begegnung mit den Freuden der Theatralik beruht die populärste These über den Zusammenhang zwischen Messdienen und Medienerfolg. Für nicht wenige Kenner beider Lager scheint diese Erklärung einleuchtend. Alfred

Biolek kommt ins Schwelgen: »Eine wahre Pracht für Augen, Ohren und Nasen: das ist der feierliche Gottesdienst. Prächtige Gewänder, Musik und Weihrauch. Die großen Auftritte in der Liturgie, das ist das älteste und beste Showbusiness der Welt«, sagt er und verweist darauf, dass es ohne die Kirche und ihren Kult ja auch, historisch gesehen, keine modernen Bühnen geben würde. In der Tat ist der Gottesdienst eine der Wurzeln des Schauspiels im Mittelalter. Die Kirchen waren die Volkstheater. Der Ort, wo ansonsten das »heilige Spiel der Messe« gegeben wird, ist an besonderen Feiertagen der Platz, an dem die zentralen Themen der Christenheit, das Leiden und Sterben des Erlösers, die Weihnachtserzählung und die Auferstehung Jesu, gespielt werden. Für viele ist es plausibel, dass diese Tradition einer großen Theatralik eine Erklärung für den engen Zusammenhang zwischen Altar und Bühne darstellt.

Es gibt so manchen prominenten Vertreter der bunten, runden, leicht folkloristischen Theorien eines direkten Zusammenhangs zwischen Messdienst und Mediendienst im Sinne einer quasi logischen Karriere.

Andere bleiben skeptisch. Sie halten eine solche »Kausalkette« für eine fantasievolle Verkürzung einer weit komplexeren Wirklichkeit. Zwar entwickelten begabte und sensible Messdiener zweifellos ein Feeling für Inszenierung, Dramaturgie und theatralischen Effekt. Auch bekämen sie eine Ahnung davon, wie verlockend es sein könnte, später beruflich vor Publikum zu brillieren. Doch eine solche Annäherung ist in ihren Augen bestenfalls eine notwendige, aber niemals eine hinreichende Voraussetzung, um im sehr harten Medien-Metier wirklich dauerhaft »bella figura« machen zu können. Showmaster, das wissen die Insider, werden letztlich die, die einen harten, sehr differenzierten Qualifikationsweg hinter sich gebracht haben und sich als besser erweisen als die sehr große Zahl der Konkurrenten. Günther Jauch hat keine wirklich dezidierte Meinung über den Grund für den zahlenmäßig so auffälligen Zusammenhang von Messdienst und Erfolg im Showgewerbe. Wie viele andere zuckt er zunächst mit den Schultern auf die Frage, warum so mancher Programmdirektor Entertainment-Jobs bisweilen zu zwei Dritteln mit ehemaligen Messdienern besetzt hat. Dies sei »streng genommen eher Zufall«, sagt er.

Vielleicht gibt das Wort vom »Zufall« dennoch eine Richtung vor, die mehr erklären kann, als ein Schulterzucken zum Ausdruck bringt. Jedenfalls dann, wenn man »Zufall« so versteht, wie eine heutige Psychologie diesen Tatbestand auch zu umschreiben gelernt hat: im Sinne einer Situation, in der der Einzelne die Gelegenheit beim Schopfe packt, um die Wahrscheinlichkeit für die nächsten Gelegenheiten zu erhöhen. »Zufälle« sind in diesem Sinne Situationen von besonderer Qualität – für Menschen, die großen Einsatz zeigen, wenn sie ungeplant außergewöhnliche Chancen bekommen. »Kontingenz« ist das Zauberwort für eine solche prinzipielle Offenheit menschlicher Lebenswege: ein Begriff für Konstellationen, in denen – vereinfacht gesagt – eine Sache weder notwendig noch unmöglich ist, die sich dann aber ereignen und einstellen kann, wenn aktiv und mit Vorsatz die Weichen so gestellt werden, dass sich weitere Möglichkeiten ergeben. Eine der »kontingenten« Möglichkeiten und Weichenstellungen für die erstaunliche Karriere-Gemeinsamkeit von Messdienern im Medienberuf ist vielleicht auch die soziale Herkunft. Ein Satz von Hape Kerkeling zeigt eine mögliche Spur. Er sagt über seine Familie: »Wir stammen aus kleinen Verhältnissen. Aber klein nur im Sinne von Geld. Im Sinne von Geist, Güte und Arbeitsbereitschaft waren wir nicht klein.« Ein solcher Blick auf die soziale Herkunft könnte ein Schlüssel für die auffällig häufige Weichenstellung in Richtung Show-Job sein. Die soziale Ausgangslage ist für fast alle identisch und klar. Kaum eine der Familien war auf Rosen gebettet. Durch die Bank hatten die Elternhäuser ihre Mühe, die eigene Vorstellung von einem besseren Leben für ihre Kinder auch umzusetzen. Durch den frühen Tod eines Elternteils konnte es bei dem einen oder anderen sogar kurzfristig auch zu fast prekären Verhältnissen kommen. Jeder musste einen Teil zum Lebensunterhalt beitragen. Die heranwachsenden Kinder erfinden interessante Nebenjobs. Vom klassischen Zeitungsausträger bis zum schlauen Job des Disco-DJ haben die prominenten Ex-Messdiener in ihrer Pubertät so ziemlich alles gemacht, was man machen konnte, um zum Lebensunterhalt der Familie beizutragen.

Dies ist schon ein erheblicher Unterschied zur Generation der großen Unterhaltungs-Dinos wie Hans-Joachim Kulenkampff, der aus großstädtisch-großbürgerlichem Milieu stammt. Die Nachfolgegeneration kommt eher aus dem Lager der sozialen Aufsteiger. Aufsteiger sind Kämpfer. Und sie sind motiviert, weil sie durch ihre Leistung einen Unterschied machen können. Angeleitet durch ihre Eltern, wollen sie zu den Bildungsgewinnern zählen. Hier verbindet sich das Wissen der Messdiener, sich etwas zutrauen zu dürfen, mit einem zentralen Versprechen der Elterngeneration: Du kannst es aus eigener Kraft schaffen. Diese Erfahrung ist einer der Motoren für Fleiß und außergewöhnliche Ideen. Wer aus kleineren Verhältnissen kommt, ist eher bereit, seine Kräfte einzusetzen und dranzubleiben. Das hat nicht selten den Effekt, dass man auch in den Augen der Personalentscheider motivierter, interessanter erscheint als die, die weniger kämpfen müssen.

Wer früher als Messdiener regelmäßig die Energie aufgebracht hatte, pünktlich um 6.15 Uhr zum Frühgottesdienst anzutreten, wie es Reinhold Beckmann heute noch gern erzählt, bringt auf der Suche nach dem Job die größere Bereitschaft mit, im Wettbewerb um die wenigen Plätze hart zu rackern und zu kämpfen und mehr zu investieren. Wer, wie

Matthias Opdenhövel, sich konsequent darauf eingerichtet hat, sehr pünktlich vor den Gottesdiensten in der Sakristei zu sein, der hat für sich eine ziemlich genaue Vorstellung von Disziplin und Zuverlässigkeit erworben. Wer, wie Sven Lorig, bisweilen zusammen mit zwölf Ministranten einen Festgottesdienst zu gestalten hatte, mit allen gemeinsamen Vorbereitungen und notwendigen Übungseinheiten, hat später wenig Probleme mit der geforderten Teamfähigkeit. Wer, wie Frank Elstner, den liturgischen Marathon von Palmsonntag über Gründonnerstag, Karfreitag, die Osternacht und das Auferstehungshochamt über mehrere Jahre hindurch mitgemacht hat, der hat möglicherweise seine Steherqualitäten und eine selbstverständliche Kraft zum Durchhalten entwickelt. Wer, wie Guido Cantz, die Sakristei nicht nur als sakralen Vorraum, sondern als kommunikativen Treffpunkt erleben durfte und von früher Kindheit an die langen, bisweilen legendären Freizeiten mitgemacht hat, der konnte beim Dienen die fröhlichen Seiten von Gruppendynamik erleben. Wer, wie Willi Weitzel, die unangenehme Messdiener-Erfahrung mit Sakristei-Tyrannen erleben musste, der hat gelernt, selbstbewusst dagegenzuhalten. Selbstbeherrschung und Demut, sagt Markus Lanz, seien versteckte Tugenden nicht nur der vorkonziliaren Generation von Messdienern, die wegen der geforderten Nüchternheit vor dem Kommunion-Empfang drei Stunden vor ihrem Dienst nichts essen durften: Selbstbeherrschung sei auch später angesichts des durchaus kritischen Auges der Öffentlichkeit eine wichtige Überlebenstugend geworden. Und ebenso überlebensnotwendig ist es, trotz des Stolzes über die wachsende Anerkennung geerdet zu bleiben und – auch wenn es schwerfällt – Demut zu lernen.

Wer mit Durchsetzungskraft all diese Fähigkeiten für sich zu nutzen weiß, der hat einen großen Vorrat an Reaktionsmustern, Verhaltensweisen, Qualifikationsmerkmalen und Geisteshaltungen für den Einstieg in den Aufstieg zum Traumberuf.

Eine andere Spur, die zum besseren Verständnis der besonderen Affinität von Messdiener und Medienstar führen kann, legt Thomas Gottschalk. Er sagt, dass seine katholische Kindheit und die damit eng verbundene Messdienerzeit ihm eine solche Mitgift an Selbstbewusstsein und Selbstwertgefühl mitgegeben habe, dass er ein Leben lang davon zehren könne. Er sei umhüllt gewesen von einer lebendigen, motivierenden und glaubwürdigen Vorstellung von Kirche und Religion – glaubwürdig durchaus im Wortsinn: würdig, glauben zu können. In einem Spiegel-Gespräch fasst er diese Erfahrung sehr eindeutig zusammen: »Meine Erinnerungen sind ausschließlich positiv!« Für ihn heiße kindliche Grunderfahrung in der Kirche, dass Spaß und Ernst, Spiritualität und Erlebnis sich positiv ergänzen können. Die Erlebnisse, Bilder und besonderen Menschen hätten ihn stark und sicher gemacht im Hinblick auf die Frage, ob er auf der richtigen Spur sei. Für Gottschalk ist die Geisteshaltung, auf die er trifft und die ihn prägt, eine außerordentlich positive Kraftquelle für ein starkes Selbstwertgefühl. Diese Stabilität eines starken Selbst, dieses Wissen um die »eigene Identität« als ein Fundament für psychische Gesundheit ist für ihn klar auch ein Ergebnis einer geglückten kirchlichen Kindheit. Die religiöse Grunderfahrung hat ihn psychisch robust und selbstbewusst gemacht.

Für Thomas Gottschalk und viele seiner Kollegen, die sich in den kleinen Porträts dieses Buches über Besonderheiten ihres Weges zwischen Altardienst und Showbühne äußern und von ihrem eigenen Selbstwertgefühl sprechen, ist eine individuelle Gewissheit gemeinsam: dass ihnen – bei allen notwendigen Relativierungen – diese kirchliche Kindheit mit der Zeit des Messdienens durchaus eine Quelle für ein fundiertes Selbstwertgefühl und ein vitales Selbstbewusstsein gewesen sei. Und dass diese Zeit durchaus mit dazu beigetragen habe, eine innere Haltung zu finden, die stark genug ist, um zu verhindern, dass man abhebt.

Zusätzlich zum eigenen Talent hat eine kirchliche Kindheit und eine aktive Zeit als Messdiener, so sagen sie, eine zusätzliche Plattform für ein starkes Selbstbewusstsein geschaffen. Von dieser inneren Plattform her ist man gut gewappnet, den eigenen Weg zu gehen, auch gegen starke Konkurrenz. Dieses starke Selbst, das weiß, was zur eigenen Identität gehört und was als unverhandelbar anzusehen ist, ist für viele der in diesem Buch vorgestellten Showstars offensichtlich eine Mitgift aus der Zeit, als sie gedient haben. Sie wissen: Das ist durchaus ein starkes Pfund, eine besondere Qualität, ein wichtiges Unterscheidungsmerkmal in ihrer exponierten Funktion.

Zu meiner Zeit als Programmverantwortlicher war ich in den Gesprächen und Verhandlungen mit den Moderatoren gern auf solche Momente aus, in denen das Unverhandelbare, ein letztlich ethischer Maßstab, zur Sprache kommen konnte. Vielleicht war es für solche Gespräche damals hilfreich, dass ich vor langer Zeit selbst eigene Erfahrungen als Messdiener gemacht hatte. Jedenfalls waren diese Gespräche auch für mich selbst immer eine spannende Auseinandersetzung über die Vorstellungen von Haltung, Spirit und auch die Grenzen für das, was attraktiv, populär und unterhaltend sein darf. Diskussionen dieser Art, die dann häufig von den Moderatoren auch untereinander weitergeführt wurden, waren zumeist nicht bloß theoretische Betrachtungen und abstrakte Überlegungen über verantwortbare Formen der TV-Unterhaltung. Sie waren in der Regel auch Auseinandersetzungen über ganz reale Konfliktzonen und Grenzziehungen im eigenen Gewerbe. Es waren Debatten darüber, wieso Zynismus kein Stilmittel der Familienunterhaltung sein kann und weshalb es defintiv nicht geht, Menschen in Sendungen »vorzuführen«.

In den vielen Gesprächen für dieses Buchprojekt mit den Moderatoren, bei denen ich mich nachdrücklich für freundliche und kritische Offenheit, vielfältige Hinweise und ganz neue Spuren bedanke, kam wie ein roter Faden immer wieder diese Reflexion über die ethischen Bedingungen ihres Jobs zur Sprache. In den Portraits der Moderatoren auf den folgenden Seiten dieses Buches gewinnen die individuellen Betrachtungen ihren eigenen Bezugspunkt und ihre subjektive Wertigkeit. Gemeinsam bleibt bei den meisten meiner Gesprächspartner eine Genugtuung darüber, dass, bei aller selbstkritischer Einschätzung von Fehlern, von Unzulänglichkeiten und Qualitätsschwankungen, hierzulande generell über eine lange Zeit ein auch im internationalen Vergleich bemerkenswert guter Standard für Familienunterhaltung im Fernsehen etabliert werden konnte: eine Idee von Unterhaltung, die mit Witz und Grips, mit Kreativität und Charisma Menschen unterhalten will, ohne dabei Menschen zu beschädigen. Es gibt ja, das ist auch meine persönliche Erfahrung, viele grandiose Beispiele und gute Belege dafür, dass diese Vorstellung als Norm gelebt worden ist. Das eindringlichste, aber auch gleichzeitig dramatischste Beispiel ist die intuitive Entscheidung von Thomas Gottschalk, nach dem schweren Unfall von Samuel Koch in seiner »Wetten, dass …?«-Sendung die Live-Show aus Respekt vor Samuel spontan abzubrechen. Es war damals die individuelle Entscheidung des Moderators – ein Verhalten, das heute in vielen Medienethikseminaren als Best Practice für verantwortliches Entertainment ausführlich dargestellt und diskutiert wird.

Reinhold Beckmann

»Das lässt mich nicht mehr los!«

So wie die soziale Herkunft eines Menschen seine Zukunft prägt, so ist der Ort des Herkommens ein Schlüssel zum genaueren Verständnis seiner Vita. Ob einer vom Land kommt oder aus der Großstadt, aus den Bergen oder vom Leben am Fluß, all dies sind mehr als nur zufällige Hinweise auf prägende Einflüsse und gefundene Identitäten. Für Reinhold Beckmann ist Twistringen, 30 km südlich von Bremen am Südostrand des Naherholungsgebietes Wildeshauser Geest gelegen, ein Ort, der ihn sein Leben lang begleitet hat. Es ist dabei nicht so, dass dessen Besonderheit als eine typisch niedersächsische, erdverwachsene Land- und Großgemeinde nicht schon prägende Aussagekraft genug hätte. Bei Twustern, wie Twistringen auf Plattdeutsch genannt wird, kommt noch eine sehr charakteristische Besonderheit hinzu: Twistringen ist ein Solitär. Es ist eine katholische Gemeinde in rundum hundertprozentig protestantischer Umgebung. Es ist – konfessionell gesehen – Diaspora pur. Wer sich hier religiös oder kirchlich versteht – und das tun in den 50er Jahren sehr viele –, der lebt diese Überzeugung mit Nachdruck und mit einem Hang zur Demonstration. »Zeige nach draußen, was du im Innern glaubst!«, heißt eine der forschen Maximen im norddeutschen Diaspora-Katholizismus. Und dies umso mehr, als das damals eher feindliche protestantische Umland in den Papisten eigentlich keine Christenmenschen und auch sonst eher Bürger minderer Klasse sehen wollte. Und so wird ein klar herausgebildetes Milieu zu einem prägenden Merkmal. Diaspora wird im einst münsterischen Twistringen als historische Verpflichtung angesehen und als Chance verstanden, sich in ganz vielen Dingen von ganz vielen Nachbarn ringsherum zu unterscheiden. Und das erst recht, weil man schon eine natürliche Unterscheidung aus der Geschichte beibehalten hat: Twistringen hat eine eigene Sprache, ein ureigenes Plattdeutsch. Alle anderen Gemeinden in der Gegend sprechen Hochdeutsch.

Auch die Familie Beckmann lebt in den 50er Jahren diese ganz eigene Identität, dieses Twistringer »Proprium«, wie Pfarrer Grothaus in der Ortschronik mit steiler lateinischer Diktion bemerkt. Und dieses Eigene hat einen klaren Ausgangs- und Schwerpunkt. Es ist die konsequente Art, wie die Familie Religion und Kirche lebt und wie man sich aufgehoben fühlt in einer Gemeinde, in der viele Hundert Familien es ähnlich empfinden.

Reinhold Beckmann nennt sein Elternhaus »heftig katholisch« und schildert seine Mutter als eine ebenso pragmatische wie tief religiöse und gottesfürchtige Frau. Sie kommt aus dem Teutoburger Wald und arbeitete nach ihrer Schulzeit als junges Mädchen in der Küche des Knabenkonvikts in Osnabrück. An Berufsausbildung war in diesen wirren Zeiten des Krieges nicht zu denken. 1946 aber entschließt sich die 25-jährige junge Frau zu einem mutigen Schritt: Sie nimmt eine Stelle in der Gaststätte Wellering in Twistringen an, 100 Kilometer von ihrem Heimatort entfernt. Damals eine kleine Weltreise.

Dort lernt sie Wilhelm Beckmann kennen, der mit seiner Freundesclique jeden Sonntagnachmittag diese Gaststätte besucht. Wilhelm Beckmann ist der jüngste von insgesamt neun Brüdern und arbeitet im elterlichen Kolonialwarenhandel. Weil der älteste Bruder noch immer nicht aus dem Krieg zurückgekehrt ist, hat man ihm die Verantwortung übertragen, den Laden zu führen. Später macht sich Vater Wilhelm selbstständig mit allen Risiken und Nebenwirkungen. Davon wird noch die Rede sein.

Als Reinhold – der altdeutsche Name bedeutet »Ratschluss Gottes« – 1956 zur Welt kam, gab es schon die familiäre Tradition, dass die vielen Geschwister der väterlichen Großfamilie mit Kindern und Kindeskindern am Sonntagmorgen nach dem gemeinsamen Mitfeiern des Hauptgottesdienstes im Elternhaus des Vaters zusammenkommen. Die Predigt des Pfarrers, die Lage und das am Nachmittag anstehende Heimspiel des örtlichen Fußballvereins, die Art, wie das Geschäft läuft, all dies wird in den gemeinsamen Gesprächen zum Thema gemacht. Und jeden Sonntag das besondere Ritual, der »heilige Moment«, wenn Großmutter die Süßwarenschatulle im Geschäftsraum öffnet und jedes Enkelkind zwei Teile geschenkt bekommt. Bei den Cousins und Cousinen ist die »Performance« der Messdiener im Gottesdienst des Tages ein immer wieder besprochenes Thema. Schließlich sind alle Vettern Ministranten. Messdienen war in der Familie, wo man sehr genau darauf achtete, dass die Fingernägel beim Dienen sauber und der Ministrantentalar passend war und kein »Hochwasser« hatte, ziemlich wichtig – auch deshalb, weil das Dienen gewissermaßen das Eintrittsticket in die große Welt der breit gestreuten Aktivitäten des munteren Pfarrgemeindelebens bedeutete, mit Zelten, Kanufahren, Gruppenstunden, Kicken, Liederabenden, Lagerfeuer. Da war der sportliche Reinhold ohnehin vorne und mit großer Begeisterung dabei. Die abenteuerlichen Kanufahrten, die wilden jährlichen Zeltlager – manchmal waren es drei in einem Jahr: an den kalten Pfingsten, im Sommer und im meist verregneten Herbst –, die deftigen Fahrradausflüge, die verbalen und anderen Auseinandersetzungen mit den protestantischen Jugendgruppen aus den Nachbarorten, all das hatte für den leidenschaftlichen Fußballspieler Reinhold eine große Attraktion. Aber auch die andere Seite des Messdienens: das Herrichten der Altäre für die Straßenprozession an Fronleichnam, das gemeinsame Abpflücken der Blüten auf den Lupinenfeldern für den Blumenteppich beim Zug des Allerheiligsten durch die geschmückten Hauptstraßen des Ortes. Außerdem: Beerdigungen und Hochzeiten bringen einen tiefen Einblick in das Leben von Nachbarn und Mitbürgern, und sie werfen ein schönes Trinkgeld ab. Sie vermitteln überdies Erfahrungen, die andere Klassenkameraden so nicht machen können. Der Pfarrer nimmt den Messdiener mit in das Haus des Toten, wo der Verstorbene nach drei Tagen noch aufgebahrt liegt. Der erste Verwesungsgeruch breitet sich aus. Die engsten Verwandten haben den Toten »hergerichtet« und nehmen mit einem schmerzensreichen Rosenkranz Abschied. Nach den Segensworten des Pfarrers wird der Sarg im hörbaren Schmerz der Familie geschlossen. Reinhold trägt den kleinen Weihwasserkessel mit dem Aspergill, dem silbernen Gerät zum Besprengen mit dem geweihten Wasser, und assistiert dem Pfarrer beim Segnen. Er taucht, ähnlich wie bei Taufen und Hochzeiten, tief in eine Lebenserfahrung der besonderen Art ein, sagt er heute. Und auch als das Messdienen mit wachsender Alltagsroutine und zunehmenden Allroundfähigkeiten immer häufiger nachgefragt wird, bleibt das Dienen am Altar eine vielfältig spannende Selbstverständlichkeit. Und die kirchliche Umgebung bietet überdies viele Möglichkeiten für die Freizeit am Nachmittag. Der Kirchturm wird mit seinen Nischen und seinen nicht mehr benutzten Seitenkammern, den auf dem Boden abgestellten Glocken und mit den geheimnisvollen Tieren, die dort ihr Reich haben, zu einem besonders exklusiven Spielplatz. Der Friedhof gehört ebenso zum Terrain der Ministranten wie später die Leichenhalle, zu der man einen eigenen Zugang hat. Man imponiert all den Klassenkameraden, die sich nicht als Messdiener in diesem Umfeld bewegen. Und man genießt den Schauder derer, die solche Begegnungen mit dem Tod nicht kennen. Gerne nimmt er als 13-, 14-Jähriger auch an den traditionellen Pilgerprozessionen der Gemeinde nach Telgte teil. Es ist eine Mischung aus Mutprobe und frommer Selbstverständlichkeit, fahnentragend auf den 15 langen Kilometern des Pilgerweges die Gemeinde zu begleiten – auch wenn man aufgrund der Anstrengungen regelmäßig im anschließenden Hochamt in der Gefahr ist, auf den Stufen des fremden Altars zu kollabieren. Und das gehört dann wieder zu den Geschichten, die sich am Sonntag im Haus der Eltern beim wöchentlichen Talk der Großfamilie zum Besten geben lassen. Ungern allerdings gehen die drei Beckmann-Brüder zur Beichte. Sie empfinden die regelmäßigen Demütigungen durch den Pfarrer bei immer gleichbleibender Buße von sechs Ave Maria und sechs Vaterunser als eine nicht nachvollziehbare Übung. Sie steht auch quer zu dem großen Selbstbewusstsein, das man sich gerade als Junge aus der Diaspora zugelegt hat. Sich so klein machen zu müssen wie bei dieser Art von Beichte, das geht nicht lange gut – und diese Praxis wird dann auch bald beendet. Gern wird aber die Aufgabe übernommen, im Gottesdienst den Vorbeter oder den Lektor zu geben. Reinhold macht das gekonnt und vorzüglich, wie der großelterliche Sonntagskreis lobt. Er bringt den richtigen Sound mit für die in der Regel prall gefüllte Pfarrkirche. Manchmal sind es bis zu 1000 Menschen, die an Feiertagen eine solche Messe besuchen. Reinhold ist später eine Art Cheflektor, der das Vortragen der Lesungen auch ohne große Vorbereitungen beherrscht. Er hat die biblischen Namen drauf und weiß auch die neutestamentlichen Orte ohne Versprecher zu artikulieren. Er »kann«

die richtigen Betonungen, er weiß die Pause länger auszuhalten als jeder andere der Vorbeter. Er merkt, dass er Freude am Darstellen findet. Er liebt die großen Feste wie Weihnachten, Ostern und Pfingsten. Das sind, wie er heute sagt, »Tage, an denen das Herz aufging«.

An Fronleichnam schreitet er »mit wahnsinnig viel Weihrauch« vor dem in das Velum – einer besondere, kostbare liturgische Kleidung für den Priester – eingehüllten Pfarrer her, der die Monstranz trägt. In der Regel sind solche Prozessionen außerordentlich gut besucht. Die Menschen knien am Straßenrand nieder, wenn die Monstranz vorüberkommt. Es ist ein besonderer Ausdruck des Gemeindeglaubens, eine Demonstration, wie man diesen Glauben, den man im Innern hat, nach außen trägt. Genauso gerne ist er aber auch bei den stilleren Ereignissen dabei. Gern dient er morgens um viertel nach sechs im Gottesdienst in der Kapelle des Krankenhauses. In der Dunkelheit des frühen Morgens, ganz besonders im Winter, wenn noch kein Fenster in der Stadt erleuchtet ist, für die Messe von vielleicht zehn Kranken mit dabei zu sein, gibt ihm das besondere Gefühl, etwas Besonderes zu leisten. »Nie haben die Brötchen beim Frühstück nach der Messe knackiger geschmeckt, nie war die Erdbeermarmelade süßer« als bei dem gemeinsamen Zusammensitzen nach der Messe mit den Nonnen im Krankenhaus.

Es ist eine besondere Art von Belohnung für ein Engagement, wie es andere nicht kennenlernen. Reinhold ist integriert in das volkskirchliche Leben einer funktionierenden Diaspora-Gemeinde, die ein großes Potenzial für Gemeinsamkeit und Zusammenstehen besitzt. Aber dann die große Enttäuschung: Als der Vater mit seinem Futtermittelbetrieb durch ungünstige Konjunktur und gesetzliche Veränderungen in große Schwierigkeiten kommt und insolvent wird, wird die Familie im Alltag geschnitten. Auch die Kinder merken sehr, dass sie – trotz des geübten Zusammenhalts in der Pfarrgemeinde – plötzlich als Außenseiter angesehen werden. »Das ist doch der Sohn von Beckmanns Willi, der umgemacht hat!« – dieser Satz bleibt Reinhold bis heute in den Ohren. Auch wenn dem unermüdlich arbeitenden Vater mit den drei Söhnen wieder ein wirtschaftliches Comeback gelingt, wird die Mitarbeit in der Pfarrei nie wieder so enthusiastisch, wie sie vorher war.

Die Familie bleibt religiös, aber die Kirchlichkeit kriegt einen Knacks. Eine andere, aber wesentlich kleinere Enttäuschung für die Mutter wird dann die Schulentscheidung ihres Sohnes Reinhold. Er ist als der Jüngste auch der Erste, der Abitur machen soll. Als Reinhold sich mit zwölf Jahren statt für das eher katholisch geprägte altsprachliche Gymnasium in Vechta mit Schwerpunkt Latein und Griechisch für das neusprachliche Gymnasium im protestantischen Syke entscheidet, muss die Mutter von drei Söhnen und Schwester von vier im Krieg gefallenen Brüdern sich mit dem Gedanken anfreunden, dass ihr Sohn Reinhold seine fulminante Messdienerzeit nicht, wie von ihr immer ein wenig erhofft, in einem Theologiestudium fortsetzen wird.

»Das was mich damals geprägt hat, lässt mich auch heute nicht ganz los!«, sagt Reinhold Beckmann, wenn er über die unterschiedlichen Weichenstellungen seines Lebens spricht. Mit dem Selbstbewusstsein dessen, der in der Diaspora seine Identität profiliert hat, geht er seinen eigenen Weg. Den Deutschlehrer, der ihm aufgrund der Herkunft aus dem plattdeutsch sprechenden katholischen Twistringen trotz großen Engagements bestenfalls eine Vier in Deutsch konzediert, bringt er schnell zum Umdenken. Er ist gegenüber seinen protestantischen Mitschülern, die die klassische Sozialisation einer norddeutschen Kirchlichkeit mit Bach-Kantate, dem genau gesetzten Predigtwort des Pfarrers und dem einsamen Kreuz als einzigem Dekor in der Kirche verinnerlicht haben, der unbekümmerte Katholik, der das ein oder andere Mal den eher zurückgenommenen Klassenkameraden mit lutherischem Witz zu mehr Engagement, Spaß und Klassengemeinschaft auffordert: »Aus einem traurigen Hintern kommt kein fröhlicher Furz«, zitiert er – ausgerechnet er – Martin Luther. Er wird, wie Klassenkameraden heute erinnern, in Deutsch und auch im Religionsunterricht zu einem Wortführer der Klasse, der den Lehrern Höchstleistungen abverlangt. Mit großem Selbstbewusstsein bleibt er noch für einige Zeit Messdiener und verfolgt seine beiden anderen Hobbies mit Erfolg und Nachdruck: In der Fußballmannschaft von Twistringen reift er zu einem Talent heran und wird als Torwart sogar manchmal für die Bezirks-Auswahl nominiert – eine Fähigkeit, die später für ihn von großem Nutzen sein wird. Und auch ein anderes Hobby hat durchaus Zukunftspotenzial: Zusammen mit seinen beiden Brüdern ist er ein leidenschaftlicher Musikfan. Die Songs der 60er und 70er Jahre sind ihm genauso geläufig wie vorher die großen Kirchenlieder beim Feiern der Gottesdienste. Neben den Woodstock-Klassikern später sind zuvor die Stones, die Beatles und ganz besonders die Beach Boys die Helden der drei Beckmann-Brüder. Aus der sehr intensiven Beschäftigung mit den Beach-Boys-Songs der drei Wilson-Brüder und ihrem hochdifferenzierten und häufig mehrstimmigen Chorsatz mit den ungewöhnlichen Harmoniefolgen ist für Reinhold Beckmann so etwas wie ein Fundament für seine lebenslange Musikbegeisterung geworden, die in den letzten Jahren in die Gründung einer eigenen Band mündete. Auch davon wird zu reden sein.

Beckmann macht in Syke sein Abitur. Nicht so glorreich, wie er es sich vorgestellt hat, nicht so solide, wie es die Eltern vielleicht gewünscht hätten. Sie haben sich ohnehin auf manche überraschende Häutung ihres jüngsten Sohnes einzurichten gewusst. Er setzt in seiner Schulzeit zum Beispiel mit einer von ihm mitgeprägten Jugendzeitung eigene politische Akzente, und zwar jenseits dessen, was im Elternhaus jahrelange Tradition war. Er trägt demonstrativ sehr lange Haare und verlangt finanzielle Unterstützung für den Schlagzeug-Unterricht. Die frühe Entscheidung, den Wehrdienst zu verweigern, ist etwas, womit sich die Eltern auseinandersetzen müssen. Der Gewissensprüfung für die Zulassung zum Zivildienst muss er sich allerdings zweimal unterziehen, weil er beim ersten Mal die klassischen Fragen nach der Verteidigung der eigenen Familie im Falle eines Angriffs nicht richtig zu beantworten weiß. Immerhin, so trösten sich die Eltern, bleibt er in wichtigen Weichenstellungen der Junge von Twistringen. Er bleibt ja im SC Twistringen eine der Stützen der C-, B- und später A-Jugend. Er wird Obermessdiener, auch wenn es jetzt nicht mehr so häufig zum Dienen kommt.

Spätestens nach dem Abitur ist aber Schluss mit »Twustern«. Reinhold nimmt mit einem Freund und einem pinkfarbenen VW-Käfer sechs Monate Auszeit in den USA und Mexiko. Er leistet danach den Zivildienst in einer jugendpädagogischen Bildungsstätte, macht, statt zu studieren, vorsichtig und eher defensiv, eine Ausbildung zum Radio-, Fernseh- und Videotechniker in Köln und schreibt sich ohne eine konkrete Idee von einem Studienabschluss in Germanistik und Theaterwissenschaft an der dortigen Universität ein. Über sein Handwerk, sein Studium und seine kommunikative Art rutscht er in das Fernsehgeschäft hinein. Er jobbt beim WDR unter anderem in dem Team, das Udo Lindenberg bei seinem ersten und einzigen DDR-Konzert filmt. Durch Zufall, Ehrgeiz und bewiesene Kennerschaft im Fußball wird er Sportreporter beim WDR-Fernsehen. Seine erste Reportage über das Spiel FC Bad Honnef gegen Schwarz-Weiß Essen gefällt. Es beginnt eine Karriere der besonderen Art. Über Sport, Kultur und eine wahnwitzige Off-Show mit dem Anarcho-Entertainer Helge Schneider ist er am

Samstagabend im Dritten Programm des WDR über lange Stunden live auf dem Sender – eine Show, die den Ruf des jungen Wilden mehrt. Er geht zurück zum Fußball, wechselt den Sender, wird mit 34 Jahren Sportchef beim brandneuen Pay-TV-Sender Premiere. Zwei Jahre später wird er Programmdirektor Sport bei SAT.1. Er entwickelt mit »ran« eine ganz neues Konzept für eine moderne Sportschau und macht sich damit einen Namen. Er schreibt ein neues Kapitel Fußballgeschichte, als SAT.1 die Bundesligarechte erwirbt. Er verändert die gewohnte, eher starre Berichterstattung komplett, arbeitet als einer der Ersten im Fußball mit Superzeitlupen und präsentiert die Spiele aus neuen, faszinierenden Blickwinkeln, die das Geschehen auf dem Platz unmittelbar erleben lassen. Damit schafft Beckmann mit seiner Redaktionsmannschaft eine neue Ästhetik in der Fußballberichterstattung. Er ist ein Talententdecker, der Johannes B. Kerner vom SFB und später Oli Welke in eine der größten Sportredaktionen des deutschen Fernsehens holt und Jörg Wontorra überzeugt, der ARD den Rücken zu kehren. Sieben Jahre später lockt ihn der NDR zurück zur ARD. Seine Rückkehr ist in jeder Hinsicht spektakulär. Er kommt nicht etwa als ein Redakteur oder Reporter zurück. Er bekommt einen Vertrag als Moderator, Produzent und Berater mit seiner eigenen Produktionsfirma »beckground tv«. Sein Wechsel von einem Sendersystem zum anderen wird zum Vorbild für viele Nachfolger. Sein neuer Vertrag garantiert ihm eine mächtige Bildschirmpräsenz in den unterschiedlichen Genres und Sendezeiten und lässt ihn bald neben Jauch, Kerner und Pilawa zu den »großen vier« der »Überall-Moderatoren« zählen. Er entwickelt für sich eine eigene Form einer Talkshow, deren intime Atmosphäre ohne Studio-Publikum besonderen Gästen besondere Einblicke entlockt. Beckmann ist mit seinem »Beichtstuhl-Konzept« auf der Suche nach einer persönlichen Begegnung mit seinen Gästen. »Wir führen keine Interviews, wir wollen Gespräche führen!« Er will eine Talkshow veranstalten mit der »größten Konzentration, mit der gelassensten Nähe und der spürbarsten Intensität«. Seine selbstbewusste Stilistik stößt dabei schnell auch auf harte Kritik. Vieles wirke aufgesetzt, nur scheinbar impulsiv und spontan. Die Körpersprache sei zu theatralisch, die Nähe und das Interesse eher anbiedernd. Die »Frankfurter Rundschau« ist grundsätzlich entsetzt: »Billiges Fernsehen, auch wenn gedämpftes Deckenlicht und Edelholztisch anderes suggerieren.«

Für andere bleibt er der Top-Mann. Die FAZ lobt ihn, seine Themensetzung, seine Personenauswahl, die Tiefe der Problemaufrisse. Nach fünf Jahren sagt der Kritiker Michael Hanfeld: »Fast scheint es, als habe der Talkmaster die nötige Reife erreicht, die es braucht, um sich von anderen in diesem Gewerbe zu unterscheiden.« Fast überschwänglich auch das Lob nach einer typischen Beckmann-Runde mit dem Theologen Hans Küng und dem als praktizierenden Katholiken eingeladenen Thomas Gottschalk – und mit dem aktiv mitmischenden, weil »existenziell faktenkundigen« Reinhold Beckmann. »Ein kleines Wunder« nennt der FAZ-Kritiker diese Runde. »Wir haben im Fernsehen selten Sinnvolleres gehört als diesen Montag bei Beckmann!«

Immer wenn er existenzielle Themen aufgreift, immer wenn die Thematik über den gesellschaftspolitischen Alltag hinausgeht und zu Grundbefindlichkeiten menschlicher Existenz hinführt, punktet der Moderator. So bei einer Ausgabe über das Sterben, wo er die »Seelennot« zurückgenommen, aber sehr überzeugend thematisiert: eine Erfahrung, die er selbst mit dem frühen Tod seines Bruders gemacht hat. Oder bei einem außerordentlich leisen Gespräch mit Helmut Schmidt und Peter Scholl-Latour über die Bedingungen des Friedens und die Vorstellung von einem Leben danach, da ist Reinhold Beckmann ganz besonders »bei der Sache«. Er hat nach vielen Jahren Lehrzeit längst aufgehört, in der bloßen Präsenz auf dem Schirm den Nachweis für Qualität und Popularität zu sehen. Er war immer schon gerne mal auch sonstwo unterwegs. Er schrieb Kolumnen für die »Zeit«, führte Interviews für die »Welt am Sonntag«. Heute produziert er die fantasievoll-anarchistische Show »Inas Nacht« und Olli Dittrichs wunderbare Satire-Show »Frühstücksfernsehen«. Und gerne erinnert er sich an seine Exerzitien in einem Benediktinerkloster in Rom und die Gespräche mit Abtprimas Notker Wolf. Er ließ sich engagieren für eine Reihe von Brennpunkt-Themen kirchlicher Gemeinden oder moderierte öffentliche Auftritte des populären Benediktiners Anselm Grün. Bei diesen Vorträgen ging es dem Pater wie dem Moderator um die grundsätzliche Frage: Was ist »gelingendes Leben«?

Bereits 1999 hat Reinhold Beckmann den Verein »NestWerk« gegründet. Es ist sein sozialpolitisches »Opus magnum«: eine gut organisierte, kluge, über den Trubel der großen Charity-Events und Presseaufmerksamkeiten nachhaltig hinausreichende Initiative mit ziemlich viel Herzblut für Jugendliche aus sozialen Brennpunkten. Beckmann organisiert mit seinem festen Team »NestWerk« ein permanentes Netzwerk der konkreten Alltagshilfe. Mit dem selbst zur Legende gewordenen Fußballereignis »Tag der Legenden«, bei dem auf dem Platz des FC St. Pauli die prominentesten Fußballspieler der Vergangenheit sich in der Reihe anstellen, um vor vollem Haus und mit größter nationaler Aufmerksamkeit der Medien mitspielen zu dürfen, wird das Charity-Geld eingespielt, das »NestWerk« braucht, um ein ganzes Jahr Jugendlichen helfen zu können.

Der Erste Bürgermeister der Stadt Hamburg, wo Beckmann nach Köln längst Wurzeln geschlagen hat, ehrt die inzwischen 15-jährige Initiative, nennt sie »zivilgesellschaftlich einzigartig« und bezeichnet das Engagement des TV-Moderators als beispielhaft konsequent und vorbildlich. Leider seien in dieser fordernden Qualität und Quantität mit dieser beinharten Konsequenz und wunderbaren Kontinuität nur wenige Stars seinem guten Beispiel gefolgt.

Im Rahmen einer großen Rochade der insgesamt fünf Talkshows der ARD nach der Verpflichtung von Günther Jauch zieht Beckmann vom angestammten und erfolgreichen Montagabend auf einen stärker konkurrenzierenden Termin am Donnerstag. Dieser Umzug, den er später als »nicht glücklich« bezeichnet, hat Folgen. Die Kritik in den Medien lobt die Emphase des Moderators und konzediert ihm »Substanz und Sorgfalt beim Bohren dicker Bretter«. Aber er verliert Zuschauer. Es beginnt eine öffentliche Diskussion über die »Talkshowflut«. Er zieht die Reißleine und verkündet selbst den Schlusspunkt seiner Sendung. Er will den öffentlichen Streit, der sich monatelang lähmend auf die unterschiedlichen Veranstaltungen gelegt hat, beenden. »Ich will nicht mehr Gegenstand eines politischen Ablass- oder Kuhhandels werden!« Er verkürzt die in der Öffentlichkeit als peinlich angesehene Diskussion um die Zahl der Talkshows in der ARD und befreit die ARD von einer mühsam gewordenen, schwierigen Entscheidungslast. Und er befreit auch sich. Er startet mit seinen 58 Jahren, wie er sagt, »in eine neue, wunderbar unbekannte Welt«, nicht ohne für sich und für die Mitarbeiter seiner Firma bei seinem Heimatsender, dem NDR, alle generellen Zusagen für Engagements in der Zukunft einzuholen.

»Es ist gut für mich und meine Vorstellung von dem, was das Leben so bringen soll und noch bringen kann!« Er geht auf Musik-Tournee mit seiner Beckmann-Band. Es sind jetzt eigene Texte, die er vorträgt. Eines seiner populärsten Lieder heißt: »Das Beste kommt noch«: eine Bestandsaufnahme, ein Bilanztext. Es ist ein Lied auch über den Anfang in Twistringen, der Diaspora-Kleinstadt. Es ist ein professionell-entspannter Text: zuerst eine ironische Rückblende, die aber bald ihren Ernst wiederfindet.

Eine ähnliche Kurve hat er in seinem im Untertitel als »Spurensuche« bezeichneten Buch mit dem Titel »Zufall?« genommen. Er fragt bei Menschen mit außergewöhnlichen Biografien und »gelingenden Lebensentwürfen« nach der besonderen Kraft und der Macht des Zufalls bei wichtigen Weichenstellungen des Lebens. Er beschreibt »soziale Zufallsgeneratoren« und lässt sich schildern, was diese Ereignisse, die er manchmal »Fingerabdruck Gottes« nennt, mit diesen Menschen gemacht haben. Er kommt im Vergleich der unterschiedlichen Auskünfte – von Helmut Schmidt über Mario Adorf, Ina Müller oder Billy Wilder bis zu Magdalena Neuner und vielen anderen ganz unterschiedlichen Persönlichkeiten – zu dem Ergebnis: Entscheidend ist die Haltung, »Unerwartetes eher als Chance denn als Schwierigkeit zu sehen. So wird der Zufall zu einer sympathischen Begegnung mit dem Leben.« Und das erst recht, wenn dieses Leben auf dem guten Fundament einer selbstbewussten Herkunft und einer reflektierten Vita steht und sich aus der vielfältig erprobten Substanz dessen nährt, was den eigenen Kern der Vita und der Herkunft ausmacht, sowie aus dem, was aus dieser Herkunft zu bleiben hat und für eine »gelingende Zukunft« brauchbar ist. Für Reinhold Beckmann ist wohl aus der Diaspora-Herkunft vieles brauchbar geblieben. Kein Zufall also, dass der Start seiner großen Tournee, die für ihn selbst ein wichtiges Momentum seiner eigenen Zukunft ist, dort stattfindet, wo das, was ihn prägt, seinen Ausgangspunkt genommen hat: In Twustern, wie Twistringen auf Platt immer noch heißt, in der besonderen Enklave, von der Reinhold Beckmann gerne und gelassen sagt: »Das lässt mich nicht mehr los!«

Welche Emotionen und welche Bilder verbinden Sie mit Ihrer katholischen Kindheit?

Das liebgewonnene Ritual der Sonntage von der Messe bis zum Sonntagsbraten war für uns Kinder manchmal sogar der Höhepunkt der Woche. Es vermittelte uns ein Gefühl der Sicherheit und Geborgenheit. Auch Hochzeiten und Beerdigungen hatten durch ihre festen Abläufe für uns Ministranten etwas Magisches. Unvergessen aber bleibt für mich der Frühgottesdienst in der kleinen Krankenhauskapelle am Sonntag um 6.15 Uhr. Arg früh, aber stets belohnt durch die warmen und knackigen Brötchen der Krankenhausschwestern nach dem Gottesdienst.

Hat diese Vergangenheit Spuren gelegt, gibt es Verbindungslinien zu heute?

Viele katholische Rituale haben wir damals mehr empfunden als verstanden. Es kam darauf an, den Auftrag mit allem Ernst und ruhigem Blick nach oben vor den Augen der Gläubigen zu erfüllen. So hat man uns das damals erklärt. Das Vorbeten z. B. vor mehr als 800 Besuchern im Hauptgottesdienst war etwas Besonderes. Das hat mir eine Sicherheit gegeben, von der ich später noch lange profitiert habe.

Haben die Rituale der Messdienerzeit und die Liturgie der Kirche bei Ihnen Impulse ausgelöst oder Vorlieben bestätigt?

Es ist mir immer leichtgefallen, vor der Gemeinde zu sprechen, und ich spürte bald, dass ich als Messdiener eigentlich kein Lampenfieber kannte wie manche andere. Aber wir haben uns nicht inszeniert, allein schon deshalb, weil wir zu schüchtern waren und den strengen Blick des Pfarrers fürchteten. Trotzdem war mir bald klar, mir liegt es, mit meiner Stimme zu arbeiten, und ich habe den Klang der Worte im Kirchenschiff sehr bewusst erlebt. Auch deshalb, weil die Kirche so groß war. Dass ich später den Weg als Journalist und Moderator gewählt habe, geht aber nicht auf meine Erlebnisse als Messdiener zurück. Wenn es Vorbilder in dieser Richtung gab, dann eher die Stimmen aus den Radioreportagen zur Bundesliga, die uns als Kinder jeden Samstag mitfiebern ließen.

Sie kennen Erfolg und Kritik, Anerkennung und Distanzierungen. Wie schaffen Sie die nötige psychologische Distanz zur öffentlichen Rolle?

Das Leben ist mehr als die Suche nach tagtäglicher Bestätigung. Das habe ich früh gelernt, und dabei hat mir meine Herkunft auch geholfen. Da gibt es so etwas wie ein Urvertrauen, das viel mit Erfahrungen in meiner Kindheit zu tun hat und sich auf meine eigene Familie und meine engere Umgebung übertragen hat. Ich weiß sehr wohl zu trennen zwischen meiner öffentlichen Rolle und dem, was mich ganz persönlich bewegt.

Das Netz verschärft die öffentliche Auseinandersetzung. Wie gehen Sie damit um?

Wer in den Medien seinen Platz für sich findet, muss sich der öffentlichen Debatte stellen. Eine andere Frage ist, wie sehr man sich alle Zwischenrufe zu Herzen nehmen sollte. Seriöse journalistische Kritik kann aber durchaus auch hilfreich sein. Ich weiß sehr wohl zu unterscheiden, welche Stimmen ich ernst nehmen muss und was nur mediales Rauschen ist.

Kann man seinen eigenen Kindern weitergeben, was die eigene Kindheit wertvoll gemacht hat?

Kindheit ist weit mehr als eine nostalgische Sehnsucht, die mancher in seinen Kindern noch einmal aufleben lassen möchte. Wenn meine Kinder Fragen stellen, gehe ich gerne auf meine prägenden Kindheitserlebnisse ein. Aber auf keinen Fall sollte man seine eigenen sentimentalen Momente zum Erziehungsprogramm machen. Das geht sicher schief.

Haben Sie eine Erklärung dafür, dass viele Show-Moderatoren Messdiener waren?

Vielleicht liegt es daran, dass meine Generation wesentlich religiöser geprägt worden ist, als dies bei jungen Menschen heute der Fall ist. Es wäre aber wohl zu einfach, die profane Showbühne als die Erfüllung einer religiösen Kindheitsprägung zu sehen. Nein, eine schlüssige Erklärung habe ich nicht.

© ZDF/WDR/Melanie Grande

Alfred Biolek

Genuss und Disziplin

Er war der genialste und ausgelassenste, der fröhlichste und freundlichste Gastgeber weit und breit. Bei ihm gab es die wichtigsten und angesagtesten Feste – selbst oder gerade im Party-Eldorado der Filmfest-Berlinale in der Hauptstadt. Wer das Glück einer Einladung bei »Bio« am Kollwitz-Platz hatte, dem konnte es passieren, dass er gleichzeitig mit Thomas Gottschalk und Heino Ferch die Treppen zum vierten Stock hochlaufen musste, weil Dieter Kosslick, der Chef der Berlinale, mit Meryl Streep und ihren Gästen aus Hollywood den Aufzug zum Fest blockiert hatte. In der weiträumig-eleganten Wohnung gab es den von Alfred selbst entdeckten Riesling von der Nahe und gediegene Pasta samt Fingerfood aus der eigenen Manufaktur. Das laute Hallo für die Neuankommenden unterbrach kaum die in Fahrt gekommenen lauten und lustigen, frivolen und nachdenklichen Plaudereien der Dutzende von Gästen. Der Gastgeber hatte keine Mühe, die Dispute zwischen Spitzenpolitikern, Journalisten, Filmproduzenten, Talkshowgrößen, Galeristen und Künstlern anzufeuern. Alfred Bioleks Wohnung am Prenzlauer Berg war an solchen Abenden der angesagteste Platz der Republik, der mit Abstand interessanteste Salon Deutschlands. Alfred war ihr Mittelpunkt.

An den Wänden seines großzügig ineinander übergehenden Arbeits-, Ess- und Lebensbereichs hatte er, akkurat in 30 gleich großen schwarzen Rahmen, kalligrafische Kunstwerke aufgehängt: die handgeschriebenen Moderations-Karteikarten aus den unterschiedlichsten Shows seiner TV-Karriere – kostbare Erinnerungsstücke, ästhetisch die zeitgenössische Kunst seiner Künstlerfreunde an den großen Wänden durchaus dominierend. Es sind Erinnerungen an die besten Sendungen von »Bios Bahnhof«, Stichworte zu »Boulevard Bio« oder »Mensch Meier«, Vorgaben für »Am laufenden Band« oder den »Kölner Treff«, Rezepte für die Kochsendung »Alfredissimo«, kurz: Zeugnisse von fast einem Dutzend eigener Fernsehshows und Bühnenevents.

Alfred Biolek hatte in den fünf Jahrzehnten seiner gefeierten Karriere bei seinen unterschiedlichen Angeboten intuitiv immer auf dem Höhepunkt des Erfolgs aufgehört – und dann mit etwas ganz Neuem angefangen. So ist eine breite Mischung unterschiedlicher Produktionen entstanden. Sie wurden regelmäßig Kultsendungen für ein breites Publikum.

In seiner freundlichen, zunehmend zurückgenommenen Sprache im jetzt 80. Lebensjahr sagt Alfred Biolek heute, an seinem berühmten Kölner Esstisch sitzend, den Satz: »Das waren alles meine Kinder. Und alles kam fast so, wie ich es mir als Kind erträumen wollte.«

Die Kindheit liegt räumlich und zeitlich ziemlich weit weg von dem stilvollen Ambiente in der neuen Kölner Wohnung im Belgischen Viertel. 1934 wird Alfred Franz Maria Biolek in einer Stadt namens Freistadt (heute Teil der Stadt Karviná) geboren, einer kleinen Bergarbeiterstadt in Österreichisch-Schlesien, also in der heutigen Tschechoslowakei.

Alfred wird in der Erinnerung an diese Heimat pauschal von

»Böhmen« sprechen – vielleicht auch deshalb, weil er spätestens als junger, aufstrebender TV-Produzent in München ein Bohemien geworden ist und das Wort und die Region nicht zufällig zusammengehören. Alfred erinnert sich sehr präzise an diese Heimat mit ihrer k.-u.-k.-Geschichte. Die Stadt ist heute sein magischer Ort der Erinnerung: das Schloss mit dem gepflegten Park und dem kleinen See, der Blick auf die schneebedeckten Beskiden – aber auch der miefige Kohlengeruch aus den nahen Bergwerken. Ganz besonders präsent: die alte Pracht der barockisierten Kirche. Alfred Franz Maria Biolek wird hier in dieser Kirche getauft. Seine frommen Eltern sind römisch-katholische Gläubige. »Na ja«, sagt er heute, »eher böhmisch-katholische Christen. Das ist die lebensnähere Gläubigkeit.« Die Familie besucht selbstverständlich am Sonntag den Gottesdienst. Und die Mutter geht auch während der Woche in die Messe an den prachtvollen Seitenaltar der Hauptkirche. Und sie sieht es gern, wenn einer ihrer Söhne dabei ministriert. Die Familie mit den drei klugen Buben lebt ein selbstverständliches großbürgerliches Leben. Der Vater hat eine sehr gut gehende Rechtsanwaltskanzlei. Er hatte sich in seine spätere Frau verliebt, als er sie, eine Klosterschülerin, in einem Laientheater auf der Bühne sah.

Zu Hause wird Deutsch gesprochen, in den Ferien bei Verwandten auch Tschechisch. Der Vater verkörperte die Wirklichkeit dieser politisch zerrütteten Region: Er hatte insgesamt fünf verschiedene Pässe: einen Pass mit Wiener Stempel, dann einen tschechisch-slowakischen, dann einen polnischen – und wieder retour. Es entstand fast so etwas wie eine multinationale Grundstimmung. In einem Interview sagt Alfred Biolek, er sei zeit seines Lebens kosmopolitisch geblieben. Überall zu Hause, nirgends so ganz. Ein Weltbürger. Heimat ist dort, wo die Freunde sind. Das Wohnhaus der Bioleks war Treffpunkt der Stadtgesellschaft. Es gab große Essenseinladungen, zum alltäglichen Mittagsmahl wird gebetet. An manchen Nachmittagen liest der theatralisch hochbegabte Alfred, inzwischen arrivierter Messdiener in der Hauptpfarrei, an einem von der Mutter festlich geschmückten Tisch in der Fensternische des Wohnzimmers seine eigene private Messe. Für den gekonnt lateinisch schwadronierenden Neunjährigen sind die schweren Texte der Liturgie ein Leichtes. Das dicke Messbuch des Vaters wird mit angemessenen Verbeugungen von rechts nach links getragen, Wasser und als Wein deklarierter Apfelsaft stehen zur Gabenbereitung bereit. Alfred Biolek erzählt mit stiller Freude über das von der Mutter eigenhändig genähte Messgewand. Sie hat es gern gesehen, wenn es benutzt wurde. Eine böhmisch-schlesische Idylle, bei der Alfred stets stolz weiße Handschuhe getragen hat – so wie es beim Ministrieren in der Kirche üblich war.

Alfred erinnert sich an das äußerst moderne Haus, geplant und gebaut von einem Bauhaus-Architekten. Die Großfamilie beschäftigte eine Köchin und Dienstmädchen. In der Küche führte Tante Elka das Regiment. Diese Tante gab ihm, so betont er immer, eine erste Ahnung, wie gut das Kochen sein und wie kommunikativ das Essen das Leben mit Atmosphäre bereichern kann – und wie schön es ist, Gäste zu haben, miteinander am Tisch zu sitzen und zu reden. Häufig eingeladen an diesem Tisch waren auch der Pfarrer und die Vikare der naheliegenden Pfarrkirche. Alle schätzten vor allen Dingen die Rindersuppe von Tante Elka. Alfred sagt heute noch, dass man zu dieser Suppe hätte »Sie« sagen müssen, so gut war die!

In diesem Elternhaus fehlte es Alfred an nichts. Er war behütet und hatte gleichzeitig seine Freiheit. Er wurde gefördert, und er wurde gefordert. Es wurde im Hause Biolek heftig diskutiert, über Literatur und Politik, es wurde Musik gehört. Die Eltern legten großen Wert auf Umgangsformen und auf Rituale. Der Vater war ein Konservativer im klassischen Sinne, anständig, interessiert an den alten Werten. Er hielt an Traditionen fest und war gleichzeitig aufgeschlossen, tolerant und interessiert am Modernen. Die Architektur seines Hauses war ein Ausdruck seines Verständnis von einem stilvollen, behaglichen bürgerlichen Leben. Kein Wunder, dass Alfred beim Nachdenken über seine Zukunft schon mit dem Gedanken spielte, in die Fußstapfen des Vaters zu treten und Rechtsanwalt zu werden. Schließlich gibt es dort auch die schöne Robe, ein Kostüm sogar für den beruflichen Alltag. Oder sollte er doch Priester werden mit all den Zelebrationsritualen und den herrlichen Festgewändern? Oder Dirigent? Eines Tages ist er sich sicher, dass er Chirurg werden möchte. Er hat die schönen weißen Kittel bei den Visiten gesehen und stellt sich seine Rolle als Helfer der Menschheit wie Albert Schweitzer sehr konkret vor. Die Mutter hat ihn in den Arm genommen und gelächelt. Diese Mutter taucht als Gestalt und Trost in all seinen Kindheitserzählungen ständig auf. »Ganz gleich, was ich an Schönem oder Schrecklichem erlebte, immer wurde ich von meiner Mutter begleitet!«, schreibt Alfred Biolek. »Die Mutter war immer dabei, ob wir zusammen wanderten oder im Schnee spielten, ob wir, wie später, auf der Flucht und im Internierungslager waren.« Und das ist ein nächstes Schlüsselwort für Alfred: die Flucht, der große schmerzhafte Bruch im Leben eines behüteten Kindes. Der Krieg, die Angst um den Vater und den Bruder an der Front, Hunger, Furcht, Ungewissheit und die Erfahrung eines Lebens, das bisher gar nicht vorstellbar war. Soldaten halten mit vorgehaltenem Gewehr den verbliebenden Rest der Familie zurück, der am Kriegsende vor den anrückenden Russen westwärts flüchten will. Im Viehtransportwagen werden die Frauen und Kinder in Internierungslager gebracht. Auf der Suche nach der neuen Heimat landet die Familie im schwäbischen Waiblingen, einer stolzen, württembergischen, evangelischen Stadt nahe Stuttgart. Die Bioleks waren, wie Alfred heute sagt, in der

Diaspora angekommen – was keineswegs von Nachteil war, wie er ergänzt. Er wird in der folgenden Zeit alle Karrierestufen als Messdiener und Helfer des Pfarrers durchlaufen. Als Oberschüler in den letzten Jahren des Gymnasiums wird er in der vor allem von den Heimatvertriebenen neu aufgebauten St.-Antonius-Kirche die souveräne Stimme für die Lektorendienste. Dass Alfred außerordentlich vielseitig und begabt ist und mehr kann, als die Paulus-Briefe vor der wachsenden Gemeinde ohne Versprecher vorzulesen, wird deutlich auf den Pfarrveranstaltungen der Gemeinde. Alfred ist früh der pastorale Entertainer, und die von ihm gegründete Kleinkunstgruppe mit Kabarett-Ambitionen ist immer ein Höhepunkt. Er wird die Stimmungskanone seines Sprengels. Es gelingt ihm ein Spagat zwischen dem Lektor am Ambo in der Kirche und dem Kabarettisten am Mikro auf der Bühne. Als der spät und sehr krank aus der Kriegsgefangenschaft zurückkehrende Bruder schließlich an den Folgen eines Hirntumors starb, war Alfred bei dem nach der Beerdigung folgenden Leichenschmaus von der Mutter beauftragt worden, die allzu depressive Stimmung der deprimierten Trauergäste aufzuheitern. Alfred erzählt diese Geschichte mit leisem Lächeln. Er war wohl in seinem Vortrag erst angemessen dezent, aber im Laufe des späten Nachmittags so erfolgreich komisch, dass die Mutter sehr zufrieden war. Er hatte die schwierige Balance gefunden. Seine umfangreiche Witzesammlung war wohl inzwischen in der Stadt ein begehrter Gegenstand häufiger Nachfragen. Und das umso mehr, als er als einer der ersten deutschen gymnasialen Austauschschüler in den USA Selbstbewusstsein, Darstellungskniffe und Weltläufigkeit getankt hatte. In einem kleinen Ort in West Virginia hat er, wie er sagt, Offenheit und Demokratie gelernt. Staunend schrieb er nach Hause, dass die Amerikaner jeden Tag unter die Dusche gehen und frische Wäsche anziehen – undenkbar in Waiblingen.

Bis zum Abitur blieb Alfred Messdiener, Lektor, Hilfsküster und lustiger Entertainer bei den Abenden der Gemeinde St. Antonius. Die lockere Familienatmosphäre und das gute Essen führte immer häufiger auch die bodenständige Geistlichkeit zum Mittagessen und Abendbrot an den großen Tisch der Bioleks. Dort wurde beiläufig politisiert, theologisiert und – wie Alfred heute sagt – wunderbar schwadroniert über Gott und die Welt, das benachbarte Stuttgart, das ewige Leben und die politische Situation in Waiblingen, wo Alfreds Vater als führender Jurist der Stadt klug und erfolgreich den Wiederaufbau mitgestaltet hat. Und nach dem Abi am Staufer-Gymnasium will Alfred nun doch in die Fußstapfen des promovierten Juristen treten. Er wird ein stud. jur., tritt in eine nichtschlagende Verbindung ein und imponiert durch offensichtlichen Fleiß. Sein erstes Examen kann voller Stolz in den Lebenslauf aufgenommen werden als drittbestes des ganzen Jahrgangs in Baden-Württemberg. Schon bald beginnen aber die ersten Zweifel, ob der Talar des Rechtsanwalts das bestimmende Kleidungsstück für sein zukünftiges Leben bleiben soll. Er promoviert zwar noch zum Doktor der Jurisprudenz – den Titel seiner Arbeit gibt er heute nur noch schmunzelnd zum Besten: »Die Schadensersatzpflicht des Verkäufers und des Herstellers mangelhafter Waren nach englischem Recht« – und macht auch sein zweites Staatsexamen. Aber gleichzeitig gründet er mit Freunden das Kabarett »Das trojanische Pferd« und erzählt schon damals jedem, der es hören will, dass das viel eher sein »Fach« sein könnte. Nach dem zweiten Examen weiß er, dass er Abschied nehmen muss von der Vorstellung, die Kanzlei seines Vaters zu übernehmen. Er will weg. Eher zur Bühne, zur Arena. Aber wo bekommt ein Jurist dazu eine Chance? Er ist gut in der »Szene« vernetzt und bekommt den Tipp, dass das neue Fernsehprogramm in Mainz, das ZDF, Leute wie ihn sucht. Und er kriegt dort tatsächlich einen Job – zunächst als

Assessor im Justiziariat. Er macht gleich in den ersten Wochen als Vertragsjurist des Hauses den noch heute maßgeblichen Vertrag über die Trickfiguren der Mainzelmännchen. Aber er lässt keine Gelegenheit aus, um den Kollegen deutlich zu machen, dass sein Interesse woanders liegt. Alfred Biolek zurrt und zerrt im ZDF so fest an seinem Justiziariats-Vertrag, dass man ihn bald laufen lässt. Er will zur Hauptabteilung Unterhaltung. Er will unterhalten. Er landet bei dem neuen journalistischen Entertain-Format »Drehscheibe«. Zunächst unterhält er aber seine Kollegen. Kein Tag ohne einen neuen, oft fantastisch die bisherigen Vorstellungsgrenzen der Mainzer Kollegen aufbrechenden Themenvorschlag. Kein Tag ohne kreative Innovationsidee. Keine Woche aber auch ohne eine Einladung der Kollegen und Freunde zum Abendessen bei ihm zu Hause. Er kocht die Rezepte seiner Mutter und seiner Tante nach und zelebriert an seinem in der Mainzer Altstadt antiquarisch erworbenen, aus einer alten Wechselstube stammenden Esstisch (der dann alle Umzüge mitmacht und heute wieder in Köln an zentraler Stelle thront) seine Art von Gastfreundschaft. Er ist bald der Mittelpunkt einer Clique, die den Aufbruch im Sender sucht und gleichzeitig den Genuss kultiviert. Sogar der alte Gründungsintendant des ZDF fragt bei ihm nach, wie man an das Privileg einer Einladung kommt. Eine Freundin aus dieser Mainzer Zeit schwärmt noch heute von der ungewöhnlichen Atmosphäre und der heiteren Stimmung – und von den mehrgängigen Menüs, die auch die verwöhnten TV-Kollegen in Staunen versetzten. Zwischen den Gängen wurde improvisiertes Kabarett geboten, und die journalistischen Diskussionen um die Themen der frühen und mittleren 60er konnten sehr laut werden. Und es gab die ersten komödiantischen Stand-ups des Kochs über Wirtschaftswunder, Wiederbewaffnung, gutes Essen, tolle Kollegen – und nicht selten auch über Gott und die Kirche und ihre Welt. Es war die Zeit, wo sich der Charakter und das Charisma des Menschenfreundes Alfred Biolek in lebenskluger Freundlichkeit schärften.

Die Umrisse der böhmisch-kirchlichen Kindheit und des Kindheitsglaubens, der, wie er sagt, in der Erinnerung gefüllt war mit den Liedern der Maiandacht, mit dem leidenschaftlichen Klingeln der Messdienerglocken beim »Großer Gott«, mit dem dumpfen Gemurmel im Beichtstuhl, mit der Wunderwelt des Weihrauchs, aber auch verängstigt mit der Drohbotschaft der Todsünden und des Fegefeuers als Ort der asketischen Buße – all diese dogmatischen Kirchenvorgaben verlieren von Tag zu Tag zunehmend an Bedeutung. Die neuen Vorstellungen von Moral verdichten sich in dieser Zeit immer umfassender und selbstverständlicher zu einer Haltung einer sehr bedachten Menschenfreundlichkeit. Die Kraft des Wohlwollens gegenüber seinen Mitmenschen, aber auch gegen sich wird zum erklärten inneren Kompass und zum Wegweiser für seine eigene Vorstellung von Leben – am Anfang noch mit der Bergpredigt begründet, später als das humanistische Erbe aus einer besonderen Kindheit verinnerlicht. Nichts ist besser für das Zusammensein als das Zusammensein, sagt er. Vor allem das wohlwollende Zusammenkommen.

Für all das, was sich an Höhen, Wegbiegungen, Sackgassen und Wellen im Leben des Alfred Biolek in Zukunft ereignet – er will dem Partner und Gast, dem Konkurrenten und Gegner, dem Auftraggeber, vor allen Dingen aber dem Zuschauer mit Freundlichkeit begegnen. Wann immer Alfred Biolek im Scheinwerferlicht der großen Bühne und dem nach Millionen zählenden Publikum seine Vorstellung von Unterhaltung präsentiert hat, war das ausnahmslos geprägt von dem Vorsatz, die Adressaten seiner Sendungen und die Gäste seiner Shows mit Freundlichkeit so zu umarmen, dass der jeweils andere gut aussehen kann. Die 30 handgeschriebenen Karteikarten in seiner Berliner Wohnung sind Zeugnis für eine intensive Arbeit an diesem Projekt des Wohlwollens. Er sucht das Beste im jeweils anderen – ob das nun bei der von der Kritik harsch aufgenommenen Sendung mit dem »privaten« Helmut Kohl in »Boulevard Bio« war oder mit dem sehr eigensinnigen und garstigen Neutöner Karlheinz Stockhausen in »Bios Bahnhof« oder den kochtechnisch zum Teil sehr ungeschickten Gästen in den 488 Folgen: Es ging ihm immer darum, den roten Teppich für seinen Gast auszulegen – wer immer dieser Gast auch war. Für Alfred Biolek ist heute dieser Imperativ des Wohlwollens und der Freundlichkeit der intensivste Ausdruck dessen, was sein Glaube bedeutet. Und er ist in der Lage, dieses Erbe auch gut zu erklären. Er beruft sich dabei auf die Ethik der christlich-humanistischen Tradition und auf Aristoteles und seine Lehre von den drei Freundlichkeiten in der Nikomachischen Ethik. Die erste Form der Freundlichkeit ist nach Aristoteles die, wenn ich dabei noch den eigenen Nutzen finde; die zweite ist die, wenn ich dazu Lust habe und die Annehmlichkeiten ernte; und die dritte und höchste Freundlichkeit ist die Freundlichkeit nur um der Person des anderen willen. Die beiden ersten sind die alltäglichen. Die erste ist der Umgang mit den Menschen, mit denen ich zu tun habe, den Produzenten, den Teams, den Künstlern. Man tut sich zusammen, um Erfolg zu haben. Dazu gehört auch, wenn nötig, sich gegen andere zu verbünden. Freundlichkeit ist nicht lebensblind. Sie muss leben, aber ehrlich bleiben. Zur zweiten Sorte gehören die guten Beziehungen. Die Gastfreundschaft etwa, die für ihn ja wie eine zweite Haut gewachsen ist. Und die große Welt der erotischen Beziehungen. Auch der Kunstgenuss. Das ist die emotionale Freundlichkeit, die der Sympathie mit den Kumpels, mit dem großen Freundeskreis und die der Zusammengehörigkeit auch mit denen, denen man auch Fehler nachsieht. Die dritte Form, »oje«, sagt Alfred, braucht charakterliche Größe. Die dritte Art der Freundlichkeit ist die der lauteren und tiefen

Freundschaft mit den wahren Freunden. Alfred Biolek weiß um die Voraussetzung solcher Freundlichkeiten: die Bedingung dafür, dass man zu anderen richtig freundlich sein kann, ist, dass man auch zu sich selbst freundlich ist. »Man ist nur wahrhaft gut zu anderen, sagt er, wenn man auch zu sich selbst wahrhaft gut ist.« Alfred Biolek hat für sich in sehr jungen Berufsjahren seine eigene Vorstellung von einem erfolgreichen Lebensweg formuliert. Es ist eine Vorstellung von Disziplin und Genuss, die seinen Kompass bildet und seine Haltung prägt. Was immer er in den 40 Jahren seiner öffentlichen Karriere tut, er sucht die Balance zwischen diesen beiden Polen, zwischen der harten und durchaus asketischen Arbeitslust, ohne die nichts geht, und dem zielstrebigen Genießen, der mal leisen, mal unbändigen Freude.

Der erste große Durchbruch im konkurrenzstarken Feld der Fernsehunterhaltung gelang ihm 1970 in München bei der Bavaria, wohin es ihn nach den sieben Mainzer Lehrjahren getrieben hatte. Ein neuer Alfred Biolek, der seine alte Attitüde aus Mainz inklusive der Anzüge und Krawatten abgelegt hat und jetzt in buntem Outfit auftritt, präsentiert Rudi Carrells erfolgreiche Samstagabendshow »Am laufenden Band« – und sechs Jahre später die Talkshow »Kölner Treff«. Bereits 1973 hatte der ewig umtriebige neue Redakteur des WDR mit Kabarett aus dem Senftöpfchen eine neue Betätigung auf seinem ureigenen Terrain gefunden. »Wer kommt, kommt!« war der Titel der kabarettistischen Show, die ein ganz neues Format erprobte: eine vitale Talkshow über viele Themen kreuz und quer. Wenige Zeit später wurde dieses erfolgreich erprobte Modell auf den Sender gebracht. Mit dem »Kölner Treff« startet Alfred Biolek eine besondere Karriere im deutschen Fernsehen. Alles, was er fortan an neuen Sendungen formatiert, hat immer einen ganz eigenen, einen besonderen Premierencharakter. So war der »Kölner Treff« die erste Talkshow im deutschen Fernsehen. Am 9. Februar 1991 lief dann seine erste ganz und gar eigene Sendung über den Schirm: Bio wurde Moderator in »Bio's Bahnhof«. Und er war auf Anhieb erfolgreich – obwohl er alle Gesetze der damals sich entwickelnden detailkundigen Zuschauer-Marketingforschung außer Kraft setzte. Bio fühlte sich als Avantgardist. In einer seiner ganz besonders avantgardistischen, gegen den Strich gebürsteten Bahnhofsshows der ersten Zeit tanzte etwa Reinhild Hoffmann, eine Pionierin des zeitgenössischen Tanztheaters und Choreografin des Ausdruckstanzes, zur besten Sendezeit ihr »Solo für Sofa«: im langen Abendkleid, gefesselt an eine Couch, acht Minuten lang, ganz, ganz langsam ohne Musik. Bio brachte neue Unterhaltungselemente, die in dieser Mischung bisher noch nicht gesehen worden waren. Sein Ziel: die Tiefe und das Wichtige an die Oberfläche bringen. Diese bei Hofmannsthal geborgte Maxime wird von ihm in vielen Variationen umgesetzt. Er will »Intelligenz in die Unterhaltung schmuggeln«. Die Standardformulierung war ein erster Reflex der Abwehr gegen die schärfer werdende Kritik. Bio war im Zentrum der Aufmerksamkeit angekommen. Bei der Einführung des 1991 auf den Sender gebrachten »Boulevard Bio« war die erste Resonanz des Feuilletons feindlich – »hostil«, wie es Alfred heute nennt. Er erinnert sich nachhaltig an die ersten Kritiken des »Spiegel«, die den »Boulevard Bio« zur »allwöchentlichen Bankrotterklärung der ARD« deklarierten. Alfred schüttelt sich und macht unbeirrt weiter. Es folgen schwierige Sendungen, bei denen die Zuschauer zur Überraschung der Senderverantwortlichen und der Kritik dennoch dem neuen Konzept treu blieben – vor allem wegen des Moderators, der in den senderinternen Umfragen immer bessere Spitzenwerte bekommen hat. Allmählich billigt auch das Feuilleton Alfreds Konzept die bisher immer eingeforderte »dramaturgische Fallhöhe« zu. Die Resonanz wird beinahe schon sehr freundlich. Für die harschen Kritiker von früher ist »Boulevard Bio« Ende der 90er Jahre das »Hochamt gepflegter Unterhaltung«. Schon vorher hatte er den Kritikerpreis des Jahres erhalten und in der Laudatio die Bestätigung, dass er auf dem richtigen Weg ist: »Alfred Biolek reagiert wie ein Seismograf auf den Menschen, der ihm gegenübersitzt. Immer mit dem hohen Maß an Achtung, Feingefühl, Neugierde und Humor; immer präsent, immer interessant – wie sein Publikum selbst, nie jedoch desavouierend.« Er wird »als gebildeter Mann voll sensibler, intellektueller Neugier« gefeiert, der »unter den Talkmastern die große Ausnahme deshalb ist, weil er die Erfolgskonzepte seiner Konkurrenten vermeidet. Keine Sekunde lang versucht er, dem Gesprächspartner gegenüber eine überlegene Pose einzunehmen.« Er wird gefeiert als »das Denkmal der anspruchsvollen TV-Show«, er gilt als der erfolgreiche Sonderling unter den Entertainern im Zeitalter der lawinenartig sich ausbreitenden Gagshows der privaten Sender. Biolek hatte sich als Premium-Marke durchgesetzt.

Privat unterscheidet Alfred bei sich und seinen Gästen zwischen »offen oder öffentlich« und »privat oder persönlich«. Seine gleichgeschlechtliche Orientierung war lange ein absolutes Tabu. Das persönliche Coming-out bezeichnet er als schwierig, aber befreiend. Am 10. Dezember 1991 wurden Biolek und einige andere Prominente in einer RTL-Show von dem Filmemacher Rosa von Praunheim öffentlich geoutet. Er sagt heute, dass diese Situation für ihn unangenehm war, aber letztlich auch heilsam: »Ich habe einen Schlag bekommen, der sehr weh getan hat, aber irgendwo hat dieser Schlag eine Verspanntheit gelöst, die danach weg war.« Das Outing machte Bio freier. In »Boulevard Bio« konnte er es sich leisten, bisher unerwähnte Themenfelder in den Mittelpunkt der Show zu bringen. Seine Gäste wurden dabei immer prominenter. Es gehörte zum guten Ton, auf dem »Boulevard Bio« zu flanieren.

Helmut Kohl kam damals zum ersten Mal überhaupt in eine deutsche Talkshow, Wladimir Putin war da, der Dalai Lama, Günter Grass oder Bundeskanzler Gerhard Schröder. Immer noch monierten die Kritiker bei solchen Sendungen, dass seine Gesprächsführung einerseits zu eitel, andererseits zu unterwürfig und harmoniesüchtig sei. Der Talkmaster wehrte sich. Er bleibe dabei, dass er niemanden attackieren wolle. Im Oktober 1999 bekam er für seine »feinfühlige und die Integrität der Interviewpartner wahrende Gesprächsführung« und den »toleranten Umgang mit Minderheiten« den Preis der Psychologen Deutschlands.

Seinen Ruf als Mensch, der leidenschaftlich gerne kocht und lebt, setzte Biolek ab Dezember 1994 mit der Koch-Erfolgsserie »Alfredissimo« emotional und mit sichtbarer Freude um. Er fachsimpelte mit Prominenten aus Kultur, Politik und Sport am Kochherd, präsentierte eigene Kreationen und nutzte die Zeit für gepflegte Kommunikation zu Themen des Tages. Seine Kochbücher wie »Meine Rezepte«, das ihn zum Autor des Jahres 1995 machte, wurden Bestseller. Heute sagt er gerne, dass er mit den Fernsehsendungen deutlich weniger Geld verdient habe als mit seinen Kochbüchern, die eine Auflage von nahezu fünf Millionen Exemplaren erzielt haben.

Neben seiner Fernseharbeit inszenierte Biolek zahlreiche Talkshows bei Firmen und Verbänden, übernahm eine Professur an der neu gegründeten Kölner Kunsthochschule für Medien und wurde Teilhaber des Kölner Restaurants »Alter Wartesaal« mit einer angeschlossenen Groß-Disko. Seine Firma Pro GmbH produzierte neben seinen eigenen Biolek-Sendungen unter anderem für das ZDF »Lukas«, »Kaffeeklatsch«, »Blond am Freitag« und – eine Lieblingsserie für Connaisseure – »Der kleine Mönch«. Es ist eine wunderlich-vergnügte Geschichte mit dem großen Komödianten Dirk Bach, dem er mit lapidarer Trauer nachsagt: »Auch so ein guter alter Messdiener.«

2006 gründete Biolek, der schon seit dem Jahre 2000 als UN-Botschafter für die Weltbevölkerung engagiert war, die Alfred-Biolek-Stiftung, mit der er vor allem Präventionsprojekte in Afrika unterstützt, die Jugendlichen helfen, sich vor ungewollten Schwangerschaften und Aids zu schützen. In dieser Funktion und gerne mit dem Absender »Professor Dr. Alfred Biolek« hat er durchaus nachhaltig die öffentliche Aufmerksamkeit gesucht. Sein schwierigster Gegner war die katholische Kirche, die er in Fragen ihrer Sexuallehre und Aids-Politik scharf angegriffen hat.

Aber auch solches humanitäre Engagement wurde ihm bisweilen vorgeworfen – wie auch die Kritik nicht aufhörte, sich an seiner Freundlichkeit zu reiben. Selbst zum 70. Geburtstag gab es noch die böse Frage, ob er nicht der Wegbereiter einer triefenden und deshalb heuchlerischen TV-Menschlichkeit sei, die das Gegenteil von Humanität darstelle. Eine solche Kritik kam aber nur noch sehr vereinzelt. Mehr und mehr hatte sich doch der kritische Konsens durchgesetzt, dass die Grundanständigkeit von Alfred Biolek ihn lebenslang vor den in der Branche üblichen peinlichen Abstürzen bewahrt habe, selbst bei gewagtesten Grenzgängereien. Seine ungewöhnliche, bisweilen als linkisch beschriebene Freundlichkeit und sein intakter Instinkt hätten ihn vor den Fallen des Zeitgeistes bewahrt und ihm geholfen, sich aus den üblichen Schlagzeilen des Boulevards herauszuhalten. Mehr und mehr sei er zum »Urgestein der Unterhaltung« geworden, zum Mythos, dem man gerne bestimmte Spielarten von Eitelkeit nachsieht , erst recht vor dem Hintergrund seines grandiosen Abschieds aus dem TV-Geschäft.

Das selbstgewählte Ende für seinen »Boulevard Bio« setzte Deutschlands beliebtester Spätabend-Talker nach 485 Sendungen auf den 10. Juni 2003 fest. Er verabschiedete sich von seinen Zuschauern mit dem letzten Teil einer Trilogie: »Glaube,

Liebe, Hoffnung«. Eine ungewöhnliche Thematik für eine Unterhaltungssendung. Wenn man ihn heute in seinem hellen, freundlichen Kölner Domizil, in dem eine romanische Madonna als dominierender Blickfang platziert ist, danach fragt, warum gerade diese drei Themen sein Werk beenden sollten, dann winkt er wortkarg ab. Das habe keine allzu großen intentionalen Bedeutungen, sagt er. Nicht in dem streng programmatischen Sinn des 1. Korintherbriefs von Paulus, wo es heißt: »Am Ende bleiben aber Glaube, Hoffnung und Liebe, diese drei.« Dennoch sinniert er, dass es vielleicht doch kein Zufall war, wenn dieses ungewöhnliche Motto dann ein Nachhall eines Lebenskonzeptes war, das ihn mehr als anderes in seiner Laufbahn geprägt hat. Der Glaube, so sagt er, ist seine Herkunft, seine Kindheit, etwas Kostbares für ihn, erst recht im hohen Alter des Achtzigjährigen. Die Freundlichkeit der Liebe zu den Menschen, das ist die Essenz seiner beruflichen Tätigkeit, sein Credo, ohne das seine Erfolge nicht denkbar seien. Und die Hoffnung? Das ist der wertvolle Trost, dass etwas bleibt am Ende einer Karriere, etwas, wovon man noch keine reelle Vorstellung hat, was nicht zu unterschätzen ist. In einem seiner seltener gewordenen Interviews antwortet er der Fragestellerin, die ihn mit dem offensichtlich leicht von den Lippen kommenden Lied »Wir sind nur Gast auf Erden« und der Frage nach einem Leben nach dem Tod konfrontiert: »Ich würde nicht Nein sagen, obwohl ich zu nüchtern bin, um den Versprechen der Kirche zu glauben. Die Hoffnung auf eine himmlische Feier habe ich schon. Aber wir werden wohl nicht beieinander sitzen und essen und trinken, sondern es wird eher ein spirituelles Mahl sein.« Heute fügt er hinzu: »Ich würde mich darauf sehr freuen wollen.«

Welche Emotionen und welche Bilder verbinden Sie mit Ihrer katholischen Kindheit?

Mit meiner katholischen Kindheit verbinde ich die regelmäßigen Besuche der katholischen Messe. Meine Mutter ging sogar in der Woche mehrmals in die Kirche, nicht nur am Sonntag. Bei uns zu Hause war der Pfarrer auch sehr oft zum gemeinsamen Essen eingeladen. Durch die enge Verbindung zur relativ kleinen katholischen Gemeinde waren wir sehr schnell in der neuen, fremden Heimat integriert.

Haben die Rituale der Messdienerzeit und die Liturgie der Kirche bei Ihnen Impulse ausgelöst oder Vorlieben bestätigt?

Ich nehme an, dass ich schon sehr früh eine Vorliebe für die Inszenierung, die Musik, den Weihrauch und die Gewänder hatte. Ich stand als Ministrant ja auch vorne, vor Publikum. Das hat mir damals schon gefallen und hat mich mein Leben lang begleitet, nur auf anderen Bühnen.

Das Netz verschärft die öffentliche Auseinandersetzung. Wie gehen Sie damit um?

Ich habe während meiner Fernsehzeit ab einem bestimmten Zeitpunkt Kritiken nicht mehr gelesen und mir gesagt, dass ich meine Sendungen für das Publikum mache und nicht für die Kritik.

Haben Sie eine Erklärung dafür, dass viele Show-Moderatoren Messdiener waren?

Ich weiß, dass es so ist, aber eine Erklärung habe ich nicht dafür.

Guido Cantz

Kirche, Kicken, Karneval

Das Familienfest zu Guido Cantz' Taufe verlief wunderbar harmonisch. Dies ist deshalb erwähnenswert, weil die Taufe von Guidos älterem Bruder, später in Porz grundsätzlich nur Cantz Eins gerufen, fast zu einem familiären Debakel geführt hätte. Großvater Cantz, mit der ganzen Familie väterlicherseits aus dem protestantischen Württemberg angereist, hatte noch am Vorabend der Taufe mit der Autorität des Familienpatriarchen darauf gedrängt, die katholische Tauffeier ausfallen zu lassen und eine neue Taufmöglichkeit zu finden. Sein Argument war deutlich: Die Familie Cantz ist seit mehr als 400 Jahren strikt protestantisch. Das ist eine ganz besondere Tradition, seit Kaspar Kantz, dem Urahn, einem großen lutherischen Theologen und Reformator, einem engen und bedeutenden Gefolgsmann Martin Luthers im süddeutschen Raum. Seitdem hat man in der Familie Cantz allen Grund stolz zu sein auf die lutherische Tradition – auch wenn der Name sich seit vielen Jahren mit dem latinisierenden »C« schreibt.

Großvater Cantz, zu Hause in Stuttgart ein angesehener Metzgermeister, der nie so ganz verstehen wollte, weshalb sich sein Sohn während des Studiums ausgerechnet in Köln verlieben musste, hatte nicht mit dem Widerstand der in Glaubensfragen resoluten, aus dem Ruhrgebiet stammenden Schwiegertochter gerechnet. Die süddeutsche Familie könne ja abreisen, wenn sie dieser Taufe nicht beiwohnen wolle. Sie jedenfalls bleibe bei der Verabredung, die sie mit ihrem Mann bei der Trauung getroffen habe: Die Cantz-Kinder sollten in Porz katholisch erzogen werden. Nach nicht undramatischen Gesprächen blieb es auch dabei. Cantz Eins, der große Bruder, wird seitdem für alle Zukunft in allen wichtigen Fragen zum Pionier, und Guido Cantz, jetzt Cantz Zwei, folgt in den wichtigen Dingen nach. Vor allem in den drei »K's«, die in Köln zählen: Kirche, Kicken, Karneval. Wie Cantz Eins wird der kleine Guido Messdiener. Cantz Zwei macht aber eine ganz eigene Karriere: Zum ersten Mal übertrifft er die Dienstzeiten seines Bruders. Fast neun Jahre lang bleibt er bei der Sache.

»Es war eine gute Zeit mit sehr viel Spaß«, sagt er heute. Eine Zeit, von der er auch viel profitiert habe. Zum Beispiel für die Entscheidung zum späteren Job. Er kennt diese Situation, wo es bei ihm »klick« gemacht hat, noch sehr genau. Es war auf einer der Messdienerfahrten zum Altenberger Dom im Bergischen Land, dem klassischen Jugendwallfahrtsort, wohin junge Katholiken aus dem Kölner Raum traditionell pilgern, um bei der Stafette mit dem Altenberger Licht, einem kirchlichen Friedenszeichen, mit dabei zu sein. Die Stimmung im Bus sei bombig gewesen. Zwischen den Karnevalshits habe man auch die Kirchenlieder auf Kölsch parodiert. Am Bus-Mikrofon heizten ältere Messdiener anschließend mit den Highlights aus der letzten Karnevalssession ein. Ein 16-Jähriger begeistert die Busladung mit Stimmenimitationen. Zuerst hat er den im Bus vorne mit dabeisitzenden Pfarrer »drauf«, dann die Stimme und die bedächtige Redeweise von Willy Brandt. Er bringt, so erinnert sich Guido Cantz, die Stimmung zum Sieden, als er mit der Stimme des Ex-Kanzlers jüngste Bundesliga-Siege des

1. FC Köln und die letzten »Böcke« der Messdiener von Sankt Ägidius in fröhlicher Pointe verbindet. Das habe ihm unendlich gut gefallen. Selten, dass ihn etwas so begeistern konnte. Das wollte er auch können. Umso mehr, als man auch ihm selbst schon das eine oder andere Mal bescheinigt hat, dass er zum Spaßmacher tauge. Den Komiker Otto hatte er schon ganz gut im Eigenrepertoire. Das Schulterklopfen der Freunde und das Vorbild aus der Messdienercrew motivieren. Fortan wird geübt. Mit dem Kassettenrecorder und Freund Paulus aus der Ministrantengruppe als Sparringspartner.

Sein Freund Paulus ist bis heute sein Partner geblieben. Die beiden sind seit Jahren in ihrem Job ziemlich gut gefordert. Der Comedian Guido Cantz ist ausgebucht. Er hat es nach den Anfängen in der Messdienerzeit schnell geschafft. Der Mann mit dem Rucksack voller Pointen ist in Köln rasch eine Marke geworden. Schon nach dem Abitur reüssiert er eine Session lang im Karneval als »Mann für alle Fälle«. Die Auftritte, am Anfang noch als Finanzierung des BWL-Studiums gedacht, wurden nach den ersten bemerkenswerten Erfolgen schnell zu einem möglichen Berufsziel. Er hatte inzwischen sein Talent perfektioniert, quasi jeden Dialekt und jeden Prominenten treffsicher zu imitieren. Er wird zuerst ein Geheimtipp des rheinischen Karnevals, dann bald ein angehender Star der bundesweiten Comedy-Szene. Er schmeißt sein Studium und beginnt ohne Leidenschaft eine Ausbildung zum staatlich geprüften kaufmännischen Medienassistenten. So richtig wohl fühlt er sich aber nur auf der Bühne, wo ihn bald auch das Fernsehen entdeckt. Mit 22 debutiert er in der ARD-Comedy-Serie »Gaudimax«. Mit dem Nebenjob als Comedian wird es wie mit den gefärbten Haaren, die er ursprünglich als Urlaubsandenken auf Zeit von einer Skitour mit Kumpels mitgebracht hatte: Beides kommt gut an, gefällt und wird mehr und mehr zum neuen Markenzeichen. »Wo ich bin, will ich die Leute zum

Lachen bringen!«, sagt er – und das tut er sehr häufig. Er wird ständiger Gast in Comedy- und Satire-Shows, er wirkt mit bei »TV total« und »Quatsch-Comedy«, und nach Gastspielen in »Ottis Schlachthof« und in »Genial daneben« sowie nach einer langen Zeit als Moderator von »Deal or no Deal« bei SAT.1 kommt er in die nationalen Schlagzeilen: Die ARD gibt ihm eine große Samstagabendshow, nämlich die altehrwürdige Verladesendung »Verstehen Sie Spaß?«. Frank Elstner hatte die Show nach langen Misserfolgen aus dem Tal der Tränen herausgeholt und aus dem Klassiker wieder ein erfolgreiches Familienhighlight live am Samstagabend gemacht. Dem Unterhaltungsprofi aus Köln traut man zu, die Sendung auf dem wiedergefundenen Hochplateau der großen Akzeptanz zu halten. Nach anfänglicher Kritik hat Guido Cantz seinen Stil durchgesetzt und sogar junge Zuschauer dazugewonnen. Er ist auf dem Olymp des Entertainments angekommen.

Und der Erfolg hält an. Die Kritiker hatten Guido Cantz aus dem Rheinischen maximal zwei Jahre gegeben. Nach seinem vierten Jahr gleichbleibenden Erfolgs sieht er sich in seiner Linie bestätigt. »Ich verstelle mich nicht!«, sagt er. »Der Guido Cantz, der auf der Bühne steht, ist weitgehend identisch mit dem Kerl, der zu Hause die Brötchen einkauft.« Es sei zwar nicht so, dass er am Familientisch das Mittagessen moderiere, aber den Rollenwechsel zwischen öffentlich und privat, den gebe es bei ihm überhaupt nicht. »Ich bin nahe dran an dem, was ich auf der Bühne verkörpere. Ich bin ein Mensch, der Freude am Spaß hat und der viel Spaß versteht und verträgt. Ich bin kein trauriger Clown, der abends, wenn er von seinem Auftritt nach Hause kommt, auf dem Sofa sitzt und melancholisch darüber nachdenkt, was er an diesem Abend gemacht hat.« Er sieht den Grund für seinen Erfolg in der Tatsache, dass die Leute sehen, dass da ein unverstellter Spaßvogel am Werk ist. Seine Freunde sagen über ihn, dass ihn die Anerkennung und der Erfolg stabiler gemacht hätten. Er wisse jetzt deutlich besser, was seine eigene Spur sei – auch im Privaten. Er hat sein eigenes Nest gebaut und zieht sich ausnehmend gerne dorthin zurück. Und seine Tourneeauftritte werden längst danach geplant, ob die Distanz es erlaubt, dennoch am nächsten Morgen im eigenen Bett aufzuwachen. 300 Kilometer Heimfahrt in der Nacht sind für den bekennenden »Heimschläfer« keine Seltenheit. Die Heirat mit seiner Freundin Kerstin, die Geburt des Sohnes Paul haben die Koordinaten des täglichen Lebens verstetigt. Die Hochzeit fand in Sankt Ägidius statt, dem »Tatort« der glorreichen Messdienerzeit. Er hat sich, sagt er, auch glaubensmäßig nicht groß verändert. Mit einem seiner Heimatpfarrer, einem eher »kritischen Geist«, ist er über die neue Mitarbeit im Pfarrverbund längst wieder per Du. »Überhaupt«, sagt er, »lege ich großen Wert darauf, meinen guten Draht zum lieben Gott zu erhalten.«

In der WDR-Sendung »Zimmer frei« erzählt er den Moderatoren Christine Westermann und Götz Alsmann, dass Gottvertrauen für ihn existenziell wichtig sei. Er erzählt von seiner kirchlichen Kindheit und der Erfahrung einer dramatischen, lebensbedrohenden Krankheit mit wochenlangem Klinikaufenthalt. Auf der Intensivstation habe er angesichts der Unsicherheit, die die Ärzte in seinem Fall gezeigt hätten, darum gebeten, dass ein Priester kommen solle. Mit dem habe er dann häufig gebetet und ausführlich gesprochen und bei ihm auch die Kommunion empfangen. »Ich glaube, dass mir das ein Stück weit Kraft gegeben hat. Das war ein entscheidender Moment, und seitdem bin ich mir noch sicherer, dass da jemand auf mich aufpasst.« Er macht kein Hehl aus seinem Glauben und hält seine Vorstellungen von Gott und der Welt nicht zurück. In einer seiner Solo-Tournee-Programme bringt er eine Ausgabe des Alten Testaments mit auf die Bühne. Der Gute-Laune-Onkel wird an einer Stelle seines Programms nachdenklich und liest aus dem Hohelied der Liebe. Er brilliert mit Zitaten und zelebriert gerne die Momente verblüffter Stille und des befreiten Lachens.

Die alte Verbundenheit mit kirchlichen Themen und Fragen des Glaubens lässt ihn nicht los. Seine Messdienerzeit als »Training fürs Leben« bleibt ein beliebter Fundus für bildreiche Anekdoten. Die Ouvertüre für das Thema bleibt in seiner Solo-Show immer identisch: »Was war dies für eine glorreiche Zeit, diese Messdienerei. Mein erster Kontakt mit dem Showgeschäft. Diese großen Aufzüge. Diese herrlichen Kostüme.« Bei der großen Karnevalssitzung des Domvereins – ohnehin einer der besonderen Höhepunkte der Kölner Session – bringt er im Jahr des 850-jährigen Jubiläums der Heiligen Drei Könige als der Starredner einen großen Extra-Schwerpunkt aus der Sicht eines Ex-Messdieners. Zuerst die Anekdoten über einen Pfarrer mit einer Neigung zum Alkohol und den fatalen Konsequenzen daraus: dass Guido bei der Gabenbereitung ständig Messwein nachschenkte, weil das Vinum-Glas mit dem großen »V« vorne drauf »Vittel« heiße und das Aqua-Glas mit dem großen »A« umgekehrt für »Alkohol« stehe. Dann ohne Übergang der Wechsel zum kabarettistischen Spott über Tebartz-van Elst und die reiche Kölner Kirche mit ihren in diversen Immobilienbanken gebunkerten Milliarden. Seit er wisse, wie reich die Kirche sei, spüre er als Kirchensteuerzahler im Gottesdienst die anständige Versuchung, statt Geld ins Kästchen zu legen, lieber den ein oder anderen Schein herauszunehmen – für die Dinge, die das Geld wirklich bräuchten: zum Beispiel für den kirchlichen Kindergarten, in dem sein Sohn sei und wo so mancher Euro für einen vernünftigen Alltag fehle.

Es wird bemerkt, dass er auch sonst im Alltag seiner katholischen Kirchengemeinde aktiv ist. Er engagiert sich gerne dort, wo man eine »prominente Nase« braucht. Und weil er jetzt so ein »Mitglied im Verein« ist, nimmt er sich auch mehr als früher das Recht heraus, seinen katholischen »Verein« öffentlich zu kritisieren. Einige Beispiele, die ihm im Leben begegnen, machen ihn ärgerlich, bisweilen richtig wütend. »Ein Kumpel von mir, der mit mir Abitur gemacht hat, ist verheirateter Diakon mit zwei Kindern. Jetzt ist die Ehe auseinandergegangen. Er möchte gerne in seinem Beruf bleiben, den er liebt. Aber es geht nicht – es sei denn, er verzichtet auf das Zusammenleben mit einer neuen Frau. Er hat aber sein ganzes Leben in Partnerschaft gelebt. Das wird ihm jetzt verboten. Das halte ich für außerordentlich lebensfern, umso mehr, als dieser Freund ein äußerst fähiger Glaubensmann ist.« Auch dass wiederverheiratete Geschiedene nicht zur Kommunion gehen dürfen – Fälle, die ihm täglich begegnen –, missfällt ihm. Aber der neue Papst macht ihm große Hoffnung. Wie er es überhaupt gerne hätte, jenseits aller Querelen, auch solcher mit der Kölner Heimatdiözese, geradlinig seinen »fröhlichen, optimistischen, in den unterschiedlichen Anfechtungen immer bewährten Glauben aus Kindheit und Jugend« zu leben. So wie »zum Glauben Humor gehört«, sagt er »gehört zu einem vernünftigen Leben ein sinnreicher Glaube, und ich bin jemand, der sagen kann: Ich bin gläubig, und ich finde es klasse, in die Kirche zu gehen!« Das schaffe er zwar nicht an jedem Wochenende, da ist der Job oder bisweilen auch die Bequemlichkeit davor. Aber er komme doch regelmäßig zum Beten. »Mit unserem Sohn nehmen wir vor dem Schlafengehen den Tag in die Hand, lassen das, was wir erlebt haben, Revue passieren und bedanken uns beim lieben Gott. Und bitten, dass es morgen gut weitergeht. Und zum Schluss sagen wir gemeinsam ›Amen‹.«

Er sei keineswegs fromm und nicht übertrieben gläubig. »Aber ich finde es wichtig, dass der Glaube ein Leben mit Sinn ausfüllen kann – und beim Finden seiner eigenen Lebensspur hilfreich ist.« Für seine eigene Lebensspur hätte er, sagt er, gerne eine fröhlichere und lebensbejahendere Kirche als Unterstützung für seinen Glauben. Aber da gibt es – das weiß er – individuell verschiedene Erwartungen. Er selbst hätte in dem heiligen Köln, wo für ihn die Kirchen in ihrer romanischen Strenge oder in ihrer gotischen Dunkelheit nicht immer die fröhliche Lebensfreude ausstrahlen, die er gerne für sich reklamiert, gerne etwas mehr festliche Freundlichkeit. Er liebt es, wenn es irgendwie geht, im Urlaub im Süden die Feiertage im festlichen Glanz barocker Kathedralen zu erleben und so »den Glauben an den großen Gott« aufzutanken. Eines seiner liebsten Kirchenlieder, sagt er, habe in seinem Gesangbuch, das er seit den Tagen seiner Kommunion als ständigen Begleiter für kirchliche Angelegenheiten hat, ein besonderes Lesezeichen: Sein Firmausweis vom 12. Mai 1985 liegt auf der Seite, wo sein »barocker Klassiker«, das Kirchenlied »Lobe den Herren« von Joachim Neander, abgedruckt ist. Er sagt, die Strophen des alten Kirchenhits seien für ihn sehr aufbauend, und zitiert auswendig aus der vierten und der dritten Strophe:

> »Lobe den Herren, der sichtbar dein Leben gesegnet,
> der aus dem Himmel mit Strömen der Liebe geregnet.
>
> In wie viel Not
> hat nicht der gnädige Gott
> über dir Flügel gebreitet.«

Guidos Familie hat dieses Lied in seiner ökumenischen Fassung auch auf der Taufe von Sohn Paul gesungen. Die Taufe fand statt an der gleichen Stelle in der alten Pfarrkirche Sankt Ägidius, an der vor fast dreißig Jahren auch Guido getauft worden war. Und wie damals wurde die Tauffeier zu einem wunderbaren Familienfest.

Welche Emotionen und welche Bilder verbinden Sie mit Ihrer katholischen Kindheit?

Einen den Boden küssenden Papst, die große Aufregung vor der Erstkommunion, den ersten Besuch des Kölner Doms und das Gefühl, als mir zum ersten Mal vom Weihrauch schlecht wurde.

Hat diese Vergangenheit Spuren gelegt, gibt es Verbindungslinien zu heute?

Ich wollte wohl gerne vor Publikum sprechen. Allerdings haben mich Weihrauch, Zölibat und die Aussicht, an Heiligabend arbeiten zu müssen, dazu gebracht, nicht Priester, sondern Humorist und Moderator zu werden.

Haben die Rituale der Messdienerzeit und die Liturgie der Kirche bei Ihnen Impulse ausgelöst oder Vorlieben bestätigt?

Wahrscheinlich eher unbewusst. Aber Timing und Präsentation habe ich seit dieser Zeit verinnerlicht.

Sie kennen Erfolg und Kritik, Anerkennung und Distanzierungen. Wie schaffen Sie die nötige psychologische Distanz zur öffentlichen Rolle?

Familie, Freunde (nicht aus der Medienbranche) und natürlich Sport. Bewusste und regelmäßige Auszeiten (Urlaub mit der Familie) helfen, einen gewissen Abstand zur Showbranche zu halten.

Das Netz verschärft die öffentliche Auseinandersetzung. Wie gehen Sie damit um?

Man sollte und darf nicht alles lesen, was im Internet über einen geschrieben wird. Berechtigte Kritik bringt einen weiter, aber unberechtigte Kritik sollte man nicht persönlich nehmen, auch wenn es schwerfällt.

Kann man seinen eigenen Kindern weitergeben, was die eigene Kindheit wertvoll gemacht hat?

Ja … unbedingt! Werte, die mir positiv in Erinnerung geblieben sind, möchte ich an meinen Sohn weitergeben. Dazu gehört auch das Angebot, in die Kirche zu gehen.

Haben Sie eine Erklärung dafür, dass viele Show-Moderatoren Messdiener waren?

Das kann auf jeden Fall kein Zufall sein. Wo kann ein Neunjähriger sonst schon seine erste Bühnenerfahrungen machen und vor Publikum stehen bzw. knien?

Frank Elstner

Der andere könnte recht haben

© ZDF/SWR/Jacqueline Krause-Burberg

Auf den ersten Blick sieht das Leben des Frank Elstner aus wie eine einzige Achterbahn der Gegensätze. Der gefeierte Radio-Kinderstar mit dem Glamour aus vielen Hundert Hörspiel-Rollen geht mit 13 Jahren zur Korrektur der dramatisch schlechten Schulnoten in ein besonders strenges erzbischöfliches Konvikt für Priesternachwuchs. Weil er durchs Abitur fällt, kann er sich nicht für Theaterwissenschaft an der Uni in Freiburg einschreiben und geht stattdessen als Unterhaltungsredakteur zu Radio Luxemburg. Er wird dort bald Programmchef des angesagten kommerziellen Senders RTL und landet mit seiner Show »Wetten, dass …?« den wichtigsten Quotenbringer im öffentlich-rechtlichen deutschen Fernsehen. Auf dem Gipfel des denkbar größten Erfolgs gibt er die Moderation von »Wetten, dass …?« ab, um eine andere von ihm erfundene Sendung zu moderieren. Aber er holt sich eine blutige Nase: Die Sendung scheitert. Als 60-jähriger *wise old man* des TV-Entertainments bringt er alte, schlingernde oder schlummernde Fernsehformate rasant und schnell auf Kurs, um mit 70 Jahren Leiter einer Masterklasse für 20-jährige Show- und Moderationstalente in Berlin zu werden. Er »braucht«, wie er selbstironisch sagt, für fünf Kinder vier Frauen und drei Ehen und ist der Vorzeige-Gentleman der TV-Branche, der mit großer Selbstverständlichkeit zum Beispiel als Moderator dem 75. Geburtstag des Vorsitzenden der Deutschen Bischofskonferenz ein Highlight aufsetzt oder als einer der »Ehrendelegierten« dabei ist, wenn der Bundespräsident gewählt wird.

Auf einen zweiten Blick wird eindrücklich deutlich, wie folgerichtig sich die einzelnen widersprüchlichen Lebensabschnitte bei Frank Elstner zu einem spannungsreichen, bunten, aber in sich harmonischen *big picture* seines immerhin sieben Jahrzehnte umfassenden Lebens zusammenfügen. Und wenn man in seinem stilvoll eingerichteten Arbeitszimmer mit den großen Fenstern und der freien Sicht auf die uralten Bäume des Kurparks in Baden-Baden an den Wänden, in den Regalen und auf dem einfachen Schreibtisch die Bilder, Trophäen und Dokumente dieser magisch bunten Zeit im »Gesamtbild« greifbar und anschaulich vor Augen hat, dann wird schnell so etwas wie ein ganz eigener roter Faden sichtbar. Ein Lebensweg, wo Bodenhaftung und Brillanz, Disziplin und Durchsetzungsvermögen, Publikumsnähe und Profil eine sehr eigene Vita prägen und eine ganz besondere Geschichte erzählen. Es ist die Geschichte von Deutschlands längstgedientem und wahrscheinlich einflussreichstem TV-Entertainer, einem überragenden Ausnahmetalent, das es fertiggebracht hat, in der Schlangengrube der Showbranche ausschließlich Freunde und Sympathisanten zu haben. Eine der menschenfreundlichsten Showlegenden, ein Star mit Charakter, Charisma und »gutem Karma«, der zu allem sehr geerdet und natürlich geblieben ist.

Frank Elstner wird 1942 in Linz geboren, in Wien als Timm Maria Elstner getauft, im tschechischen Brünn/Brno in den Kindergarten gebracht, in Berlin eingeschult und in Köln mit Schwierigkeiten umgeschult, schließlich nach Bayern zu einer Tante abgeschoben. In Baden-Baden, wo seine Eltern zum ersten Mal gleichzeitig einen Job gefunden haben, wird er einigermaßen in seinem eigenen Leben ankommen. Vater Erich Elstner war Buffo, Regisseur und ein nicht immer erfolgreicher Theatermanager. Die Mutter Hilde Engel war Schauspielerin, Ballettmeisterin, Tänzerin und wechselte in Baden-Baden ins Lehrfach für Schauspiel. Als Kind von »Theatereltern« ist Frank Elstner bis zu seinem 10. Lebensjahr öfter umgezogen als andere in ihrem ganzen Leben. Er sagt: »Ich habe nirgendwo Wurzeln geschlagen, keinen Dialekt gelernt. Ich gehörte nirgendwo richtig hin!« In Baden-Baden bekam er, wie er sagt, »Boden unter die Füße«. Seine Mutter war der ewig klammen Familienkasse wegen zusätzlich Ansagerin beim Südwestfunk. Als der Sender ein Kind für die Hauptrolle in dem Hörspiel »Bambi« von Felix Halten suchte, hatte ihr Sohn beim Casting leichtes Spiel: Man brauchte ein Kind, das Hochdeutsch sprach. Die vielen Funk-Kinder in Baden-Baden waren aber nicht in der Lage, ihren astreinen alemannischen Akzent zu verbergen. Er bekam die Rolle, dazu noch – was damals ganz wichtig war – ein bemerkenswertes Honorar und anschließend eine Dauerbeschäftigung als Kinderstar im Radio. Er wurde die tägliche Stimme für die Sendung »Gute Besserung für kleine Patienten«, in der Geschichten für all die Kinder erzählt wurden, die krank im Bett lagen. Im »Club der kleinen Wellenreiter«, die jeden Werktag lief, ist er so gut, dass man ihm ein Engagement bei der Werbung anbietet. Mit der Zeile »Kaba, Kaba hält dich gesund!« singt er den Indikativ für die bundesweite Werbung. Ein Engagement bringt das nächste. In Baden-Baden wird er ein stadtbekannter Radiostar. Das Schulterklopfen der Nachbarn und das monatliche Salär – von jetzt an steht für ihn Medienarbeit immer in Verbindung mit Ernährung – lässt ihn, wie er sagt, »Blut lecken«. Er braucht diese Bestätigung. Er ist ein eher zurückhaltendes, schüchternes Kind, das um keinen Preis auffallen will. Der Grund dafür ist vor allem ein extrem verkümmertes rechtes Auge, mit dem er zur Welt gekommen ist. Mikrophtalmie heißt diese Krankheit, die auf eine Infektion seiner Mutter in der Schwangerschaft zurückgeht. Als Junge wird er wegen der abnormen Kleinheit des Augapfels sehr gehänselt. Erst viel später, mit 20, erhält er ein Glasauge. Die Mitschüler nennen ihn »Polyphem«, »Scheel« oder »Einäugiger«, häufig verschmieren sie sein rechtes Brillenglas mit Tinte. Da er kein räumliches Sehen hat, läuft er gegen Briefkästen und andere Hindernisse und holt sich Beulen ab – ein weiterer Grund zur Häme. Er ist schon froh, wenn man ihn in Ruhe lässt. In der Stille des Studios im Südwestfunk und vor dem Mikrofon wird er dann ein anderer Mensch. Als Kindersprecher erfährt er ein Selbstbewusstsein, von dem weder er noch seine Eltern zu träumen wagten. »Es war ja völlig egal, ob ich nun ein Auge hatte, zwei oder drei, entscheidend für meinen Erfolg war meine Stimme. Die Art, wie ich spreche, wie ich mich in die verschiedenen Figuren einfüge.« Und er hatte eine weitere Fähigkeit: nämlich blitzschnell zu reagieren und Pannen so zu überspielen, dass es keiner merkte. Entscheidend war jetzt nur sein Talent, und dieses Talent war bald deutschlandweit gefragt. Zusammen mit Volker Lechtenbrink wird er der meistengagierte 10-Jährige im Radio-Deutschland. In den Hochzeiten des Radios, in dem mangels Alternativen das große Radio-Hörspiel so viel nationale Aufmerksamkeit fand wie später die Fernsehfilme, wird er ein kindlicher Superstar.

Aber: Der Erfolg wird zur Falle. Der Radiostar schwächelt in der Schule. Frank dreht eine Ehrenrunde. Die Mutter, in deren, wie Frank sagt, wunderschönen blauen Augen sich immer das schlechte Gewissen gespiegelt hat, nicht ausreichend für den begabten Jungen da zu sein, sucht einen hilfreichen und bezahlbaren Wegweiser, der den Jungen doch noch zum Abitur führt. Die Suche bringt sie zum erzbischöflichen Gymnasialkonvikt St. Bernhard in Rastatt in der Nähe von Baden-

Baden. Wichtige Bedingung für die recht kostengünstige Aufnahme des 13-jährigen Quereinsteigers: Er muss die drei Jahre Latein der Klasse nachholen, und er muss, wie es in dem Brief des Konviktes heißt, »vorher das Sakrament der heiligen Kommunion empfangen haben«. Vor dem Hintergrund der alternativlos günstigen Monatskosten stimmen die Eltern zu. Und so geschieht es, dass der Junge Timm Maria Elstner, der große Kinderradiostar, fünf Jahre älter und zwei Köpfe größer als seine achtjährigen Mit-Kommunikanten, gekleidet in einen geliehenen Matrosenanzug, das Fest der heiligen Kommunion nachfeiert. Der Junge, der in dem mondänen Baden-Baden die breite Anerkennung des großbürgerlichen Stadt-Publikums genossen hatte, geht in das erzbischöfliche Konvikt in Rastatt, das vor allem für die Kinder des ländlichen Umlands gedacht war. Meistens stammten die Jungs aus Familien mit vielen oder sehr vielen Geschwistern, von denen, der Tradition des katholischen Badener Landes entsprechend, möglichst einer Theologe werden sollte. Solche Konvikte, die sich bewusst nicht als »Internat« bezeichnet haben, sind in den frühen 50er Jahren eher dem klösterlichen Vorbild nachgebildet. Sie haben eine strenge Hausordnung mit Wecken vor 6.00 Uhr, mit ausschließlich kaltem Duschen und vor allen Dingen mit einem täglichen Gottesdienst um 6.15 Uhr. Die nicht besonders kulinarische Verpflegung und das frühe Silentium ab 21.00 Uhr in den großen Schlafsälen mit 14 Konviktoren macht das Leben dort zu keiner leichten Übung. Dennoch: Frank Elstner packt es relativ rasch, sich in die neue Welt dieser sehr eigenen Gemeinschaft zu integrieren. Mit der Hilfe eines geduldigen Konviktspräfekten hat er sich nach einem halben Jahr Nachhilfe in Latein auf das Klassenniveau hochgerobbt. Ihn treibt ein unbändiger Wille, nach all den Jahren der ständigen Veränderung und der Unruhe hier länger bleiben zu können. Mit fast asketischem Ehrgeiz und lernwilliger Disziplin versucht er, die Standards der Klasse und des Hauses zu erfüllen. Wichtig ist es für ihn, nicht ein auffälliger Außenseiter zu bleiben, als der er in den ersten Wochen angesehen wird. Der fehlende Augapfel ist Auffälligkeit genug, sagt er und beginnt, sich in all die ungewohnten Übungen einzuleben, die für das Leben in einem solchen Haus wichtig sind. Er tritt den St.-Georgs-Pfadfindern bei und trägt stolz die Kluft. Er wird endlich Messdiener und lässt sich in seiner Kenntnis der lateinischen Responsorien von niemandem übertreffen. Aber auch hier gilt: Nicht auffallen. Er weigert sich, die herausgehobenen Dienste der Ministranten (wie das Weihrauchfass) zu übernehmen, da er bisweilen mit seiner schwachen Konstitution und niedrigem Blutdruck unten in den Bänken während des Gottesdienstes kollabiert ist. Unvorstellbar für ihn, dass er, exponiert vorne am Altar, mit der gleichen Schwäche auffällt. Er lässt sich gerne zu »niedrigeren« Diensten am Altar einteilen, wo man knien und sitzen kann und wo die Gefahr auffälliger Reaktionen nicht gegeben ist. Auch in der Klasse hält er sich ungemein zurück. Keiner seiner Kameraden soll erfahren, dass seine Eltern in Baden-Baden bekannte Schauspieler sind, dass er selbst eine auffällige Karriere im Radio hinter sich hat. Keiner darf wissen, dass er in der Berliner Theaterzeit seiner Eltern mit allen Stars der damaligen Bühnen auf Du und Du stand. Es soll ein Geheimnis bleiben, dass zum Beispiel Theo Lingen im Elternhaus ein- und ausging und Sonja Ziemann ihm die Schultüte spendiert hat.

Er möchte der Normalo bleiben und keinerlei Anlass oder Anstoß dafür geben, dass diese Zeit in Rastatt schwieriger wird oder schneller zu Ende geht. Es verwundert aber doch, wenn Frank später seine sechs Jahre in diesen alten Mauern als sechs glückliche Jahre seines Lebens rühmt. Im Vergleich zum bisherigen Leben wird immerhin deutlich: Er war aufgenommen in einem Zuhause aus freundlichen Kameraden, angenommen von guten und gutmütigen Freunden, integriert in einem System von neuen schulischen und religiösen Zielen, die er akzeptierte – auch weil er glaubte, dass sie erreichbar seien. Gegen seine Angst, Außenseiter zu bleiben, macht er vieles mit, was ihn sehr interessiert. Neben Aktivitäten bei den Pfadfindern und den Ministrantendiensten bei den Frühmessen und den Andachten wird er ein solider Schüler, der im Religionsunterricht außerordentlich reflektiert dabei ist. Die schulischen Leistungen sind im Übrigen längst akzeptabel.

Nach einiger Zeit hatte er es geschafft: Er ist akzeptiert. Er übernimmt ganz eigene Funktionen. Für die Elternabende im Konvikt schreibt er kleine Sketche, später kommen zweimal im Jahr kleine Theaterstücke dazu. Sie machen Eindruck. Mit 17 hat er einen riesigen Erfolg in der Fruchthalle in Rastatt. Sein Musical »Rastatt« wird von einer Schülergruppe aus dem Internat und dem Gymnasium aufgeführt. Idee und Regie: Frank Elstner. Noch heute schwärmen ehemalige Konviktoren von diesem Großereignis seiner Schulzeit: Das Musical hat die Rastatter Fruchthalle, den größten Versammlungsplatz der Stadt, gerockt. Die Aufführung ist restlos ausverkauft. Die örtliche Zeitung macht einen ganzseitigen Bericht, noch wochenlang wird von diesem Event gesprochen. Frank Elstner ist jedoch bereits unterwegs zu weiteren Taten. Er erfindet Spiele, die im Konvikt gemeinsam zwischen den Klassen gespielt werden: Brettspiele, Bewegungsspiele, Intelligenzspiele. Es gibt geradezu kleine »Elstnertage«, an denen seine neuen Produkte präsentiert werden. Er sagt, dass er sich selten wohler gefühlt habe als an solchen Tagen – obwohl ihm die restriktive Art der Konviktsleitung, die zum Beispiel in ihren Bekleidungsvorschriften großen Wert darauf legt, dass die kurzen Hosen der Konviktoren nicht über dem Knie enden, gegen den Strich geht. Er sieht sich in der Messdienerarbeit als Organisator von Gruppenstunden, die mehr sind als nur das übliche Gelaber. Er spricht davon, dass er ab einem bestimmten Moment eine tiefere Beziehung zur Lektüre der Heiligen Schrift gefunden habe.

Er hat, sagt er, in diesem alten Haus eine neue, für ihn bisher unbekannte Stabilität gefunden, die ihn prägen wird. Später zitiert der Lyrik- und Theaterkenner Frank Elstner das Gedicht von Hilde Domin »Ziehende Landschaft« als das Gedicht, das seine Empfindung gut umschreibt:

»Man muss weggehen können
und doch sein wie ein Baum
als bliebe die Wurzel im Boden
als zöge die Landschaft vorbei
und wir ständen fest!«

Was die religiöse Welt angeht, so hat er zwei Gesprächspartner, die ihn mitprägen: Der eine ist der Religionslehrer Erwin Butz, der ihm nachdenklich und offen Hinweise gibt, wie das Leben im Internat tickt und wo er sich nicht beugen soll. Er leitet ihn an, in die Welt der Philosophie einzusteigen. Aus diesem Interesse wächst eine Nähe zu der Philosophie des im benachbarten Heidelberg lehrenden Professors Hans-Georg Gadamer, dessen Leitspruch »Der andere könnte recht haben« zu einer besonderen Lebensmaxime von Frank Elstner wird. Gadamers Idee von der notwendigen Offenheit gegenüber dem Gesprächspartner und dessen Vorstellung von seiner eigenen Welt, die man »lernen muss, um die richtigen Fragen zu stellen«, bestimmt noch heute Frank Elstners Denken. Seine fast freundschaftlichen Begegnungen mit dem Ritus der Religion, besonders mit der Ritenwelt der griechischen Orthodoxie, ist bis heute noch spürbar. Er besucht gerne griechisch-orthodoxe Klöster und nennt sie eine Oase des Regenerierens.

Die andere Beziehungsfigur ist eine Nonne namens Maria Elisa, nach der er später eine seiner Töchter benennt. Von Maria Elisa sagt er heute, sie sei für ihn so etwas wie eine Heilige im Himmel. Sie wird zu einer frommen Komplizin für alles, was – bis an die Grenze der Legalität – im Internat möglich erscheint. Wann immer der theaterhungrige Unterprimaner nach Karlsruhe ins Theater gehen wollte und deshalb viel zu spät nach Hause kam, hat sie an ihrem strategisch wichtigen Platz als Pfortennonne dafür gesorgt, dass irgendeine der vielen Türen oder Fenster offen blieb, sodass er unerkannt und ungestraft zurückkommen konnte. Wenn später – überraschenderweise – der Pfarrer von Ars eine gern zitierte Figur im Leben des Frank Elstner wird, hat es mit dieser und solchen Begegnungen mit Maria Elisa zu tun. Frank nennt den Pfarrer von Ars ein unerreichtes Vorbild an Bescheidenheit, Disziplin, Willensstärke und Menschenfreundlichkeit. Sätze des Heiligen wie »Dem lieben Gott gefällt es, belästigt zu werden« oder »Weil ich die Sünde hasse, muss ich den Sünder lieben!« gefallen ihm und gehen in seinen Zitatenschatz ein.

Kein Wunder, dass Frank Elstner auch im spirituellen Bereich des Konviktes durchaus einer der Aktivposten war. Er fährt zu einem Kongress der fromm-jugendbewegten Gemeinschaft der Focolarini, die in den Dolomiten einen Startpunkt für eine neue, groß angelegte Aktion unter dem biblischen Titel »Die neue Stadt« setzen wollen. Das Treffen enttäuscht ihn, und es gibt keine weiteren Aktivitäten des Obersekundaners bei dieser sehr fromm ausgerichteten Organisation. Immerhin zeigen solche Treffen, in welchem Umfeld sich Frank als 16-Jähriger gern bewegt hat. Ein Foto, das bei unserem Gespräch in seinem Jahreskalender lag, zeigt eine Gruppe von fünf jungen Leuten in den Dolomiten, die bis auf Frank Elstner alle eine Karriere als Kleriker gefunden haben: der emeritierte Erzbischof von Luxemburg, zwei Priester der Erzdiözese Freiburg, ein Franziskaner.

Der Obersekundaner Elstner wurde endgültig zu einer zentralen und beliebten Figur des Konviktes, als er bei der Leitung des Hauses durchsetzte, dass er über seine alte Südwestfunk-Connection einen gebrauchten Fernsehapparat für den Platz im Speisesaal schnorren durfte. Es wurde jetzt jede Woche eine Fernsehkonferenz ausgesetzt und gemeinsam beschlossen, welche Sendung gesehen werden durfte. Ein Schaukasten mit den möglichen Sendungen des Ersten Programms wurde vor dem Speisesaal aufgestellt. Seine Mitschüler bezeichnen diese Anschaffung noch heute als eine »Elstner'sche Großtat«. Die Erlaubnis, Filme wie »Don Camillo und Peppone« zu sehen, erschien vielen wie ein erstes zaghaftes Öffnen eines Fensters zur Welt.

Frank Elstner war zu diesem Zeitpunkt mit sich und dem Leben im Konvikt im Reinen. Das Durchhalten einer schweren Zeit im erzbischöflichen Haus der Askese hat sich für ihn gelohnt. Er hat eine lange Zeit stabiler Kontinuität erlebt, und er hat diese *stabilitas loci* als etwas außerordentlich Schätzenswertes für sich kennengelernt. Später sagt er, dass ihn diese Zeit der Disziplin, der Demut und des Durchhaltens auch Dankbarkeit gelehrt habe – ein besonderes Gefühl, das ihn seitdem begleitet und zum regelmäßigen Gebet verleitet.

Gar nicht dankbar fand allerdings der Rektor des Konvikts die Haltung des Oberprimaners Elstner. Der hatte sich bei einer musikalischen Adventsfeier in die besonders hübsche 16-jährige Querflötistin verliebt. Frank traf sich seitdem mit diesem Mädchen, heimlich und zu später Stunde. Das Problem: Elisabeth war die Nichte des Rektors, der nach der »Entdeckung« in seinem heiligen Zorn kein Pardon kannte. Vor die Wahl gestellt: fliegen oder gehen, zog Frank Elstner aus dem Erzbischöflichen Konvikt aus. Der Rausschmiss hat Konsequenzen. Frank Elstner nimmt sich ein Zimmer in Rastatt an der Murg. Der Umzug wirft ihn aus der alten Disziplin-Bahn. Er fällt als Einziger seines Jahrgangs durchs Abitur. Griechisch und Latein sind die definitiven Schwachstellen. Ansonsten:

Die Nichte des Rektors, Elisabeth, wird später Franks Ehefrau. Sie ist die Mutter von Sohn Andreas.

Das Abitur, um dessentwillen die Eltern Frank von den glamourösen Höhen Baden-Badens in die fremden Niederungen des ländlicheren Rastatt geschickt haben, war verwirkt, als er darauf, trotzig und beleidigt, die Wiederholungsmöglichkeit ausschlug. Mit der fehlenden Hochschulreife gab es auch keinen Weg zum Studium der Theaterwissenschaften in Freiburg. Das war doch die eigentliche Hoffnung der Mutter, die Frank als zukünftigen Regisseur oder Dramaturgen am Theater gesehen hatte. Dem nach diesem Scheitern massiv orientierungslosen Frank hilft jetzt der Zufall: Eine Kollegin aus den Kinder-Radio-Zeiten ist Hörfunkmoderatorin in Luxemburg. Nach einer zufälligen Begegnung in einem Baden-Badener Café lädt sie ihn zum Probeaufenthalt in das Großherzogtum ein. Aus dem Vorsatz, die Stadt und den Job mal für eine Woche näher kennenzulernen, werden 40 Jahre feste Bleibe in Luxemburg, davon 18 Jahre bei Radio Luxemburg. Der 21-jährige Frank Elstner findet für die nächsten zwei Jahrzehnte dort den perfekten Job seines neuen Berufslebens. Aus dem feuilletonorientierten Theaterfan wird ein lockerer und gleichzeitig professioneller Shooting-Star der Unterhaltung und einer der wichtigsten Menschen der Radio-Industrie. Und hier entsteht beim erfolgreichsten Musiksender Deutschlands überhaupt erst der Entertainer, wie wir ihn heute kennen. Hier wird jetzt aus Timm Maria Elstner Frank Elstner, weil sein Moderationskollege für die ersten Sendungen Tom hieß und Tom und Tim nach Fix und Foxi geklungen hätte. Also nannte sich Timm jetzt Frank. Es ist der Name seines Bruders. Und der einäugige Polyphem aus der Kinderzeit lässt sich ein perfektes Glasauge einsetzen – Kostenpunkt: 400 DM. Seitdem ist die Häme verschwunden und somit auch die Frotzeleien. Dafür gibt es ab und an eine kokette Wendung des Gesprächs, wenn Frank zur

Überraschung seiner Umwelt plötzlich das Glasauge aus dem Auge nimmt und demonstriert, wie er als Kind ausgesehen hat.

Da war aber auch noch ein anderes Handicap, das der angehende Musikredakteur des Musiksenders zu überwinden hatte: Er hatte schlichtweg keine Ahnung von Musik – zumindest von der Musik, die die Hörer von Radio Luxemburg liebten und die den Sender in dieser Zeit populär gemacht hatte. Schallplatten gab es ja in der asketischen Welt des Konvikts nicht. Dort galt diese Musik als Verführung des jugendlichen Gemüts. Frank Elstner erinnert sich an seine erfolgreichen Crash-Kurse in Latein und wiederholt mit besessenem Fleiß den gleichen Parforceritt. Er lässt sich drei Wochen lang nachts im Funkhaus einschließen und »lernt« Musik: Sänger, Texte, Länge, Stilformen, den Platz im Regal des Archivs. Nach einiger Zeit hat er kraft souveräner Disziplin ein brauchbares musikalisches Grundwissen. Seine erste Scheibe, die er auflegt, ist Edith Piafs »Milord«. Die deutsche Übersetzung – »Die Welt ist schön, Milord« – entspricht damals durchaus seiner eigenen Gefühlslage.

Frank Elstner macht in Luxemburg überragend schnell eine große Karriere. Schon nach einem Jahr wird er neben Camillo Felgen zum beliebtesten Moderator der »Fröhlichen Welle«. Er wird einer der großen Discjockeys der 60er Jahre. 1966 wird er Chefsprecher des Senders, 1972 Direktor des deutschen RTL-Programms. Er ist ein unruhiger, kreativer Chef, der nebenbei auch noch im Fernsehen des Südwestfunks kleinere Unterhaltungs- und Quizsendungen wie die »Montagsmaler« moderiert.

Der Durchbruch kam am 14. Februar 1981. Mit »Wetten, dass ...?« besteigt Frank Elstner den absoluten Gipfel der Unterhaltungsbranche in Deutschland. Seine von ihm konzipierte Sendung wird zu den wichtigsten Dauerbrennern im deutschen, österreichischen und Schweizer Fernsehen. Die literarische Adelung durch Florian Illies' berühmten Satz im Bestseller »Generation Golf«: »Niemals wieder hatte ich in den späteren Jahren solch ein sicheres Gefühl, zu einem bestimmten Zeitpunkt genau das Richtige zu tun!«, ist die sprichwörtlich gewordene Überzeugung einer ganzen Gesellschaft, dass es kein größeres Lagerfeuer im deutschen Fernsehen gibt als die von Frank Elstner erfundene Livesendung. »Wetten, dass …?« hat die maximale Bugwelle einer erfolgreichen Dauersendung im deutschen Fernsehen. Es ist die optimale Samstagabend-Unterhaltung für die ganze Familie.

Auf dem Höhepunkt der Akzeptanz dieser Sendung kündigt Frank Elstner überraschend seinen Rücktritt an. Nach 39 Folgen gibt er 1987 die Moderation an Thomas Gottschalk ab. Er entwickelt – auch aus der Vorstellung heraus, dass es möglich sein muss, neben dem so nebenbei und leichthin erfundenen »Wetten, dass …?«, einen nächsten Hit zu landen – seine nächste Moderationsplattform mit dem Titel »Nase vorn«. Seine Fehleinschätzung von damals nennt er heute »Hybris«. Seine »Nase vorn« ist nach wenigen Ausgaben ein Debakel. Die Sendung wird vom ZDF im Dezember 1990 abgesetzt. Ein denkbar schwerer Schlag in das Kontor des erfolgsbesessenen Frank Elstner. Er geht mit seinem Team an die Analyse und merkt, dass er, ausgerechnet er, die klassischen Sünden gegen den heiligen Geist der Unterhaltung begangen hat: Die Sendung war zu kopflastig, zu kompliziert und hat sich zu wenig von den Interessen des Publikums inspirieren lassen. Während bei »Wetten, dass …?« das Publikum und die Zuschauer die Helden der Sendung waren, waren die Helden von »Nase vorn« die entrückten Heroen einer für die Zuschauer fremden Welt. Der unruhige, kreative Frank Elstner verlässt nach dieser krachenden Bauchlandung nicht die Bühne. Er erfindet für andere und für sich eine große Anzahl von Fernsehshows, die mehr oder weniger reüssieren. Bekannt bleibt Frank Elstner aber mit seinem bundesweiten Engagement für zivilgesellschaftliche Ziele.

Er ist Gründungsmitglied von Mildred Scheels Deutscher Krebshilfe. Er ist ständig mit ihr unterwegs, um Vorsorgetechniken gegen die Volkskrankheit zu propagieren. Er ist Breitensportbeauftragter des Deutschen Sportbundes und entwickelt knackige Ideen für die neue »Mitmach-Welle« und die gerade entstehende Fitnessbewegung in Deutschland. Er ist der unermüdliche Propagandist für die Aktion »Menschen für Menschen« von Karlheinz Böhm, die in einer seiner ersten »Wetten, dass …?«-Ausgaben gegründet wurde und die sich zu einer der größten privaten Hilfsaktionen in Europa mit gewaltigem organisatorischem Aufwand und gigantischer Spendenbereitschaft der Deutschen entwickelt hat. Frank Elstner ist längst auch der Produzent geworden, der Sendungen entwirft, produziert und die Sender mit neuen Produktionsideen beliefert. Bis heute sind seine Schubladen voll mit neuen Überlegungen und Ideen für Sendungen. Seine Tochter, die ihn im Management eine Zeit lang unterstützt hat, hat Bilanz gezogen. Von den vielen Hunderten von Ideen sind insgesamt 53 unterschiedliche Formen realisiert worden. Auch in der Erfolgsstatistik steht Frank Elstner ganz oben. Die drei erfolgreichsten Sendungen im Unterhaltungsangebot des ZDF stammen von ihm: »Wetten, dass …?« steht ganz vorne, aber danach kommt schon die Premiere von »Nase vorn«, und danach kommt dann das »Tele-Ass«, ebenfalls eine von seiner Firma produzierte Sendung. Frank Elstner hat sich bei den neuen Formen an sein Erfolgsrezept gehalten: Inspiriert von den Ideen des Publikums macht er den Zuschauer zum Helden seiner Sendung. Er ist der Protagonist der Idee, das Potenzial der Menschen von nebenan auf die große Bühne zu bringen. Als Show- und Talkmaster erwarb er sich neben dem Spitznamen »der liebe Frank« den Ruf, besonders behutsam mit seinen Gästen umzugehen. Das bringt ihm Anerkennung wie Kritik ein. Manche Kommentatoren sprechen von einer »Atmosphäre höflicher Langeweile« und der klassischen »Elstner'schen Harmlosigkeit«. Aber er bleibt beim Publikum außerordentlich beliebt. Gerade sein auf Harmonie und Verständnis bauender Moderationsstil punktet beim Publikum. Das wird deutlich bei seinem Comeback als Samstagabend-Moderator des Klassikers »Verstehen Sie Spaß?«. Unter verschiedenen Moderatoren war die Einschaltquote der 1980 von Kurt Felix präsentierten Show mit der versteckten Kamera dahingedümpelt. Der inzwischen 60 Jahre alte und strahlend weißhaarige Frank Elstner hat als verlässliche Größe mit seinem Markenzeichen »Menschenfreundlichkeit« die Abwärtstendenz der Sendung gedreht und ihr mit großer analytischer Optimierungsarbeit und dem leidenschaftlichen Feuer des großen Entertainers Wind unter die Flügel gebracht.

Wie immer bei Frank Elstner – auf dem Höhepunkt des Erfolgs verlässt er die Sendung: auch weil der Hype der Zustimmung und die Routine des Selbstläufers für ihn ein Gradmesser dafür sind, dass etwas überreif ist; oder weil er das Gefühl hat, dass die Sache so oder so läuft und also auch ohne ihn laufen kann. Richtig und am meisten wohl gefühlt, sagt er, habe er sich bei den weniger die Aufmerksamkeit des ganz großen Publikums fordernden Sendungen wie »Stille Stars« oder bei seinem Dauerläufer »Menschen der Woche«. »Stille Stars« wurde eine Langlaufserie über die Nobelpreisträger der Welt: glänzende Porträts von in der Regel außerordentlich bescheidenen Weltstars der Wissenschaft, mit denen sich Frank meist auf Anhieb verstand und mit denen er eine lange Freundschaft pflegte. Mehr als 150 Porträts sind so entstanden. Es ist ein grandioser Prospekt und ein Katalog für Annäherungen an ein schwieriges Fernsehgenre. Ein Dauerläufer ist seine ureigene Talkshow »Menschen der Woche«, in die er im Südwestrundfunk an Samstagen all seine Tugenden einbringen kann, die er im Laufe eines reichen Berufslebens kultiviert hat: der neugierige Entdecker, der menschenfreundliche Gastgeber, der wissensdurstige Journalist, der Familienmensch, dem keine Alltagssorgen unbekannt sind, der ungeheuer belesene Kulturfreak, der Spezialist für die Feinheiten naturwissenschaftlicher Innovation, der Connaisseur der gepflegteren Lebensart, der Mensch wie du und ich, dem man vertraut – und mehr anvertraut, als man sonst sagen würde –, der glamouröse Entertainer, der unaufgeregte Netzwerker mit den wichtigsten Adressen der Welt im Laptop. Auch mit 70 bleibt Frank Elstner fit, vital, sportlich auf der Höhe, voller Tatendurst. Er hat – auch zur Probe dieser Fitness – den Jakobsweg (dessen plötzliche Attraktivität er übrigens kritisch sieht) mit seinen 600 Kilometern in 22 Tagen geschafft. Er weiß seitdem, dass er immer noch gut in Form und in der Lage ist, weite Wege zu gehen. Der 70-Jährige gründet mit seinem Sohn Thomas eine Art Zukunftswerkstatt, eine Masterklasse für ganz junge, kreative, journalistisch interessierte Entertainment- und Moderationstalente. Der unruhige Branchenfuchs, dessen jüngste Töchter jetzt beide mit Neigung zur TV-Branche flügge werden, gibt noch einmal Gas. Er will die Erfahrung, die Einsichten und die Erinnerung aus einer singulären Lebensleistung noch einmal produktiv nach vorne richten in die digitale Zukunft. Einige Erfahrungen bleiben ihm, auch für die Weitergabe an die jungen Studenten, besonders wichtig: die große Bereitschaft zur Disziplin und zur harten Arbeit, das Engagement mit Leidenschaft und Feuer. Aber auch: die Fähigkeit, mit Niederlagen umzugehen, verlieren zu können. »Ich hatte in meinem Leben deutlich mehr Niederlagen als Siege, auch wenn es, von außen betrachtet, scheinbar anders ist.« Wichtig für ihn und für die, denen er Lebenserfahrung weitergeben will: Immer wieder aufstehen, trotz aller seelischen und anderen Verletzungen. Und: Nicht lange bei als falsch angesehenen Unternehmungen und Sendungen bleiben, auch wenn sie erfolgreich sind. »Mit den eigenen Träumen flirten!« Mutig und neu aufbrechen! Und:

Immer wieder auch die Mahnung zu Toleranz, Offenheit und die Absage an jede Form von Dogmatismus – die Lehre des Lieblingsphilosophen Gadamer, die Maxime des Lebens für allen und jeden Umgang in publizistischer Tätigkeit: »Der andere könnte recht haben!«

~

Welche Emotionen und welche Bilder verbinden Sie mit Ihrer katholischen Kindheit?

Mit neun Jahren wurde ich zu einer Tante aufs Land geschickt, ins Bayerische in der Nähe von Schwabmünchen. Dort lebte ich auf dem Bauernhof einer Familie, die der katholischen Tradition sehr verbunden war. Immer wenn sie mich mit in die Kirche nahmen, schlotterten mir etwas die Knie, denn auf beiden Seitenaltären lagen Gerippe (ganz bestimmt Reliquien) und haben mich weniger zur Andacht als zur Ohnmacht geführt. Das ist in mir so hängen geblieben, dass mir auch in späteren Jahren oft in der Kirche schwarz vor Augen wurde und ich umfiel und rausgetragen wurde. Nach der Pubertät allerdings hatte ich diese »Schwächen« im Griff.

Hat diese Vergangenheit Spuren gelegt, gibt es Verbindungslinien zu heute?

Da ich sechs Jahre lang jeden Tag am frühen Morgen an einer heiligen Messe teilnahm, haben wir »Konviktler« natürlich auch Methoden gesucht, den Gottesdienst subjektiv zu verkürzen. Eines unserer heimlichen Spiele war die spätere Diskussion, wer von unseren Geistlichen bei der Andacht das verlogenste Gesicht machte. Ich glaube, dass ich seither sehr schnell merke, wie »echt« ein Schauspieler oder Moderator seine Rolle spielt.

Haben die Rituale der Messdienerzeit und die Liturgie der Kirche bei Ihnen Impulse ausgelöst oder Vorlieben bestätigt?

Habe ich eigentlich schon bei der vorigen Frage beantwortet.

Sie kennen Erfolg und Kritik, Anerkennung und Distanzierungen. Wie schaffen Sie die nötige psychologische Distanz zur öffentlichen Rolle?

Es ist mir leider bis heute nicht gelungen, völlig unabhängig zu sein von der Stimmung der Öffentlichkeit. Wenn ich ehrlich bin, gehe ich ihr wo es geht aus dem Weg. Und wenn ich merke, dass der innere Ärger brodelt, habe ich im Freundeskreis immer den Richtigen gefunden, der mich nach dem Motto »Hab dich nicht so« wieder auf die Beine stellte.

Das Netz verschärft die öffentliche Auseinandersetzung. Wie gehen Sie damit um?

Am schlimmsten finde ich in der digitalen Welt die anonymen Angriffe. So kann sich jeder Feigling wichtig machen. Wir sollten alles unternehmen, eine gemeinschaftliche Haltung zu unterstützen, die diese Verfahrensweise eindämmen kann.

Kann man seinen eigenen Kindern weitergeben, was die eigene Kindheit wertvoll gemacht hat?

Ganz bestimmt. Aber ob dies von Dauer ist, kann man natürlich nicht garantieren.

Haben Sie eine Erklärung dafür, dass viele Show-Moderatoren Messdiener waren?

Hier würde meine Fantasie mit mir durchbrennen, wenn ich anfangen würde, darüber nachzudenken. Sorry.

Thomas Gottschalk

»Die Frohe Botschaft, die nehm' ich ernst.«

© ZDF/Svea Pietsch

Es war ein Geschenk zum 60. Geburtstag, anstelle der üblichen Kiste mit den Havannas. Auf dem kleinen Aufkleber stand: »Könnte Dir gefallen!« Zwei Karten für die Passionsspiele in Oberammergau. Eher beiläufig und ohne ganz großen Enthusiasmus in Erwartung eines Volkstheaters wird zwischen dem roten Teppich in Bayreuth und der Netrebko-Gala bei den Salzburger Festspielen ein Termin für die Fahrt ins Oberbayerische gefunden. Der vermeintlich harmlose Abstecher wird zu einem Highlight des Jahres. »Ich kam als ein Zweifelnder und bin in meinem Innersten berührt«, schreibt er in einem spontan niedergeschriebenen ganzseitigen Report für die Sonntagsausgabe der FAZ. Unprätentiös, locker, aber spürbar engagiert spricht er von einem »kleinen Wunder« an inszenatorischer Glaubenskraft und emotionaler Glaubenskunst. »Schon in der ersten Szene, als Jesus auf einem Esel einzog, wurde meine Sonnenbrille von innen feucht. Spätestens zur Pause will jeder, der kein hartgesottener Gottesleugner ist, sein Glaubensbekenntnis erneuern.«

Wenn Thomas Gottschalk in all seinen diversen Lebensabschnitten etwas je nicht war, dann ein hartgesottener Gottesleugner. Im Gegenteil. Wie kaum ein TV-Star hat er, locker und freimütig, unaufdringlich, profund und bemerkenswert zitatenfest nie ein Hehl aus seinen christlichen Wurzeln und seiner katholischen Herkunft gemacht. Spätestens jetzt nach dem Artikel in der FAS, den auch die »Bild«-Zeitung übernimmt, muss das breite Publikum zur Kenntnis nehmen, dass dieser glamouröse Magier der Massen und gefeierte TV-Star des säkularen Entertainments sich als »glaubenden Katholiken« beschreibt. Es ist nicht das erste Mal, dass Thomas Johannes Gottschalk, der 1950 in der Kulmbacher Stadtkirche »Zu Unserer Lieben Frau« als der erste Spross der Eltern Hans und Rutila Gottschalk über das Taufbecken gehoben wurde, sich zu seinem, wie er sagt »Taufgelübde«, bekennt.

Einige Jahrzehnte später und auf dem Höhepunkt seiner Karriere sagt er von sich, dass er mit einem »Vertrauen, das in der Vernunft begründet ist, an einen allmächtigen Gott glaubt. Ich bin in diesem Glauben aufgewachsen. Und dafür bleibe ich sehr dankbar. Ich habe bisher keinen Grund gefunden, diesen Glauben aufzugeben. Ganz im Gegenteil. Ich glaube sehr fest, dass da oben einer meine Lebensschritte lenkt«, sagt er in einem offensiv-selbstbewussten Grundsatzgespräch zu einem »Spiegel«-Buch über Religion. »Ich bin immer in jede Ecke gegangen, in die ich wollte. Manchmal auch in eine dunklere, in die mich dieser Gott sicherlich nicht geschickt hätte. Aber auch da hatte ich Gott nicht verloren. Ich habe auch nie den Eindruck gehabt, als ob er mich dort vergessen hätte.« Das klingt steil, selbstsicher und fast ein wenig missionarisch aus dem Mund des Moderators, der sich gern »Bruder Leichtfuß« nennen lässt. Gottschalk relativiert und wiegelt ab. »Keine Angst. Meinen Glauben trage ich nicht wie eine Monstranz vor mir her. Und ich werde auch nie mit dem Weihrauchfass ums Haus zischen und Kollegen ansprechen. Ich tauge nicht zum Prediger.« Er spüre lediglich das ganz unverschämte große

Glück in sich, lebenslänglich und von Anfang an von einer wunderbaren Fürsorge umgeben und beschützt zu sein. »Ich bin in einen freundlichen, menschennahen, bisweilen auch sehr fröhlichen Glauben hineingewachsen und ich habe bisher keinen Grund gefunden, von diesem Glauben abzurücken.« Er sei mehr denn je überzeugt, »dass ein gläubiger Mensch und ein fröhlicher Mensch die beiden Seiten einer Medaille sein sollten«. Eigentlich sollten Freundlichkeit und Gläubigkeit deckungsgleich sein. Evangelium heißt zu Deutsch »Frohe Botschaft«. »Diese frohe Botschaft nehme ich ernst.« Ruhig und reflektiert gibt er sich überzeugt, dass seine »religiöse Sozialisation« durchaus maßgeblich und nachhaltig dazu beigetragen habe, seine besonderen Talente als fröhlicher Entertainer zu bestärken. Zeitlebens habe er entspannt, ohne sich verstellen zu müssen, locker und menschenfreundlich den richtigen Ton zum Menschen gefunden. Er habe sich eine ihn bestimmende Grundfröhlichkeit erhalten und habe das große Talent, sich vor der Kamera frei, unverstellt und so unkompliziert zu bewegen, »wie Gott mich geschaffen hat«. Es gebe nicht allzu viele Menschen, die dieses Talent »so dicke« von zu Hause mitbekommen hätten. Mit Spaß, Naivität und kindlicher Spielfreude, mit Witz und sehr entspannter Reaktionsfähigkeit verdiene er seine Brötchen und lebe nicht schlecht dabei. »Ich habe etwas geschenkt bekommen, was man sich nicht erarbeiten kann.« Dieses Talent habe er sich entfalten lassen. Er nennt es die Erfahrung einer besonderen, auch kirchlichen Kindheit, die ihn mit einem Grundvertrauen und mit einer unerschöpflichen Zuversicht ausgestattet hat, dass das Leben gut gelingen kann. Einer der Ecksteine dieses existenziellen Grundvertrauens des Thomas Gottschalk ist seine religiöse »Grundausstattung« – und das glaubwürdige Vorbild seiner Eltern.

Wenn Thomas von seinen Eltern, von Vater Hans und Mutter Rutila, beide in den Wirren der Nachkriegszeit aus Schlesien im fränkischen Kulmbach gelandet, spricht, fällt schnell das Wort »Güte«. Und dann nimmt bei ihm das alte Wort den eigentümlich schlesischen Klang an, wo das tiefe »ü« bei ihm in das helle, breit gedehnte »i« fließt. Der Vater freut sich, wenn schon der Dreijährige auf die Frage nach seinem Vornamen schnell »Thomas Morus« oder später »Thomas von Aquin« antwortet. Er hoffte, dass der Junge schon früh verstanden habe, dass mit der Namensgebung des Kirchen- und Staatsmannes oder des großen Philosophen ein Fingerzeig für den späteren Werdegang gegeben sein sollte. Der kleine Thomas seinerseits merkt sich früh genug, dass ein mit einem Lacher und einer Pointe eröffnetes Gespräch schneller die Herzen öffnen kann. Thomas erlebt seine Eltern als fromm, gläubig, religiös, lebensklug, gerecht. Sie leben in einer unaufgeregten, selbstverständlichen volkskirchlichen Ausprägung von katholischem Glauben mit einem guten Schuss schlesischer Gläubigkeit – und mit der entschiedenen Bereitschaft, sich in den Dingen des Glaubens nicht mit halben Sachen abzugeben. Das Kirchenjahr mit den großen Herausforderungen, der gemeinsame Kirchgang am Sonntag, der selbstverständliche Gebrauch der Symbole wie Weihwasser und Kreuzzeichen, die Gebete zum Essen, zur guten Nacht und zu besonderen Situationen, all dies ist eingeübt und verinnerlicht. Thomas erzählt, dass der Vater, ein angesehener Rechtsanwalt, im Haus vor wichtigen Gerichtsterminen niedergekniet ist und gebetet hat, wenn er sich unbeobachtet fühlte.

Aus einem solchen Haushalt pflegen in der Regel Messdiener zu kommen. Auch Thomas wird bald nach der Erstkommunion zum ersten Mal »dienen«. Er nennt die Zeit des Ministrierens seine »bunte Zeit«. Er war gern dabei. Er habe alles rauf und runter ministriert, vom Hochamt über Rorate-Ämter bis zu Maiandacht, Taufe, Hochzeit, Beerdigung, auch die stille Messe am Seitenaltar in den Wochentagen. Dazu hat er auch zu Hause im Wohnzimmer Pfarrer, Kantor und Ministrant in einer Person gespielt. »Meine Mutter«, erzählt er, »musste nur fünf Akkorde am Klavier spielen, dann begann die Prozession: Ich bin ins Wohnzimmer eingezogen und habe den Segen erteilt und auf dem Sessel meine Predigt gehalten.« Und die Gemeinde aus Mutter, Bruder Christoph und Schwester Raphaela durfte sich angesprochen fühlen, wenn Thomas seine fromme Show mit dem gelernten Segensspruch »Ite, missa est!« – »Gehet hin in Frieden!« und dem dazugehörigen Kreuzzeichen abschloss.

Der Messdiener Thomas Gottschalk fühlt sich auffällig wohl in dieser Haut. Er kann hier seiner später chronischen Lust an »exponierter« Kleidung nachgeben, mit allen roten, schwarzen und weißen Talaren und den damals noch üblichen Rangabzeichen für die Wichtigkeit der Dienste. Er steht gerne ganz vorne, vor einer großen Gemeinde, vor vielen Hundert Gläubigen, die mit Interesse und Bewunderung den hübschen blonden Bengel mit dem Engelslächeln ins Herz geschlossen hatte. Das tat ihm ebenso gut wie die Möglichkeit, von den der Gemeinde zugewandten Sitzen der Messdiener aus seine jeweiligen Favoritinnen unter den Mädchen der Gemeinde zu fixieren und – wann immer es ging – ihre Reaktion auf seine ersten Kontaktversuche zu testen. Auf die Kommunion seines damaligen Lieblingsschwarms Martha Dörner, der Tochter der Pfarrhaushälterin, hat er, wie er auch heute noch durchaus detailreich zu erzählen weiß, ein gern wiederholtes besonders liebes Augenmerk.

Er liebt die besondere Aura der Sakristei mit den Ornamenten an der schweren neugotischen Holztür, den weichen Geruch von Wachskerzen, das Vorglühen der Kohlen in den bis zum Überschlag geschlenkerten Weihrauchfässern – die dann im Gottesdienst auch richtig feuerrot leuchten und schnell die Magie eines feierlichen Hochamtes herbeizaubern. Er radelt morgens um halb sechs zur Frühmesse und übernimmt in der Osterzeit das Vorlesen der Passionsgeschichte, bei der er alle drei Parts – Jesus, das Volk und Pilatus – feierlich und, der Erwartung der großen Gemeinde im vollbesetzten Kirchenschiff entsprechend, fehlerfrei vorträgt. Den Weg zum Schwimmbad teilt er so ein, dass er vorher noch, das Messdienergewand über den kurzen Lederhosen, bei einer Beerdigung dienen kann. »Dafür gab es 50 Pfennig, da blieb neben den 30 Pfennig Eintritt fürs Schwimmbad noch Geld für ein Eis.« So stand er dann bei der Beerdigung mit einem dem Anlass gemäßen traurigen Gesicht, aber innerlich bester Laune zwischen den weinenden Menschen der Trauergemeinde: ein Dienst auf Gegenseitigkeit, auch weil sich mit der Beerdigung das wahre Leben auf ganz natürliche Art als selbstverständlicher, existenzieller Teil des Lebens in seine kindliche Vorstellungskraft eingraben konnte. Auch die Hochzeiten, die trinkgeldmäßig noch mehr abwarfen, hatten ihre beiden Seiten: das feierliche, bisweilen stolze kirchliche Spektakel und dann die für den jungen Messdiener tief bewegende Formel des Trauungsrituals: »… bis dass der Tod euch scheidet«. Was für gewaltige Worte für einen kleinen Messdiener, dem solche Rituale unauslöschlich im Gedächtnis bleiben werden. Dabei hatte das Messdienen eher spielerische Züge für ihn. Die Leichtigkeit des fränkisch-schlesischen Glaubensvollzugs machte ihm Spaß. Aber er bleibt fasziniert auch von den Themen mit ernsthaftem, fast theologischem Tiefgang ins »existenzielle Grundwasser« – wie den Formeln bei der Trauung oder dem Geheimnis der Wandlung von Brot und Wein, wo er bis heute die Wandlungsworte des Priesters in makellosem Latein aufzusagen weiß. Diese Nachdenklichkeit und Ernsthaftigkeit wird verstärkt durch Onkel Hans Seifert, Pfarrer und Religionslehrer, einen engen Freund des Vaters. Thomas sagt von ihm, er sei ein Leuchtturm des gelebten Glaubens gewesen, ein überragender Gottesmann, ein »Ausbund an Fröhlichkeit, Eloquenz, Witz, aber auch ein Mensch von einer tiefen Religiosität, ein Vorbild par excellence«. Onkel Hans, dessen drei Schwestern mit den Gottschalks im neu gebauten Haus Sieben Eichen wohnen, nimmt Thomas als Messdiener mit, wenn er in der Karwoche in verwaisten Kirchengemeinden in der Eifel zum Aushelfen für die Feiertage unterwegs ist. Thomas erzählt von den oft bitterkalten Tagen mit Eisblumen an den Fenstern in den nicht beheizbaren alten Pfarrhäusern im Grenzgebiet zu Belgien. Da war dann Schluss mit lustig. Als Zeitvertreib gab es bestenfalls die Bücher der Pfarrbibliothek des Borromäusvereins. Die Erbauungsliteratur à la Clemente Pereira, »Wer sagt uns die Wahrheit?« oder die christlichen Jugendromane wie »Das Licht der Berge« sind bald ausgelesen. Wichtiger als die Pfarrbibliothek sind die Erzählungen und Geschichten, die theologischen Ableitungen und die Grundsätze religiöser Lebensklugheit, die Onkel Hans an den langen Abenden nach getaner Predigtvorbereitung dem aufmerksamen Thomas anbietet.

Eine ganz neue und herausragende Bedeutung erhält Onkel Hans, als im Hause Gottschalk die Katastrophe eintritt: Der Vater stirbt an Krebs. Der sterbende Familienvater bittet den Freund um die Mitsorge für die Familie. Eine der Verfügungen des Vaters ist überraschend: Onkel Hans solle doch dafür sorgen, wenn nötig mit Druck, dass Thomas nicht Theologe werde. Das sei kein guter Plan für den inzwischen 14-jährigen Jungen. Der Vater hatte wohl den ältesten Sohn fabulieren gehört, dass er sich erst recht jetzt, im Wissen um die Fragen von Leben und Tod, durchaus vorstellen könne, den gleichen Beruf wie Onkel Hans anzustreben. In der Tat hatte Thomas auch später noch solche Gedanken. Dass es ihm dabei nicht gar so ernst zumute war, wird deutlich, wenn er erzählt, dass er auch schon sehr genaue Vorstellungen darüber hatte, wer denn dann am liebsten Pfarrhaushälterin für ihn werden sollte.

Der Tod des Vaters verändert das Leben des Ältesten der Familie. Thomas hat jetzt eine Verantwortung für Mutter und Geschwister. Er kümmert sich rührend um die kleine Schwester Raphaela. Er ist der Mann im Hause. Die Vorstellung, Pfarrer zu werden, verblasst von selbst. Einmal wohnt in dem gastfreundlichen Haus Gottschalk für eine Woche eine dunkelhäutige indische Schönheit, die Thomas bei einem London-Aufenthalt kennengelernt hatte und mit der er ein ganzes Jahr lang mit regelmäßigen Briefen, Tonbändern und Schallplatten in engem Kontakt geblieben war. Mutter Rutila, der die Korrespondenz mit den dicken DIN-A4-Umschlägen suspekt war, lud die glutäugige Bonie kurzerhand nach Kulmbach ein. Thomas erzählt, dass es bei der schicklichen Ordnung, die die Mutter dafür aufgegeben hatte, doch immerhin zu einem Kuss mit Bonie gekommen sei. Mehr stand nicht zur Debatte. Die Mutter, von ihrem Naturell her ein weltoffener, lustiger, kerzengerader und auf den Punkt formulierender Charakter, führte ein offenes, gastfreundliches und gegenüber Freunden der Familie sehr einladendes Haus. Sie blieb aber auch offen gegenüber denen, die sonst vor verschlossenen Türen standen. Ab und an hatte sie Obdachlose zum Essen eingeladen und gab ihnen Gelegenheit zum heißen Wannenbad, kleidete sie neu ein und gab zum Abschied Seife und Zahnbürste mit. »Praktisch gelebte Caritas war der Kern ihres Verständnisses von gelebtem Glauben«, sagt Thomas Gottschalk heute. Ein echtes Vorbild! Einer der Gründe dafür, dass er in und nach der Pubertät in neuen, säkularen und deutlich bunteren und wilderen Lebensabschnitten seine Nähe zu diesem Christentum nicht substanziell verändert hat. Im »Spiegel«-Gespräch fragt der Reporter nach dem sonst üblichen Bruch mit dem Kindheitsglauben, der beim Eintritt in die Welt der Erwachsenen doch die Regel sei. »Haben Sie den verpennt?« Gottschalk antwortet ungewöhnlich ernst und gravitätisch: »Keineswegs.

Auch mein Glaube ist auf die Probe gestellt worden. Auch ich habe Niederlagen durchlebt, und die wenigsten meiner Gebete wurden erhört. Aber ich habe zu keinem Zeitpunkt einen Grund gesehen, meinen Glauben aufzugeben.«

Er macht Abitur, trotz erheblicher Schwächen in Mathematik und Griechisch. Diese zwei Fächer waren auch hauptsächlich die Ursache für zwei Ehrenrunden am humanistischen Markgraf-Georg-Friedrich-Gymnasium. Latein hatte er wegen seiner Liebe zum Kirchenlatein einigermaßen drauf, und in Deutsch war er sogar quasi Klassenbester. Die Ehrenrunde hatte ihn übrigens davor geschützt, ins Internat des Klosters Ettal zu wechseln. Die Mönche dort konnten es sich damals leisten, Schüler, die eine Klasse repetiert haben, als ungeeignet für ihre Anstalt anzusehen. Und da auch das Theologiestudium obsolet war, entschied er, sich als Germanistikstudent an der Ludwig-Maximilians-Universität in München zu immatrikulieren. Mutter Rutila aktivierte ihren kirchlichen Kontakt. Ein Platz in dem katholischen Rupert-Mayer-Studentenhaus sollte den Unterschied zwischen Kulmbacher Heimatidyll und Weltstadt etwas abfedern. Über neue Kontakte, darunter der zum Bischöflichen Institut zur Förderung angehender Journalisten, das der kluge und weltoffene Jesuitenpater Wolfgang Seibel in diesen Jahren gegründet hatte, findet der Germanistik-Student einen ersten Job beim Hörfunk des Bayerischen Rundfunks. Er wird Stationssprecher – die unterste Stufe für den Einstieg in den Journalismus, den er bald der Mutter als neues Berufsziel erklären kann. Man hört jetzt seine Stimme im Radio – und sie klingt gut. Er bekommt neue Möglichkeiten. Der Verkehrsfunk wird der ungewöhnliche Startplatz für den nächsten Karrieresprung. Und es geht gerade so weiter, Schritt um Schritt. Kurzum: In kurzer Zeit wird Thomas Gottschalk zu einem der beliebtesten Radiomoderatoren des Bayerischen Rundfunks. Zusammen mit Günther Jauch, den er zu einer »Unterhaltungskarriere« überredet, wird das Naturtalent Gottschalk mit seiner Bayern-3-Radioshow das Aushängeschild des Senders. Die Sendung wird zur Radiolegende. Thomas, von der Presse schnell zum »Spontifex maximus« ernannt, spielt dabei den frechen, frivolen Luftikus mit dem kürzesten Reaktionsweg zwischen Ohr und Mund, Günther, der politische Journalist, der seine Karriere als Hauptstadtreporter in Bonn aufgegeben hat, ist der glaubwürdige Normalo mit dem unüberbietbaren Fundus an Fach- und Sachwissen. Sie nehmen sich im Begrüßungsgespräch deftig, listig, heftig auf den Arm und sprühen vor Selbstironie, leben von einer mal raffinierten, mal anarchistischen Situationskomik. Ihr groteskes Radiotheater wird deutschlandweit berühmt. Für Thomas ist es die Startrampe zum nächstprominenten Medium, dem Fernsehen.

Es ist dabei nur eine kleine Fußnote der Geschichte, dass ausgerechnet der Vertreter der katholischen Kirche im Rundfunkrat Thomas Gottschalk bei seinem Rundfunk-Erfolg so viel Steine in den Weg legt, dass dieser nach kurzem Kampf in München kündigt. Mit der Vorabendreihe »Na sowas!« beim ZDF startet er eine erste Stufe seiner TV-Karriere. 1986 zündet die nächste und denkbar größte Stufe: Frank Elstner sucht nach 39 Sendungen »Wetten, dass …?« einen Nachfolger. In einem »Anflug von Hybris«, wie Elstner heute sagt, wollte er die Sendung, nachdem er sie auf eine außerordentlich hohe und stabile Umlaufbahn gebracht hatte, wieder verlassen und das neue Format »Nase vorn« kreieren. »Wetten, dass …?« war damals zu der ganz großen Familienunterhaltung herangereift. »Das letzte große Lagerfeuer« hieß es in der Kritik zum Abschied von Frank Elstner. Vorher war die Sendung schon literarisch nobilitiert worden. Florian Illies schrieb in seinem millionenfach verkauften Bestseller über die »Generation Golf«, also über die jungen Menschen, die in den 70er Jahren in einen bisher unbekannten Wohlstand hineingeboren wurden und Ende der 80er Jahre den Unterschied zu den 68ern machen wollten, die berühmten Sätze: »Mir geht es gut. Ich sitze in der warmen Badewanne. Zwischen meinen Knien schwimmt das braune Seeräuberschiff von Playmobil. Nachher schaue ich ›Wetten, dass …?‹. Niemals wieder hatte ich in späteren Jahren solch ein sicheres Gefühl, zu einem bestimmten Zeitpunkt genau das Richtige zu tun.«

Die Sendung war für Zuschauer und Kritik auf einem ultimativen Höhepunkt. Sie war die populärste Familiensendung in Europa, der denkbar populärste Treffpunkt für Alte und Junge, Hedonisten und Traditionalisten, Deutsche, Österreicher und Schweizer. Thomas Gottschalk sagt auf die Frage, ob er Nachfolger von Frank Elstner werden möchte, ohne große Bedenkzeit: »Ja!« In einem bergwerktiefen Grundvertrauen zu seinen Fähigkeiten, mit dem Wissen um das inzwischen mehrfach erprobte, einzigartige Talent zur pointenfähigen Leichtigkeit und darum, dass ihm das Brillieren mit dem Leichten in den letzten fünf Jahren zu keinem Zeitpunkt schwergefallen ist, sowie mit seiner grandiosen Erfahrung in Bayern 3 und im maximal erfolgreichen »Na sowas!«, traut er sich ohne Weiteres zu, das neue Riesenrad zu drehen. Er hat von Anfang an mit seinen engsten Mitarbeitern einen Plan: Er will auf Franks erfolgreiche Moderation noch einen draufsetzen, er will das Format modernisieren. Weniger statuarisch soll es werden und deutlich spontaner; frecher, kecker, musikalisch aufgepeppt und stärker international. Kein Weltstar, der nicht auf die Couch von »Wetten, dass …?« kommen möchte. So waren die Zielformulierungen von Thomas. Sie waren auch eine Konsequenz daraus, dass er mit seiner Familie zum Schutz seiner Privatsphäre und der beiden Söhne nach Malibu bei Los Angeles gezogen war und bald außerordentlich gut in Hollywood vernetzt war. Er wollte die amerikanische Erfahrung, internationale Brillanz und weltweit höchstes Niveau mitbringen. Vor allem aber sollte die Sendung den Unterschied machen: Im Gegensatz zum Halligalli der immer stärker werdenden Konkurrenz von RTL und SAT.1 mit ihrem sprichwörtlichen »Tutti-Frutti«-Trash soll »Wetten, dass …?« bewusst eine Sendung für die Familie bleiben: mit klaren, wertenden Standards im Umgang mit den Menschen, mit Grenzen im Hinblick auf die Themen und mit Qualitäts-Überraschungen bei den Gästen. Einer der ersten Überraschungsgäste: Marcel Reich-Ranicki, der Literaturpapst, den Thomas Gottschalk an diesem Abend zum Star einer über die Maßen erfolgreichen, humorvollen, witzigen und nachdenklichen Show gemacht hat. Der Moderator sieht sich, wie er auch später betont, in einer besonderen Pflicht: Er will Menschen unterhalten, ohne andere dabei zu beschädigen. »Bei mir werden Menschen nicht vorgeführt. Das ist mein Verständnis von Umgang mit den Menschen. Mein Respekt setzt eine klare Grenze: bis hierher und nicht weiter.«

Der Wechsel von Elstner zu Gottschalk gelingt. Der Moderator legt noch eine Schippe drauf im Vergleich zu dem, was man erwarten konnte. Der glänzende Showmaster bleibt für eine lange Zeit der Held der Nation. Der Boulevard verehrt ihn als Titan der Unterhaltung. Mit der lockeren Leichtigkeit, dem unnachahmlichen Wortwitz, der schnellen Spontanität, dem Talent und Mut zur Auffälligkeit in Kleidung, Wortwahl, Auswahl der Gäste. Mit seiner Menschenfreundlichkeit ist er der Superstar, der König des Samstagabends und absoluter Liebling des Publikums. Er ist der erfolgreichste Entertainer der Nation, auf der einsamen Spitze einer gewaltigen Popularität.

Allerdings: Nach einigen Jahren muss der Einschaltquotenkönig kämpfen. Vor allem die jungen Zuschauer bleiben weg, und die Kritik arbeitet sich an der Fallhöhe ab. Erst kritisch, dann sehr polemisch, bisweilen gar feindlich. Seine bewusst als Unterscheidungsmerkmal verstandene Familienfreundlichkeit wird als Harmlosigkeit kritisiert, man wirft ihm bequeme Routine, Lustlosigkeit, mangelnde Vorbereitung, Schleichwerbung, unsaubere Geschäfte mit seinem Bruder, ein zunehmend auf Wiederholung ausgerichtetes und ausgefranstes Format vor. Der schleichende Rückgang der Quote – ab 2005 ein Phänomen für alle Sendungen des Mainstream-Fernsehens durch die Neugründung von vielen kleinen Sendern und den Terraingewinn des Internets – setzt dem Altmeister, wie er sich selbst gerne nennt, zu. Er sucht in den Gesprächen mit den Verantwortlichen sinnvolle Szenarien für einen Ausstieg und für den richtigen Zeitpunkt. Und dann nimmt ihm ein tragischer Unfall in einer seiner »Wetten, dass …?«-Sendungen die Entscheidung aus der Hand: Samuel Koch, ein sympathischer Schauspielschüler, wird bei einer tollkühnen Wette so schwer verletzt, dass er noch in der Nacht notoperiert werden muss und trotz aller Rettungsversuche für den Rest seines Lebens gelähmt bleibt. In den hochdramatischen Minuten von Düsseldorf bleibt Thomas Gottschalk ruhig und besonnen. Er klärt und meistert die Situation mit seiner unerhörten Entscheidung, aus Respekt und Rücksichtnahme gegenüber dem hilflosen Opfer die Sendung abzubrechen. Diese Minuten seien, sagt er, schwierigste Momente seines Lebens gewesen. Seine Kraft und die angemessene Reaktion habe er aus dem Bauch heraus gefunden. Die Standards seines Ethos und die Erfahrung mit existenziellen Situationen haben ihm geholfen. »Ich bin fest überzeugt, dass ich auch die negativen Seiten des Lebens mit meinem Gottvertrauen besser bewältigen kann. Wer skurrile Wetten anmoderiert, muss auch in der Lage sein, die richtige Reaktion zu zeigen und die richtigen Worte zu finden, wenn ein Mensch bei dem Versuch, über ein Auto zu springen, auf den Rücken fällt.« Natürlich stelle er sich den Fragen, nachdem er gesehen hat, wie aus »nichtigem Anlass«, für eine Fernsehshow, ein junger Mensch aus der Lebensbahn geworfen worden ist. Nachhaltigen Eindruck habe auf ihn aber die Reaktion von Samuel und seiner Familie gemacht: »Sie haben eine große Frömmigkeit und einen festen Glauben. Schon am Tag nach dem Unfall habe ich mit der Familie in der Frühe ein Vaterunser gebetet. Das hat uns eine gemeinsame Ebene gegeben. Ihnen in der Verzweiflung, mir in meiner Ratlosigkeit. Da war plötzlich eine Nähe da, auch eine Form von Geborgenheit.« Wenn er später Samuel in der Schweizer Klinik besucht hat, habe er mit Samuel gebetet, sagt er dem »Spiegel«-Reporter. Der reagiert verwundert und hakt nach: »Ihr Glaube wirkt ziemlich unerschütterlich. Werden Sie gläubiger, je älter Sie werden?« Immerhin werde ihm seine Endlichkeit immer klarer, erwidert Gottschalk und macht deutlich, dass er sicher kein frömmelnder Dogmatiker ist, auch wenn er gerne mit seiner byzantinischen Vorstellung von Weihrauch, Mozart-Messen und der intimen Kenntnis alter lateinischer Texte aus der vorkonziliaren Kirche kokettiert. »Ich bin eben in diesen Katholizismus hineingewachsen, auch ohne darum gebeten zu haben. Es ist ein Erklärungsangebot für meine Welt, das mir zusagt und das ich nicht wegwerfen werde.«

Auch nach dem durch den Unfall von Samuel Koch besiegelten Abschied von »Wetten, dass ...?« und trotz seiner von Achterbahnfahrten und Sackgassen geprägten Suche nach »seinem« neuen Format für die weiterhin gewünschte Präsenz im Fernsehen bleibt er ein gesuchter Gesprächspartner, wenn es um existenzielle Fragen und praktische Probleme eines Christenmenschen geht. Jüdische Universitäten, katholische Hochschulen und fast alle Akademien fragen bei ihm nach um Vorträge, Gespräche, Interviews. Nach der Geburt des Enkelkindes äußert sich der agile Opa gerne und häufiger zu den ersten und letzten Dingen. Der nach wie vor in der Öffentlichkeit herzlich und überall gefeierte und auf den Straßen von Fans fröhlich umringte Thomas bleibt einer der großen Alten, deren geschliffener Sprache, nachdenklicher Meinung und kabarettreifen Pointen man gerne zuhört. Neuerdings lässt sich der junge Großvater gerne zu den ersten Fragen des Lebens ausführlich ein. Leider sei er ziemlich gescheitert bei der Weitergabe der christlichen Glaubensinhalte an seine Kinder. »Während ich als Fünfjähriger die biblischen Geschichten rauf und runter gehört habe und Moses im Weidenkörbchen und David mit der Schleuder die Helden meiner frühen Kindheit waren und die vier Evangelisten die Heroen meines ersten Lesealters, haben meine zwei Söhne es eher mit den vier Power Rangers zu tun. Meine Eltern haben uns in Wallfahrtskirchen mitgenommen, unsere Söhne wollten nach Disneyland oder in die Allianz Arena, um die Bayern zu sehen.« Religiöse Erziehung gelinge in unserer Generation nicht mehr so leicht. Wenn ich Madonna höre, denke ich an den Rosenkranz und an ›Meerstern, ich dich grüße‹. Mein Sohn denkt an ›Like a Virgin‹.« Seine Generation wurde in den Glauben hinein erzogen. »Die nächste muss ihn mühsam für sich suchen und finden. Vielleicht ist das auch ein lohnender Weg!« Was seine Kinder angeht: Immerhin ein wenn auch sehr allgemeiner Konsens über einen gegenwärtigen und menschenfreundlichen Gott, über einen an Weihnachten Mensch gewordenen und am Karfreitag ans Kreuz genagelten Jesus, das sei vorhanden, sagt er. Und am Morgen bevor einer der Söhne vor einer entscheidenden Prüfung das Haus verlässt, macht ihm Vater Thomas ein kleines Kreuzzeichen auf die Stirn – so wie es sein Vater vor wichtigen Entscheidungen bei ihm zu machen pflegte. Der Sohn nimmt das Symbol auf, bedankt sich für die Fürsorge und umarmt den Vater wortlos. »Symbole«, sagt der Vater später, »können Wegweiser sein. Für mich waren sie meistens hilfreich.« Gemeinsame Gottesdienstbesuche, wie es bei seiner Familie früher üblich war, sind kaum angesagt, zumal nicht in Malibu. »Das ist so eine Pappkirche, wo am Sonntag einer mit geschlossenen

Augen auf der Gitarre Halleluja singt, während die Gemeinde sich an den Händen hält. Der amerikanische Katholizismus ist ein anderer, und seine Ausrichtung und seine Fragen sind nicht die meinen.« Seine Fragen sind die, die er damals schon mit Onkel Hans an den Kartagen in der Schneeeifel gewälzt hat: »Und das ist sicher nicht die Frage nach der leiblichen Aufnahme Mariens in den Himmel und auch nicht die, was der Papst gegen Kondome vorbringt. Solche Fragen sind weit weg von dem, was mich bewegt.« Seine Frage ist die Frage nach dem Gebot der Nächstenliebe und danach, wie er es heute umsetzen kann; die Bergpredigt und die Frage, wie es denn heute möglich ist, den Spirit dieser Vorgaben als den Kern der christlichen Botschaft zu verwirklichen. Oder eine andere Frage, die ihn, je älter er wird, umso mehr bewegt: Wie geht es weiter nach dem Tod? In einem TV-Zwiegespräch mit dem Theologen Hans Küng buchstabiert er für sich eine klare Antwort. »Es lebt sich besser mit dem Glauben und mit der Vorstellung, dass es nach dem Tod auch weitergeht. Wenn ich mich aber getäuscht hätte und ich mir sagen müsste: Jetzt kommt nur das große Nichts – auch dann habe ich nichts zurückzunehmen. Ich habe mich dann nicht um mein Lebensglück gebracht, indem ich dieses Leben als Christ gelebt habe. Bei Weitem nicht. Dann habe ich meine Zeit immerhin sinnvoller und erfüllter verbracht als ohne Glauben!«

~

Welche Emotionen und welche Bilder verbinden Sie mit Ihrer katholischen Kindheit?

Den Geruch von Weihrauch. Kirchenfenster, deren Heiligenbilder in der Morgensonne leuchten. Und »Großer Gott, wir loben dich« bei Glockengeläut.

Hat diese Vergangenheit Spuren gelegt, gibt es Verbindungslinien zu heute?

Wir Katholiken, zumindest die bayerischen, sind fröhlicher, bunter und lebensbehaender als die Protestanten. Diese Art von Schwung hab ich mit in meinen Beruf genommen. Ich bin zwar kein Priester geworden, diesen Plan habe ich nach der Pubertät aufgegeben, aber auch ich verkünde die frohe Botschaft – auf meine Art.

Haben die Rituale der Messdienerzeit und die Liturgie der Kirche bei Ihnen Impulse ausgelöst oder Vorlieben bestätigt?

Einerseits ja, durch die mystischen Rituale, die damit verbunden sind, und dieser Hang zur Inszenierung ist mir geblieben. Zum anderen ist es mir heute etwas peinlich, dass mich dieses Vordergründige, Byzantinische so fasziniert hat und mir dabei evtl. den Blick auf das Wesentliche versperrt hat.

Sie kennen Erfolg und Kritik, Anerkennung und Distanzierungen. Wie schaffen Sie die nötige psychologische Distanz zur öffentlichen Rolle?

Ich fliege nach Malibu und setze mich in meine Mühle. Durch diese unterschiedlichen Lebensräume hat sich bei mir das Dienstliche und das Private kaum vermischt. Sonst hätte ich heute einen Vogel.

Das Netz verschärft die öffentliche Auseinandersetzung. Wie gehen Sie damit um?

Ich habe diese extrem schnelle und unausgewogene Kritik erst gegen Ende meiner Karriere kennengelernt. Da war ich schon relativ abgeklärt. Anfangen möchte ich in diesem Geschäft nicht noch mal.

Kann man seinen eigenen Kindern weitergeben, was die eigene Kindheit wertvoll gemacht hat?

Vielleicht kann man. Ich hab es leider nicht geschafft, und das bedaure ich. Man kann aber offensichtlich auch erwachsen werden, ohne vier Strophen von »Meerstern, ich dich grüße« auswendig zu können.

Haben Sie eine Erklärung dafür, dass viele Show-Moderatoren Messdiener waren?

Habe ich mir nie drüber Gedanken gemacht. Ich glaube, inzwischen gibt es mehr TV-Moderatoren als Messdiener.

Günther Jauch

Schmidt, Merkel, Jauch

© ZDF/ARD/Marco Grob

»Auch das wird uns nicht auf die schiefe Ebene bringen!« Günther Jauch wendet sich mit ironischem Lächeln an seine Frau Thea. Sie sind für ein Wochenende aus Berlin gekommen, um in ihrem Weingut in Kanzem an der Saar die nächsten Schritte für den Herbst mit ihren Mitarbeitern zu besprechen. Eine neue dpa-Meldung belustigt die Runde, wonach in der jüngsten Umfrage über die beliebtesten Deutschen Günther Jauch zum zehnten Mal ganz, ganz vorne steht. Seit er 2005 mit großem Abstand zum sympathischsten Deutschen gewählt wurde, wiederholt sich das demoskopische Ritual mit weitgehend gleichen Ergebnissen. Zusammen mit Helmut Schmidt und Angela Merkel bildet er neuerdings unangefochten die nationale Dreifaltigkeit an Glaubwürdigkeit, Beliebtheit und Sympathie. »Der TV-Präsident« Deutschlands, wie er jetzt in dieser neuen Umfrage genannt wird, wiegelt jede Frage nach Bedeutung und Wirkung barsch und wortkarg ab. In solche klassischen Eitelkeitsfallen tappe er nicht. »Wer über so viele Jahre so viel Geld verteilt wie ich bei ›Wer wird Millionär?‹, und dies öfters die Woche, der ist notwendigerweise beliebter als das Finanzamt oder der Steuerminister«, sagt er kurz angebunden. Er weiß, dass demoskopische Titel gerade in dieser Branche Schall und Rauch sind. Irgendwann seien auch die Riesen der Branche wie Kulenkampff und Frankenfeld aus dem Ansehen und der Erinnerung gefallen. Aber: Man spürt, dass für Günther Jauch eine solche Haltung nicht bloß kluges Bescheidenheitsmarketing für sich selbst ist. Günther Jauch hat wohl von Natur aus keine Begabung zur Eitelkeit. Wenn er mir im Gespräch gegenübersitzt und seine Geschichten erzählt und seine Welt erklärt, wirkt er wie im Fernseh-Studio: freundlich, direkt, jede Verletzung vermeidend, unterhaltsam, immer auf das Gegenüber eingehend, nie prätentiös, nie besserwissend, immer verbindlich, klug und sehr humorvoll. Von Eitelkeit keine Spur. Sportreporter Marcel Reif, mit ihm seit den gemeinsamen Zeiten beim ZDF-Sportstudio Ende der 80er Jahre verbunden, hat in den internen redaktionellen Anmerkungen zu seinen Sendungen öfters die Aufforderung formuliert, selbstbewusster, glamouröser aufzutreten, so wie es die Branche verlangt. Er sagt, dass er es eine Zeit lang gar nicht fassen konnte, dass ein so uneitler Mensch ausgerechnet beim Fernsehen gelandet war – bis ihm klar wurde: »Günther ist auf so perfide Art uneitel, dass das vielleicht genau seine Eitelkeit ist. Seine Uneitelkeit geht mir manchmal geradezu auf den Keks!« Thomas Gottschalk, seit den wilden Radio-Zeiten beim Bayerischen Rundfunk der Mentor für alles Unterhaltende im Beruf des Günther Jauch, benennt – nicht gänzlich frei von Neid – die besondere Ader seines Freundes: »Der Günther vermittelt dem Publikum seit Jahrzehnten den arglosen Eindruck, dass er eigentlich gar nicht ins Fernsehen gehört. Aber weil er schon einmal da ist, nimmt er das Kreuz halt auf sich. Dafür lieben ihn die Leute und möchten ihn in allen wichtigen Positionen des Staates sehen.«

Wie auch immer: Glänzende Umfragen sind jedenfalls nicht der Stoff, der einen Günther Jauch berührt. Deutlich mehr

Herzblut und Stolz ist zu spüren, wenn Günther Jauch im Esszimmer seines neu erworbenen Weingutes auf die Tradition seiner Familie zu sprechen kommt. Nicht nur, weil der Wein dieses Familiengutes, das er 2010 aus dem Besitz einer anderen Familienlinie übernommen hat, zum höchsten Wein-Adel, mit zu den besten Rieslinglagen der Nation gezählt werden kann. Eine Flasche aus der besten Lage – »Kanzemer Altenberg«, Europas steilster Weinberg – hat einstmals in den Hochzeiten der Mosel-Saar-Rieslinge mehr Geld eingebracht als eine Flasche Rotwein aus Bordeaux. Unter Kennern war das Weingut mit dem großen »O« wie Othegraven immer im Ranking der besten deutschen Weingüter. Für die Familie selbst war das Ensemble des Weinbergs mit dem Gutshaus und dem Park ein grandioser Treffpunkt für Sommerurlaub und Familienfeste.

Überhaupt: was für eine bemerkenswerte Familie. Eine Schwester der Großmutter war die Begründerin der deutschen Caritas-Konferenzen, bis heute ein Netzwerk von ehrenamtlichen Caritas-Helfern, die sich für »Menschen am Rande der Gesellschaft« einsetzen. Oder die hanseatische Familie väterlicherseits, die schon im 19. Jahrhundert begonnen hatte, in Hamburg neue Organisationen für die Armenspeisung zu schaffen und eine eigene Tradition caritativer Hilfestellungen ohne jedes öffentliche Aufheben zu begründen. Jauchs Vater Ernst-Alfred, ein enger Freund des von den Nazis wegen aktiven kirchlichen Widerstands und Wehrkraftzersetzung 1944 hingerichteten Klassenkameraden Heinz Bello, war ein engagierter Journalist, Leiter des Berliner Büros der katholischen Nachrichtenagentur. Er war einer der Pioniere der deutsch-polnischen Versöhnung nach dem Krieg. Der kirchlich sehr aktive Vater, ein fein formulierender und couragierter Kommentator, verfügte über enge Kontakte zu den Vertretern der katholischen Bewegung Znak im polnischen Parlament, die allesamt im Widerstand zu dem herrschenden Regime standen. Er war einer der ersten Unterstützer der sich herausbildenden katholischen Oppositionsbewegung und gleichzeitig auch ein großer Kenner des gesellschaftlichen Lebens in der DDR.

Die Familie Jauch war 1959 mit Günther und seiner Schwester aus Westfalen nach Berlin gezogen. 1962 kam ein Bruder zur Welt. Die Familie engagierte sich im kirchlichen Leben der Pfarrgemeinde Heilige Familie Lichterfelde. Der tiefgläubige Familienvater tat viel dafür, dass seine Kinder in das Pfarrgemeindeleben integriert wurden. Günther erzählt von vielen Jahren kirchlicher Mitarbeit, darunter sieben Jahre als Messdiener. Aus dem kleinen, schmächtigen, neunjährigen Leuchterträger ist 1974, als die ARD einen Gottesdienst aus seiner Pfarrkirche in Lichterfelde überträgt, der schlaksige, 17-jährige Rauchfassschwenker mit spürbar sicherer Liturgiekompetenz geworden. Am Ende des feierlichen Gottesdienstes in der prallvollen Backsteinbasilika zieht der Pfarrer mit den 14 Messdienern an den Kameras vorbei aus der Kirche aus. Die gut geübte Feindramaturgie klappt: zuerst die kleinen Messdiener mit dem Leuchter, dann die Fahnenträger, die Altarmessdiener und schließlich am Ende der Prozession Günther und Kumpel mit Weihrauchfass und Schiffchen als Letzte im schwarzen Gewand vor dem Pfarrer. Der Organist hat alle Register zum dynamisch-festlichen »Ein Haus voll Glorie schauet« gezogen, die Gemeinde stimmt laut mit ein. Es ist ein ziemlich klassisches Bild sonntäglicher Erlebniswelten von engagierten Messdienern. Günther Jauch sagt, dass ihm speziell dieses Lied »Ein Haus voll Glorie« immer nahegegangen sei. Es habe so etwas wie Zuversicht, Kraft und Stärke vermittelt. Grundsätzlich habe Glaube für ihn durchaus etwas Stärkendes und Tröstendes. Dies klingt bei ihm keineswegs frömmelnd, eher ernst und fast kategorisch. Auch die Beichte – für die meisten ist dieses unter vier Augen vorzutragende Geständnis von Schuld nur ein schwer zu thematisierendes oder eher selbstironisch verbalisiertes Kapitel der

Auseinandersetzung mit den Anforderungen bei der Einübung des Glaubens – nimmt er gelassen. Der junge Messdiener Günther Jauch fühlt in diesem Gespräch mit dem Beichtvater eher die Möglichkeit, eine »Löschtaste zu drücken« und in der Gewissheit aus dem Kirchenraum zu treten: »Wenn dich jetzt ein Blitz trifft, ist die direkte Himmelfahrt gewährleistet ohne Umweg durch das Fegefeuer.« Als Zehnjähriger habe er den Beichtspiegel als Hilfe zur Gewissenserforschung, zum Bekennen eigener Sünden immer sehr persönlich zu deuten gewusst. »Es ist ja nicht das Problem eines Jungen, das Hab und Gut des Nachbarn zu begehren, aber es war dann in meiner Vorstellung das Kettcar des Kumpels.«

Ein Leben nach den zehn Geboten war für ihn eine selbstverständliche Lebensform, eine Grundhaltung, die im protestantischen Berlin mit dem dort immer skeptisch-wachen und oft verwunderten Blick auf die Katholiken noch sehr ernst genommen wurde. Es ist die stolze Haltung einer Diaspora-Gemeinde, die ihren Spaß, ihre Feiern und ihren sportlichen-fröhlichen Auslauf in gemeinsamen Zeltlagern der Georgs-Pfadfinder suchte. Das damals politisch eingeschlossene Berlin bot zeltlagernden Pfadfindern und Messdienern mit kleinerem Geldbeutel entweder den Harz oder das Fichtelgebirge. Die Pfarrei Lichterfelde hatte sich früh auf die christliche Herberge Burg Feuerstein im Fichtelgebirge festgelegt. Der Ort wurde für viele junge Berliner zum Inbegriff für drei wilde Wochen voller Freiheit, Freizeit, Frühsport und fröhlichem Lagerleben. Ein vor allem sportliches Eldorado mit allen möglichen Disziplinen bis hin zum Segelfliegen. Hier kann man sich Günther Jauch mit kurzer Hose, Kluft und Béret beim Lagerfeuer vorstellen. In diesen Jahren Mitte und Ende der 60er kommt ein neuer Mix aus bündischen Liedern wie »Jenseits des Tales«, politischen Liedern wie den »Moorsoldaten« und den brandneuen Poplyrics wie Bob Dylans »Blowin' in the wind« auf die Klampfe.

Die Georgs-Pfadfinder waren traditionell ein diskussionsfreudiger Haufen, und die aus Berlin sowieso. Großes Thema in den Zeltlagern ausgangs der 60er Jahre war die Neuformulierung eines Pfadfindergesetzes. In der alten deutschen Fassung von 1949 waren die Vorgaben nach den Vorstellungen der Gymnasiasten aus der Großstadt nicht mehr zeitgemäß. Aus den damaligen zehn Geboten des Pfadfindergesetzes (»Du bist höflich und ritterlich. Du bist rein in Gedanken, Worten und Werken«) werden 1971 vier Leitlinien, die den Geist des Konzils und der neuen Weltoffenheit des jungen Katholizismus zum Ausdruck bringen sollen: das Leben in Freiheit, das Leben in Hoffnung, das Leben in Wahrhaftigkeit und das Leben in tätiger Solidarität.

Das vierte Leitbild war das konkreteste. Und es wollte umgesetzt werden, wo immer es ging. Zu Hause in Berlin gab es zwischen Messdienern und Georgs-Pfadfindern faktisch und praktisch eine große Gemeinsamkeit. Die ausgeklügelten Hilfsaktionen der Pfadfinder, die mit ihren damaligen Parolen wie »Flinke Hände, flinke Füße« beträchtliche Summen zur Unterstützung von Behinderteneinrichtungen erzielen konnten, waren spektakulär. Daneben die caritativen Sammelaktionen der Messdiener für Adveniat und Misereor, die Organisationen für die damals in den Mittelpunkt einer neuen katholischen Weltsicht rückende Dritte Welt mit Schwerpunkt Lateinamerika. Hier fühlte sich Günther Jauch wohl – angeleitet auch durch die großzügige und über den eigentlichen sozialen Status der Familie hinausgehende Spendenbereitschaft der Eltern. Die caritativen Aktionen und humanitären Organisationen und die damit verbundenen Informationskampagnen werden für Günther Jauch ein Herzstück seiner Zeit als Messdiener. Die sozialen Selbstverständlichkeiten und die nicht mehr hinterfragte Hilfsbereitschaft seien ansteckend und prägend gewesen.

Die kirchlichen Aktivitäten bringen auch eine persönliche

Nähe zu den Priestern der Gemeinde. Noch heute hält Günther einen engen und freundschaftlichen Kontakt zu den inzwischen alt gewordenen Gottesmännern. Er rühmt deren selbstloses Engagement bis an die physischen Grenzen und spricht von überzeugendem Charakter und Charisma. Nicht zuletzt ihnen verdankt er eine gleichbleibend hohe Motivation, im in der Regel breit und gesellschaftspolitisch angelegten Religionsunterricht immer ganz vorne und mit Spitzennoten dabei zu sein. In der Obersekunda meldet er sich kurzfristig von diesem Religionsunterricht ab, als ein neuer Religionslehrer ihm quer, barsch und unglaubwürdig kommt und ihm dieses Nebenfach vergällt. Als der Lehrer geht, meldet er sich wieder an.

Um diese Zeit – Günther Jauch ist 17 – hört er mit den Messdienern auf. »Es hat mich schon geprägt, was ich in dieser Zeit erlebt habe.« Er sagt, dass er neben den eher preußischen Tugenden der Pünktlichkeit und einer »vorweisbaren Erscheinungsweise« auch Disziplin gelernt habe (»Am Altar macht man keine Fehler«), und auch Teamfähigkeit oder Genauigkeit in den Texten und in den Ritualen (»Den Gong bei der Wandlung sollte man schon sehr genau an der richtigen Stelle treffen – nicht zu hoch, nicht zu tief ansetzen, genau in die Mitte zielen«). Der Spirit eines weitgehenden Engagements und die offensichtliche Selbstverständlichkeit von und Bereitschaft zum Geben und Teilen haben ihn überzeugt. Da ist nicht wenig in das Grundwasser seiner Lebensvorstellungen eingedrungen, und manches von dem, was ihm insgesamt wichtig erscheint für seine Vorstellungen von einem gelingenden Leben, hat seine Wurzeln in dieser Zeit.

Am altsprachlichen Gymnasium mit Griechisch und Latein ist seine Begeisterung für die Schulfächer überschaubar. Er sagt heute: »Wenn ich an meine eigene Schulzeit denke, bleibt ein gespaltenes Gefühl. Als Kind habe ich die Schule als lästig, einengend und auch als partiell nutzlos erlebt. Im Nachhinein sehe ich natürlich, dass ich bis heute von vielem profitiere, was ich damals nur fluchend zur Kenntnis nahm.« Profitiert habe er von den Lehrern, die leidenschaftlich waren, die nicht nur den üblichen Stoff heruntergerasselt, sondern eben auch einmal ein Arbeitsblatt mehr entwickelt haben. Lehrer, die nicht im Anzug und mit der Trillerpfeife im rechten und der Roth-Händle im linken Mundwinkel Sportunterricht erteilt haben, sondern taktisch und technisch etwas draufhatten. »Am liebsten waren mir selber immer die Lehrer, die sich auch für die soziale Situation der Schüler interessierten und sich bemühten, uns auch menschlich zu formen.« Wenn er seine Lehrer beschreibt, dann klingt seine Wertung nicht viel anders als bei den Pfarrern und Kaplänen, mit denen er seine Messdienerzeit verbracht hat.

»Zwei Lehrertypen haben für mich ausgedient: die autoritäre Knallcharge und das mediokre Weichei. Mein bester Lehrer unterrichtete Deutsch. Er brachte mir bei, vernünftig und abgewogen zu argumentieren, andere Meinungen gelten zu lassen, erst hinzusehen, dann zu urteilen – und schließlich entsprechend zu handeln. Er bemängelte selbst glänzende Aufsätze, wenn sie zu viele Rechtschreibfehler enthielten, und er durchschaute schnell die Schwadroneure einer Klasse. Er hielt Distanz zu den Schülern und war uns trotzdem sehr nah.«

Nach dem Abitur mit einem »nicht berühmten Durchschnitt« beginnt er sein neues Leben mit einem klassischen Fehlstart: Er schreibt sich für ein Jurastudium in Berlin ein – und bricht es schnell wieder ab. Dann bewirbt er sich an der Deutschen Journalistenschule in München, wird (»zu meiner eigenen Überraschung«) genommen, ist jüngster Absolvent der renommierten und für ihre praxisnahe Ausbildung berühmten Schule, geht danach zum Bayerischen Rundfunk und lernt Thomas Gottschalk kennen. Der stellt ihm die mediale

Weiche fürs Leben. Neben dem Journalismus entdeckt Thomas für ihn die Unterhaltung. Gemeinsam moderieren sie die »BR3-Radioshow«, ein ungewöhnlich populäres, humorvolles und in der Tonalität bisher kaum gekanntes unterhaltendes Radioformat. Und hier beginnt für Günther Jauch eine in jeder Hinsicht außergewöhnliche, über alle Maßen erfolgreiche und in ihrer Stahlkraft grandiose Medienkarriere, eine Karriere, die jetzt schon über 35 Jahre dauert und ihn zum beliebtesten Moderator im deutschen Fernsehen gemacht hat. Eine der Voraussetzungen für den unaufhörlichen Erfolg ist die ständige Fernsehpräsenz. Günther Jauchs TV-Engagement ist ein Engagement der branchenunüblichen Beharrlichkeit und einer in dieser Form kaum gekannten Kontinuität. Was er anfängt, macht er so, dass er es lange machen kann. Günther Jauch ist das Gegenteil von einem Jobhopper: zehn Jahre »Sportstudio« im ZDF, ungewöhnliche 21 Jahre »Stern-TV«, mehr als 25-mal »Menschen des Jahres«, bereits 15 Jahre »Wer wird Millionär?«. Über 1000 Sendungen hat dieses Format inzwischen hinter sich. Mit dieser Show prägt Günther Jauch seine Vorstellung von Programm und begründet eine Ära der Programmgeschichte. Der Duden hat Wörter wie »Publikumsjoker« aus der Sendung in sein »Alphabet des anerkannten Sprachgebrauchs« eingestellt. Tausenderlei unterschiedlicher Anekdoten ranken sich um die Sendungen und ihre Konsequenzen im Alltag. Die Tatsache zum Beispiel, dass keiner der Anfangskandidaten bei der Qualifikationsrunde die richtige Reihenfolge der Vaterunser-Bitten darstellen konnte, ist eine Vorlage für Hunderte von Predigten in Jugendgottesdiensten geworden.

Die große fortdauernde Kontinuität ist im immer schnelllebigeren Fernsehgeschäft – erst recht im brutal quicken Privatfernsehen – eine außergewöhnliche Ausnahme geworden. Wenn der Preuße unter den Moderatoren seit Jahrzehnten mit denselben kaum oder wenig veränderten Formaten erfolgreich seine Zuschauer um sich scharen kann, ohne dass diese vor lauter Langeweile und Routine davonlaufen, muss er etwas ganz Besonderes präsentieren, was mehr ist als bloße Unterhaltung. Eines seiner großen Erfolgsgeheimnisse ist die unprätentiöse Art, die Natürlichkeit, die er verkörpert. Er ist schlagfertig, direkt, gleichermaßen nachdenklich und unterhaltend. Manchmal gibt er sich fast langweilig, um dann schnell mit einer neuen Anekdote oder einem neuen, knapp hingeworfenen Wissenshäppchen die Zuschauer ins Staunen zu bringen. Er bleibt der Normalo unter den Moderatoren, eine Projektionsfläche für viele Deutsche, sich in ihm und seinen Vorstellungen von Menschenfreundlichkeit, Liebenswürdigkeit und Empathie wiederzufinden. Diese empathische Fähigkeit und Bereitschaft, Emotionen, Motive, Gedanken und Merkmale einer anderen Person zu erkennen und auf diese Gefühle zu reagieren, wird eine der großen Fähigkeiten von Günther Jauch. Man sieht ihn als einen Freund des Fußvolkes, der mit seiner Authentizität für viele glaubwürdig bleibt. Fast nichts nimmt man ihm dabei übel – nicht einmal die Tatsache, dass er bei RTL mit »Stern TV« Boulevardjournalismus macht. Und auch nicht die kleinen und großen Krisen, die er in der extremen Fülle und Unübersichtlichkeit seiner Tätigkeiten hat aufkommen lassen. Als 1996 bekannt wurde, dass der Journalist Michael Born gefälschte Beiträge an »Stern-TV« verkauft hat, gerät Günther Jauch eine Zeitlang in die Defensive. Günther Jauch zeigt Born an und erklärt sich öffentlich. Das Gericht stellt fest, dass »Stern-TV« weder Anstifter noch Mitwisser gewesen sei, aber es bleiben Fragen. Unter Journalisten gilt dies als schwierigeres, wenig überschaubares Kapitel in der TV-Karriere von Günther Jauch.

Zum erfolgreichen Moderator Günther Jauch ist bald der erfolgreiche Unternehmer Günther Jauch hinzugekommen. Mit seiner Firma I & U (Information und Unterhaltung) ist er rasant und erfolgreich unterwegs. Mehr als 100 Personen sind regelmäßig auf seiner Payroll: eine spürbare Verantwortung auf den Schultern des Alleingesellschafters. Nicht nur in guten Konjunkturzeiten ist die Firma I & U eine effiziente Maschinerie mit beachtlichen Gewinnperspektiven. Vom generell sehr erfolgreichen »System Jauch« berichtet das ansonsten sehr kritische Wirtschaftsblatt »Manager-Magazin« – und spricht dabei vor allem von einer besonderen Dimension der Unabhängigkeit des TV-Moderators. Das florierende Geschäftsmodell bedeutet auch, dass dem ohnehin extrem fleißigen Günther Jauch noch mehr Zeit, Fleiß, Ausdauer, Biss und Präsenz abverlangt wird. In seinem inzwischen gut verzweigten Unternehmen ist er der motivierende Motor für immer neue TV-Kreationen. Er kennt die Bedingungen für Erfolg: das Wissen der Mitarbeiter und ihre Bereitschaft, engagiert und kreativ dieses Wissen in den unterschiedlichen Entscheidungskanälen der Sender so zu präsentieren, dass man die »Qualifikation gegenüber konkurrierenden Vorschlägen« gewinnt und dem Sender einen Erfolg in Aussicht stellen kann. Nach wichtigen Abschlüssen in Verhandlungen und bei erfolgreichen Sendungen gibt es die Firmenfeste beim Italiener, Champagner inklusive. Aber am nächsten Tag wartet um 8.30 Uhr wieder die Arbeit, deren Erfolg Jauch als wichtigen Teil seiner Vorstellung von Lebensglück bezeichnet. Gründliche Vorbereitung, solide Organisation, durchlässige und doch funktionierende Strukturen und sauberes Handwerk sind die Grundlagen der vielen Dutzend Sendungen im Jahr, seiner eigenen und derjenigen, die seine Firma betreut. Für einen kleinen, handverlesenen Kreis von Beratern, die sein Vertrauen haben, ist er ein guter Zuhörer. Er hört auf die, denen er vertraut. Der freundliche Sympathieträger für jedermann findet in seinem Unternehmen dabei den breiten Respekt all seiner Mitarbeiter, weil er als Profi im

Management durchaus Biss und unerbittliche Hartnäckigkeit in Verhandlungen zeigen kann. Seine Firma ist nach wenigen Jahren eines der finanziell erfolgreichsten Produktionsunternehmen der Fernsehbranche geworden. Seine eigenen Werbeverträge sind die teuersten in der Republik.

Jauch, der sich gern als Brustbeutelträger und Sparfuchs belächeln lässt, ist reich geworden. Mit dem wachsenden Reichtum wächst – so sagen die, die ihn kennen – seine Bereitschaft zu geben. Die Bedingung dabei: alles im Stillen. Seine Werbemillionen spendet er für gemeinnützige Ziele, für kirchliche Aktionen, für private Initiativen, die ihm sinnvoll erscheinen. Vor allem für seine neue Heimat Potsdam, wo er seit der Wende wohnt. Er gibt für caritative Zwecke, er spendet für soziale Hilfeleistungen, er engagiert sich finanziell für die katholische Grundschule im agnostischen Brandenburg. Eine hohe zweistellige Millionensumme ist so nach Schätzung von Fachleuten von Günther Jauch in einen zivilgesellschaftlichen Unterstützungskreislauf eingespeist worden. Was er an Werbung verdient, kommt 1:1 in diesen Topf. »Wofür und mit welchem Ziel?«, fragt das »Manager-Magazin« und findet die Antwort in der früheren Selbstauskunft von Jauch über seine Vorstellung von Geld und Reichtum. »Ich ziele ja nicht darauf hinaus, einen Wohlstand nach außen zu präsentieren oder der Höhe meines Kontostandes entsprechend zu leben, zu verprassen und zu konsumieren.« Ihm mache es nichts aus, mit dem Kleinwagen von Opel zur Waschanlage beim Billiganbieter zu fahren – auch wenn es viele Menschen irritiert. Sein Ziel sei die Unabhängigkeit – die innere und die äußere, um die Freiheit zu haben, ein ganz eigenes Leben zu führen, ein Leben, das nicht den Erwartungen anderer und schon gar nicht deren Vorstellungen davon entsprechen muss, »was ich mit meinen eigenen materiellen Möglichkeiten anstellen kann«. Und dann klingt er sehr apodiktisch: »Wer sich durch Reichtum definiert, zeigt, dass er vom Geld dominiert wird. Da käme ich mir arm, banal, öde und müde vor.«

Müde aber ist Günther Jauch dabei noch lange nicht. In seinen ohnehin sehr verdichteten TV- und Produktions-Arbeitswochen wird immer wieder zwischendurch ein Platz freigemacht für das, was er zivilgesellschaftliche Pflicht nennt. Das besondere Engagement für die architektonische Renaissance von Potsdam etwa gehört dazu. Oder der Kampf für den Religionsunterricht in Berlin. Oder bei anderen Aktionen, wo bewusst die Prominenz einer Person gesucht und in ihm gefunden wird, wie bei der Aktion »Stolpersteine« in Berlin – im Gedenken an Opfer des Naziterrors bei den Novemberpogromen 1938. Auch mit dabei in diesem bewusst symbolischen, aber stets öffentlichkeitswirksamen Akt: Max Raabe, wie Jauch in Westfalen geboren, in seiner Kindheit fleißig bei den Messdienern und Georgs-Pfadfindern unterwegs, später nach Berlin gegangen, wo er den Sinn für gesellschaftliches Engagement mitverkörpert.

Rigoros und ohne jede Kompromissbereitschaft gegenüber dem Yellow-Journalismus versucht Günther Jauch seine vier Töchter vor dem Blick der Öffentlichkeit zu schützen. Er ist stolz, dass es keine Pressefotos von seinen Kindern gibt. Sie sollen unbelastet, unbedrängt und ungefragt, ohne Promi-Bonus, aber auch ohne Malus in möglichst großer Normalität aufwachsen können. Ein Berliner Medienanwalt wacht mit rigider Abmahnpraxis über die konsequenteste Vorstellung von Privatheit – fast wöchentlich ist er vom Boulevard gefordert.

Diesen Boulevard hat Günther Jauch mit seinem Austritt aus »Stern-TV« und der Übernahme des Sonntagabend-Sendeplatzes für die klassische Talkshow in der ARD jetzt definitiv verlassen. Er hat nach durchaus schwierigen Anfängen und bissiger Kritik sich in seinem ursprünglich angestrebten journalistischen Metier durchgesetzt. Er ist inzwischen – wie die

Kollegen sagen – »durch«. Jauch beginnt dabei – mit der Auseinandersetzung um die Themen der Tagespolitik und die gesellschaftlichen Reibungsthemen – zu polarisieren. Die mediale Kritik, verstärkt durch das fast omnipräsente Netz, bleibt weiterhin ein durchaus kritischer Begleiter. Aber Sendeplatz und Persönlichkeit des Moderators und ein gutes Redaktionsteam haben dafür gesorgt, dass Günther Jauch der unangefochtene Leader seines Formats bleibt. Es zeigt sich auch, dass seine Stärken in eher gesellschaftspolitischen Fragen abgehandelt werden. Sendungen wie »Was ist Glück?« oder »Recht auf meinen Tod« gelten zu Recht als Höhepunkte einer Talkshowkultur, die dann doch wieder auf die Marke Günther Jauch einzahlt. Und so bleibt es trotz zugespitzter Themen, polarisierender Gästen und giftigen Schlagabtausches wie gehabt: Er bleibt Spitzenreiter in den Beliebtheitsumfragen der Republik.

Bei einem Glas Wein in seinem wunderbar gepflegten und jetzt unter Denkmalschutz stehenden Weingut entwickelt Günther Jauch dazu seine Theorie über Fragen zu Ruhm, Prominenz und der Dauer seiner Prominenz in der Fernsehbranche. Er meint, dass es nur zwei Jahre dauern würde, bis man einen TV-Star vergessen hätte, wenn er nicht mehr im Fernsehen aufträte. Mit dem Beispiel abgetretener Moderatoren meint Günther Jauch seine Theorie der Halbwertszeit belegen zu können: dass die Hälfte der Zuschauer schon nach neun Monaten vergessen hat, dass eine Figur jemals da war. Und nach weiteren neun Monaten hat sich die Zahl derer, die sich an sie erinnern können, noch einmal halbiert. Neun Monate später seien es dann nur noch ein paar Senioren, die das einst bekannte Gesicht identifizieren könnten. Wenn sich Günther Jauch da mal nicht irrt – auch wenn man bei ihm ansonsten die Gewissheit haben kann, dass er bei Zahlenspielen ziemlich genau gerechnet hat. Er hat mit seinen mehr als 35 Jahren Präsenz in den verschiedensten Programmen, mit Sternstunden des Fernsehens, mit den unendlich vielen Sendungen einer die ganze Nation beglückenden Quizshow und mit der neuen Rolle als Stichwortgeber für den Disput der politisch interessierten Gesellschaft der Republik eine eigene Ära der Fernsehunterhaltung geprägt. Er hat das Leitmedium Fernsehen so nachhaltig geformt, dass die meisten professionellen Fernsehbeobachter getrost überzeugt sind, dass ihm eine ähnliche Halbwertszeit gegönnt ist, wie die Fachleute es dem neuen Jahrgang des Großen Gewächses seines neuen Weingutes prognostizieren: hochkomplex, stilvoll, individuell und im Prinzip sehr, sehr lange genießbar. Im Schatzkästlein des Weinguts gibt es Weine aus den meisten Jahrgängen des letzten Jahrhunderts. Die seltenen Verkostungen machen deutlich: der Kanzemer Altenberg verliert auch über viele Jahre nicht an Wucht, Originaliät, Stil und guter Genießbarkeit. Warum soll es Günther Jauch nicht so gehen wie seinen Weinen?

Welche Emotionen und welche Bilder verbinden Sie mit Ihrer katholischen Kindheit?

Es sind tatsächlich vor allem Menschen, besonders der damalige Kaplan, dem ich mit seinen heute 76 Jahren immer noch ganz besonders verbunden bin. Aber eben auch das Gefühl einer gewissen Struktur und des Aufgehobenseins in der Gruppe.

Hat diese Vergangenheit Spuren gelegt, gibt es Verbindungslinien zu heute?

Das kann ich schlecht beurteilen. Manche halten ja das sonntägliche Hochamt für die Urform der Show im Fernsehen. Ich habe da allerdings meine Zweifel.

Haben die Rituale der Messdienerzeit und die Liturgie der Kirche bei Ihnen Impulse ausgelöst oder Vorlieben bestätigt?

Siehe Antwort auf die vorherige Frage.

Sie kennen Erfolg und Kritik, Anerkennung und Distanzierungen. Wie schaffen Sie die nötige psychologische Distanz zur öffentlichen Rolle?

Diese Distanz fällt sicher nicht immer leicht. Aber wenn einen der Dienst in der Kirche etwas lehrt, dann die Tatsache, sich selbst nicht so wichtig zu nehmen. Da gilt die grundsätzliche Demutshaltung für den hintersten Stehplatzbesucher neben dem Weihwasserbecken bis zum Erzbischof, der einmal in fünf Jahren in unserer Pfarrkirche die Messe zelebrierte. Vor Gott sind wir alle gleich, und jeder tut gut daran, sich zu vergegenwärtigen, dass da für jeden und immer noch eine höhere Instanz vorhanden ist.

Das Netz verschärft die öffentliche Auseinandersetzung. Wie gehen Sie damit um?

Mal beteilige ich mich lustvoll an den entsprechenden Deutungsschlachten, dann registriere ich auch wieder alles, ohne zu reagieren, und zuweilen beherrsche ich die Kunst des klugen Ignorierens. Um Letzteres bemühe ich mich immer öfter.

Kann man seinen eigenen Kindern weitergeben, was die eigene Kindheit wertvoll gemacht hat?

Vielleicht, vielleicht ein bisschen, vielleicht auch gar nicht. Jedenfalls bin ich überzeugt, dass das von den Eltern als chronischer Prozess empfundene Bemühen um die Erziehung ihrer Kinder unter Umständen erst Jahrzehnte später auf fruchtbaren Boden fällt. Manchmal glaube ich erst jetzt zu verstehen, was meine Eltern damals von mir und für mich wollten.

Haben Sie eine Erklärung dafür, dass viele Show-Moderatoren Messdiener waren?

Da sind wir wieder bei der zweiten Frage – ich habe keine Erklärung dafür. Aber für eine »göttliche Fügung« sollten wir das Phänomen – wenn es denn wirklich zutreffen sollte – auch nicht halten …

Hape Kerkeling

Spiritueller Tiefgang, sanfte Heiterkeit

Die Szene ist so ernst wie skurril: eine amtliche Überprüfung durch das Jugendamt. Eine der Prüfungen, wie Hape Kerkeling später schreibt, die Schlüsselszenen für das Leben werden. Nach dem dramatischen Tod der Mutter hatte sich die Frau von der Behörde angemeldet. Sie hatte zu entscheiden, ob der achtjährige Hape ins Kinderheim gehen muss oder bei den Großeltern bleiben darf. Der Haken an der Sache: Oma Bertha kann nur schwer laufen. In ihrem Beruf als Straßenbahnschaffnerin hatte sie sich dauerhaft ein Bein lädiert. Ein denkbarer Grund für das Jugendamt, den Daumen nach unten zu senken. Hape weiß das. Nach dem Verlust der Mutter soll mit dem Heim nicht noch eine zweite Lebenskatastrophe beginnen. Um zu vermeiden, dass das Jugendamt mitkriegt, wie Oma Bertha humpelt, wird das Verhalten für den Überprüfungs-Vormittag trainiert: wie der Kaffee geholt wird, wie der Teller abgeräumt wird, wie die Dame verabschiedet werden soll. Das Training und das Coaching sind erfolgreich. Niemand hat Oma Bertha in dieser Zeit stehen oder laufen gesehen. Sie erhält das Sorgerecht. Und das ist, wie Hape Kerkeling immer wieder betont, eine entscheidende Weichenstellung fürs Leben. Er habe in diesem Zuhause den für ihn und seinen Lebensweg wichtigsten Wert mitbekommen, den es überhaupt geben könne. »Der wichtigste Wert ist die Erfahrung bedingungsloser Liebe, wie sie die Oma gelebt hat. Und das geht über die Liebe hinaus.« Oma Bertha wird ein Glücksfall seines Lebens. Sie ist es, die ihn mit ihrer Lebensfreundlichkeit in seiner Fähigkeit stärkt, nach der dramatischen Erfahrung mit dem Tod der Mutter wieder zu Kraft und Optimismus zurückzufinden. Resilienz nennt die Psychologie diese Fähigkeit: die gerade bei Kindern vorhandene Kraft, ein Jetzt-erst-recht-Gefühl zu entwickeln und allen Widerständen zum Trotz erfolgreich den eigenen Weg zu machen. So ein achtjähriges Kind, sagt Hape, hat gerade »zwei Möglichkeiten, wenn die Mutter stirbt: Entweder das Kind stirbt mit, oder das Kind entwickelt sich zum unverbesserlichen Optimisten.«

Zu der über die Maßen herzlichen und liebenswerten Freundlichkeit von Oma Bertha kam eine besondere Prägung durch den Großvater. Solidarität, sagt er, und Zusammenhalt habe er von ihm als wichtige Werte für jeden Tag gelernt. Der Opa war als politischer Häftling im Dritten Reich im Gefängnis und schließlich im KZ Buchenwald. Er wurde gefoltert, weil er als Kommunist im Widerstand war. Er hat die schlimme Zeit überlebt und kam zurück als ein in sich gekehrter, stiller Mann, der von sich und seiner Geschichte nur wenig preisgeben wollte. Ohne viele Worte hat er in dann doch sichtbarer Mit-Freude dafür gesorgt, dass der fantasievolle Grundschüler Hape einen Freiraum bekam für seine immer deutlicher werdende Vorliebe und Fähigkeit, andere Menschen zum Lachen zu bringen. »Egal, welche Idee ich hatte, egal, welchen Spleen, ich habe zu Hause immer Unterstützung bekommen.« Auch mit der laut geäußerten Vorstellung des Zehnjährigen, dass er eines Tages beim Fernsehen landen werde, stößt er nicht auf Widerspruch. »Meine Oma hat nie offiziell daran gezweifelt.

Ich denke, dass am Ende niemand mehr überrascht war als sie, als das dann tatsächlich gelang.«

Zu der Erfahrung bedingungsloser Liebe, zur Solidarität und zum großen Spielraum für Fantasie kommt die Beschäftigung mit Religion. Es habe ihn immer sehr fasziniert, sagt er, was er im Kommunionunterricht über Gott und Jesus von Nazaret gehört habe. Er sei fast als Einziger im Vorbereitungsunterricht für die Erstkommunion geblieben. »Die anderen Kindern wollten nicht im Kurs bleiben. Und ich habe mich jedes Mal darauf gefreut und war begeistert von dem, was mir beigebracht wurde.« Nicht so nachhaltig, sagt er heute lachend, sei die nach der Kommunion sich schnell anschließende Messdienerzeit gewesen. Nach einem lauten Lachanfall während der Messe hat ihm der Kaplan nahegelegt, die fromme Schar der Ministranten zu verlassen. Er habe so ziemlich alles falsch gemacht, was in so einem Dienst falsch zu machen ist. Er habe das Wasser an der falschen Stelle gebracht, sodass der Schulpriester nicht zu dem vom Messritual vorgeschriebenen »Lavabo«, zur Handwaschung, kommen konnte. »Und«, so erzählt er, »als ich das Läuten der Glocken zu dem Moment vergessen hatte, wo die Glocken hätten läuten müssen, und ich mich mit einem Lachanfall einfach gesetzt habe an der Stelle, wo ich hätte knien müssen, da war der Zeitpunkt für den Rauswurf gekommen.« Seitdem war er nicht mehr auf den Altarstufen zugange – was gar nichts daran ändert, dass in seiner Kindheit eine tiefe religiöse Spur sichtbar bleibt. »Man musste mich nicht zum Beichten, Beten und zum Religionsunterricht zerren«, sagte er später. Themen aus dem Religionsunterricht lassen ihn nicht mehr los. Am Ende der Schulzeit hält er sich für »ziemlich bibelfest«, aber er hat auch einen »Schatz von offenen Fragen«, die ihn sein Leben lang begleiten werden.

Eine andere große, lebensentscheidende Begabung wird in der Schulzeit prägend. Er kann wie kein anderer mit seinem

Humor die unterschiedlichsten Situationen dominieren. Aus dem fröhlichen Witzeerzähler wird der kluge Inszenator von komischen Szenen. Er hat sich die Verhaltensweisen der Mitmenschen an langen Nachmittagen im Lebensmittelladen der anderen Großmutter abgeguckt. Er saugt den großartigen Humor des Reviers und die unfreiwillige Komik mancher Situation bis ins Detail in sich auf. Und er bastelt daraus seine Szenen des Alltags. Als kindlicher Optimist war er ohnehin schon immer ein gut gelaunter, fröhlicher und lustiger Zeitgenosse gewesen. Aber mit dem, was er so täglich sieht, was er imitiert, übertreibt und pointiert, kommt eine neue Qualität in das Erzählen. Wenn er wollte, wirkte er ohnehin komisch und zum Lachen einladend. Als kleines Kind hatte er beim Haareschneiden alle vier Wochen den nordischen Topfschnitt erhalten. Auf den Pausbacken trug er dazu eine Hornbrille mit Panzerglas. Mit der regelmäßig entzückten Reaktion der Verwandtschaft auf seine Darbietungen wächst die Freude an der Rolle des Spaßvogels. Die Familienfeste mit musizierenden Tanten werden für ihn zum ganz besonderen Highlight. Hilfreich für ihn, für den kommenden Komiker, wird paradoxerweise der Sportunterricht an der Schule. »Egal was ich machte, ob das am Reck, ob das mit einem Medizinball war oder auf der Turnmatte, es war unfreiwillig komisch. Also hab' ich mich irgendwann dazu entschlossen: Ich mache es jetzt bewusst komisch. Dieser Sportunterricht war von der ersten bis zur letzten Stunde für mich quälend und erniedrigend. Auch dieses Auswahlverfahren beim Völkerball. Iris Wagner, die Kleinste in der Klasse, und ich, der Unsportlichste, wir waren immer die Letzten, und das hat aus mir am Ende einen Komiker gemacht.« So hat Hape Kerkeling entscheidende Schulstunden in einem Interview mit Gero von Boehm dargestellt. In dieser Zeit setzt sich bei ihm der ernsthafte Gedanke fest, aus dieser Begabung einen Beruf zu machen.

Gefeiert sind seine spontanen Auftritte im Klassenzimmer, wo ein Stichwort oder eine Situation den Anlass geben, spontan zur Höchstform aufzulaufen. »Da kam dann plötzlich einer herein«, erinnert sich eine Klassenkameradin, »sprach ein vermeintliches Holländisch oder irgendeine Sprache der Welt und brannte ein Feuerwerk an Pointen ab, die mit der Schule, dem Lehrfach oder den Besonderheiten des Lehrers zu tun hatten.« Wenn das Spektakel begann, war er in der erwartungsvollen Stille der Klasse der absolute Souverän des Geschehens. Da wurden die Schulbücher zugeschlagen – und die karikierten Lehrer lachten am lautesten mit. Hapes Humor ist – und das gilt zeitlebens – keine ätzende Satire, kein Zynismus. Er kultiviert seine Fähigkeit, mit grandioser Heiterkeit aus kleinen Charakteristika die Grundzüge eines Typen zu kreieren. Er macht die Sache und die Situation lächerlich, nie den Menschen. Er bleibt auch gerne ein Meister der Selbstironie. Seine Schülerband trägt stolz diese Eigenheit in ihrem Namen: Musik für Mollige.

Das ist die eine Seite von Hape. Die andere: Er wird Schülersprecher der Schule. Er ist Redakteur der Schülerzeitung und organisiert Projekte für die Dritte Welt. Und er schiebt, bestärkt von den Erfahrungen, die er aus der Vita seines Großvaters sammelt, Diskussionen gegen den Rechtsextremismus an. Er kann sehr ernsthaft sein, mit der Neigung zur hartnäckig-eisernen Konsequenz.

Bei allem aber, was er tut, hat er mit einer unbeirrbaren Sicherheit sein Ziel vor Augen. Es bleibt dabei – nachhaltig unterstützt von zu Hause: Er will ein professioneller Comedian werden, ein Profi, vorne auf der Bühne, der sein Geld damit verdient, dass andere Menschen über ihn und über das, was er sagt und tut, lachen können. Hape nimmt dieses Ziel ernst. Der Tod der Mutter habe ihn, sagt er, von einem Tag zum anderen erwachsen werden lassen. Er habe sehr früh gespürt, dass es an ihm selbst liegt, was aus dem Leben wird und wie er dieses Leben meistert. Schon als Zwölfjähriger fühlte er sich so sicher, dass er sich bei Loriot für eine Kinderrolle bewirbt, und zwar mit der Begründung: Er kann es besser als die, die er kennt. Die später noch folgenden Absagen, Vertröstungen, harten Zurechtweisungen oder Bewerbungsniederlagen bringen ihn nicht von der klaren Vorstellung ab, dass er mit seinem Berufswunsch richtig liegt. Mit den Ersparnissen von Oma Bertha kann der Unterprimaner zum erstmals vergebenen Kleinkunstpreis »Scharfrichterbeil« ins bayerische Passau reisen. Er gewinnt – ein erster Meilenstein. In Otti Fischer, Juror in Passau, und Otto Waalkes, damals Deutschlands »Comedy-Gott«, findet er Türöffner mit Autorität – und ganz konkrete Unterstützung für die nächsten Schritte. Sie bestärken Hapes eigensinnige Entschiedenheit für seinen ganz eigenen Weg. Nach dem Abitur intensiviert Hape seine Anstrengungen. Die Engagements auf der Bühne und im Fernsehen werden regelmäßiger – auch weil man die ganz individuelle Handschrift des sehr jungen Künstlers als eine sehr spezielle Begabung erlebt. Der Durchbruch gelingt denn auch mit einem famosen Hape-Format: »Total normal« heißt die wunderbare Comedy-Show des jetzt 25-Jährigen. Mit frechem und genauem Blick entlarvt er festgezurrte Rituale und Routinen der Medienwelt. Die sensationellen TV-Aktionen, die lange im kollektiven Gedächtnis der deutschen Zuschauer bleiben, machen deutlich, mit welch individueller Originalität und anarchistischer Risikobereitschaft Hape seine Vorstellung von einer eigenen Stilistik verfeinert hat. Richtig populär wird die Marke »Hape« mit der Parodie auf den Staatsbesuch der holländischen Königin Beatrix. Vor laufender Kamera gibt Hape in der Maske der holländischen Regentin kurz vor dem offiziellen Auftritt der Königin eine hinreißend hintergründige Live-Show über den Routineablauf und die Konventionen eines Staatsbesuch beim Bundespräsidenten. Die perfekte Szene von wenigen Minuten wird ein historischer Hit der deutschen Fernsehunterhaltung. Auf einen Schlag wird der Name Hape Kerkeling branchenweit bekannt und schlagzeilenfähig. In der Rolle eines polnischen Kammersängers legt Hape, am Klavier begleitet von seinem Schulfreund Adrian Hagemann, noch eine Schippe an schriller Situationskomik drauf. In der Maske eines Hochkultur-Künstlers parodiert er in einem vermeintlich expressiven Stück die blinde Begeisterung für feuilletonistischen Hochmut. Mit einem scheinbar hochambitioniert angelegten, aber sinnlosen lyrischen Gedicht, das seine poetische Zuspitzung in dem plötzlichen und unvermittelten Aufschrei »Hurz« als ständig wiederkehrendem Höhepunkt feiert, macht er sich lustig über den gekünstelten intellektuellen Diskussionsbetrieb. Das Publikum ist nicht eingeweiht und nimmt das Lied und die Musik gnadenlos ernst. In einer vom »Sänger« anschließend geführten Diskussion steigert Hape mit wunderbar schiefen Aussagen den vermeintlichen künstlerischen Tiefgang und den intellektuellen Seriositätsanspruch des Stücks. Die perfekte Absurdität der Szene macht Hape vollends zum Begriff einer zukunftsweisenden Unterhaltungskunst. Kein Programmdirektor in den deutschen TV-Anstalten, der nicht die Aufzeichnung von »Total normal« auf seinem Schreibtisch bereithielte und das Format als ein Modell für künftiges Entertainment preisen würde. Hape Kerkelings Marke ist »durch«. Spätestens seit »Hurz« ist er jetzt für jeden Job in der ersten Liga der deutschen TV-Moderatoren nominierbar. Sogar das damals unangefochtene Flaggschiff der deutschen Fernsehshow, nämlich »Wetten, dass …?«, buhlt um ihn und bietet ihm – wir sind im Jahre 1992, Hape ist noch keine 28 Jahre alt – die Nachfolge von Thomas Gottschalk an.

Hape ist die unumstrittene Nummer eins der Unterhaltung in der ARD. Er wird gehandelt als Wegbereiter einer neuen deutschen Comedy-Kultur. Der rote Teppich für eine große Karriere ist ausgerollt. Was macht Hape? Er weigert sich, den Weg zu gehen, den andere für ihn ausgedacht haben. Er macht sich auf zu seiner eigenen Strecke. Die Verlockungen der ARD mit den Angeboten für die »versteckte Kamera« und das Angebot des ZDF stehen quer zu seiner Vorstellung von eigener Gestaltungsfreiheit. Die bei den Blockbuster-Sendungen der großen Fernsehanstalten bis in das kleinste Detail festgezurrten Korsettstangen und die Ablaufdramaturgien entsprechen nicht seiner Vorstellung von dem, was er auf der Bühne bringen kann und will. Hape verlässt das gemachte Nest, sucht das Risiko und macht sich selbstständig. Er gründet eine eigene Produktionsfirma und beginnt einen nicht immer überschaubaren Slalom durch unterschiedliche Formate bei unterschiedlichen Sendern – und mit unterschiedlichem Erfolg. Nicht alles gelingt. Er ist jetzt im Hamsterrad der Branche – mit allen Forderungen und Konsequenzen einer nicht nur freundlichen medialen Aufmerksamkeit. Er merkt, dass er in eine Branche hineingeraten ist, »wo ich vielleicht nicht ganz so wirklich hineingehöre«, wie er später in einem selbstkritischen Bilanz-Interview für 3sat sagt. Er will ohne Ellenbogen seinen Job machen können. Aber in der Branche wird mit harten Bandagen gekämpft. Vielleicht doch nicht die Welt, von der er als Kind geträumt hat? Die professionellen Spannungen mit der und um die Quote, der Kampf um die nächsten Aufträge und um die besten Sendeplätze, die nicht triviale Sorge um das materielle Gelingen der Produktionen und die Finanzierung der eigenen Filmprojekte, all dies verlängert sich auch in körperliche Verspannungen und gesundheitliche Krisen. Zu einer Gallenblasenoperation kommt ein Hörsturz. Auch wenn er sich heute über die Besonderheit der beiden Krankheiten lustig machen kann – »Gallenblase klingt schon sehr komisch, und Hörsturz könnte in der Kurzform ›Hurz‹ heißen« – so sind sie für den

Mitdreißiger dramatische Symptome dafür, dass er sich möglicherweise auf seinem unaufhaltsamen Weg nach oben verstiegen und die innere Balance verloren hat. »Ich glaube, dass ich meine innere Stimme abgewürgt habe und das, was von außen auf mich zukam, auch nicht mehr hören wollte. Da habe ich dann irgendwann einfach die Ohren dicht gemacht.« Hapes ebenso eigenwillige wie einleuchtende Hörsturzdiagnose geht einher mit einer kritischen Revision seines individuellen Arbeits- und Lebensmanagements. Er hat aus Freude an neuen Herausforderungen und coolen Projekten zu oft Ja gesagt. Als disziplinierter Mensch pflegt er unterschriebene Verträge einzuhalten. Und damit gerät er in einen Teufelskreis, aus dem er krank herauskommt. Der verschwenderische Umgang mit seiner Substanz – er hatte ohnehin den Eindruck gewinnen müssen, dass die intellektuellen und psychischen Kräfte deutlich stärker sind als die körperlichen – hatte längst eine rote Linie überschritten. Die Massivität der schmerzhaften Bedrohung, sagt er, stellte unausweichlich die Frage. Was muss ich ändern, dass ich mein Gleichgewicht wiederfinde? Wie schaffe ich es, dass ich wieder bei mir bin? Seine eigene, eher spontane Antwort gefällt ihm in ihrer Radikalität und in ihrem Abenteuerpotenzial: Ohne große organisatorische und psychische Vorbereitung macht er sich auf den Pilgerweg zum heiligen Jakob, eine Strecke zwischen den französischen Pyrenäen und der nordspanischen Stadt Santiago de Compostela. Er geht den *camino francés* – mehr als tausend Jahre alt, achthundert Kilometer lang, voller wundersamer Legenden. Ein Mythos an harten Herausforderungen und großen Verheißungen. Hape Kerkeling hat nur eine ungefähre Ahnung, was auf ihn zukommt. Aber er wünscht sich, dass neben den physischen Prüfungen auch Zeit bleibt für spirituelle Fragen. Er hat eine »große Anfrage« an sich selbst vor, an seinen Umgang mit Beruf und Geldverdienen. Er will »mit Gott und mit sich größere Klarheit schaffen«. Dem »Spiegel« benennt er später die Motivation zur Klärung seiner Lebenskrise: »Ich wollte ganz banal zu mir und zu Gott kommen.« Ein großes Wort. Der »Spiegel«-Reporterin verschlug es fast die Sprache. Sie hat diesen Satz einfach stehen gelassen. Vielleicht auch deshalb, weil bei Hape Kerkeling diese Pilgerreise schon eine eigene Vorgeschichte hatte. Der schon immer zur Meditation und zu spirituellen Themen neigende Sucher Hape Kerkeling hat sich auch vorher öfters eine ungewöhnliche Auszeit genommen. Statt auf mediterranen Inseln zu urlauben, wie es die Kollegen taten, ist er in ein Kloster gegangen: zum Beten, zum Meditieren, zum Ruhigwerden und Schweigen, zum Diskutieren. Er sei immer besser aus dem Kloster rausgekommen, als er reingegangen sei. Das hat ihm jeweils sehr gut getan. So was Ähnliches wie die Tage im Kloster als eine selbstbestimmte Auszeit mit spirituellem Tiefgang und ausreichenden Selbstheilungsphasen – nur radikaler, abenteuerlicher, heraus-fordernder –, das sollte der Marsch auf dem jahrtausendalten Weg mit der Aura der ungewöhnlichen Begegnungen werden. »Eines meiner herausragenden Ziele war, für mich herauszufinden: Glaube ich an Gott, oder glaube ich nicht an Gott?« Und er gibt selbst die Antwort: »Ich bin zu der vorläufigen Erkenntnis gekommen: Ja!« Diszipliniert schreibt er fast jeden Tag in sein Tagebuch. In den Aufzeichnungen von Anfang Juli notiert er: »Gestern hat etwas in mir einen riesigen Gong geschlagen. Und der Klang wird nachhallen.« Es ist sein »Treffen mit Gott«. Er sei in eine »total gelassene Leere getaucht«. Gott habe dieses Vakuum ausgefüllt.

Als er nach sechs harten Wochen und 630 Kilometern Wegstrecke aus Santiago de Compostela nach Düsseldorf zurückfliegt, weiß er, dass der Weg sein künftiges Leben verändert hat. Mehr denn je haben ihm diese Exerzitien für Leib und Seele die Gewissheit darüber gebracht, was er in Zukunft nicht mehr will. Zu Hause ordnet er für sich sein Tagebuch. Die aufkommende Idee, die persönlichen Aufzeichnungen zu einem Buch zu bündeln, bekommt gleich einen gehörigen Dämpfer: Keiner will das Buch haben. Ein Verlag antwortet ihm, dass die Buchhändler zwar den Autor und das Thema interessant fänden, in der Kombination aus beiden sei das aber »absolutes Kassengift«. Die klare Expertise der Kenner vor Ort: »Herzlichen Dank, aber wir möchten das Buch nicht!« Erst fünf Jahre später kommen die Aufzeichnungen auf den Markt. Zur Buchmesse 2006 treffe ich Hape Kerkeling, als er auf dem blauen Sofa dem Interviewer über das zarte Pflänzlein einer neuen spirituellen Literatur Rede und Antwort steht. Hape zieht beide Schultern hoch. Er habe, was das Publikum angeht, keine zu weitreichenden Vorstellungen. Er freue sich aber unbändig, dass er, der Fuzzi aus der Show von dem flüchtigen Fernsehgewerbe, jetzt auf dem Buchmarkt seine nachlesbaren Überlegungen präsentieren könne. Und es mache ihn stolz und demütig zugleich, auf dem gleichen blauen Sofa Platz zu nehmen, wo eben noch Leute wie Peter Sloterdijk und Günter Grass gesessen hätten.

Zwei Jahre später und nach hundert Wochen ununterbrochener Nummer-eins-Platzierung auf den Bestsellerlisten beginnt die »New York Times« in ihrer Samstagsausgabe eine ganzseitige Reportage anlässlich der englischen Übersetzung des Tagebuchs mit dem Hinweis, dass Hapes Buch 20-mal häufiger verkauft worden sei als Günter Grass' gleichzeitig erschienenes »Beim Häuten der Zwiebel«. Das ist – wir sind im Jahre 2008 – noch eine der bescheideneren Sensationen, die das Buch mit dem typischen Kerkeling-Titel »Ich bin dann mal weg« und seinen unendlich vielen historischen Rekordmarken bewirkt. Inzwischen ist die Pilger-Saga mit mehr als drei Millionen Exemplaren das erfolgreichste nichtfiktionale deutsche Buch der Nachkriegszeit – weit vor dem bislang populärsten Buchhändler-Hit »Götter, Gräber und Gelehrte«. Auch der Titel ist längst in den deutschen Sprachschatz eingezogen. Das Feuilleton hat das Buch kurzerhand zum Wunder erklärt. Die Frage, weshalb ein Buch, das vom lieben Gott und dem Glauben an ihn, von Hilfsbereitschaft, Nächstenliebe, Bescheidenheit und Dankbarkeit handelt, einen so über alle Maßen großen Erfolg haben kann, beantwortet die FAZ mit »der radikalen Ehrlichkeit und Offenheit«, mit der der authentische Autor den Nerv einer nachdenklicher werdenden Zeit trifft: »Endlich ein Buch über Moral, das die Masse versteht.«

Die Wirkung dieser kometenhaft über den Markt gekommenen Publikation ist unübersehbar breit und intensiv und erstreckt sich über lange Jahre. Kaum eine Talkshow im TV, kaum eine Predigt auf den Kanzeln der christlichen Kirchen, kaum eine Fachzeitschrift für Psychologie und Soziologie, die nicht Hape Kerkelings großes Thema »Wer bin ich, und was ist das mit Gott in mir?« aufgreift. Hape wird zum großen Trendsetter, zum Stichwortgeber für neue religiöse Nachdenklichkeit. Vor allem das im deutschen Sprachgebrauch aus fehlendem Interesse oder aus Angst vor Missbrauch bisher eher zurückgenommene Wort von der Spiritualität wird zum nachhaltigen Schlüsselwort für die These von der Wiederkehr des Religiösen. Es ist eine Diskussion jenseits der Mode von New Age und Esoterik, in der die Suche nach dem Sinn des Lebens und dem existenziellen Platz, den Gott dabei einnimmt, zur Überraschung vieler einen neuen Stellenwert bekommt. Hape Kerkeling befeuert in seiner neuen Rolle als populärer und bibelfester Wortführer die öffentlichen Dispute mit eigenen Akzenten und raumgreifenden Fragen. »Ich bin nicht losgezogen mit der Idee im Kopf, eine neue Religion zu gründen. Ich bin ein neutestamentlicher Christ katholischer Herkunft«, so beschreibt er seine Position. Und er reflektiert auch gerne über die Anleihen aus dem Buddhismus, die ihm helfen, mit seinen christlichen Wurzeln zurechtzukommen. Hape Kerkeling ist in dieser Diskussion präsent. Er erzählt liebevoll-spöttisch über die Irrtümer der Kirchengeschichte und formuliert mit feinster Ironie die Zweifel an dogmatischen Glaubensdingen. Und dann erscheint er wieder als der tiefgläubige Wahrheitssucher, der im Fernsehen Sätze wie diese sagt: »Einer meiner Herzenswünsche war, die Nähe Gottes zu spüren, fester im Glauben zu werden. Das gelingt mir jetzt besser!«

Hape Kerkeling sagt, dass er nach dem Jakobsweg und mit dem Buch sicherer geworden sei in all seinen Vorstellungen vom Glauben an Gott und den Konsequenzen für sich selbst. Er kann das darlegen ohne jede missionarische Absicht und ohne viel Aufhebens. Trotzdem gerät er in die kirchenpolitischen Schlagzeilen. Eine ehemalige Hamburger Sektenbeauftragte wirft ihm vor, er baue sich eine Patchwork-Religion zusammen, die angesichts seiner Popularität dem neuen Esoterik-Markt in die Hände spiele. Es gehe nicht an, dass einer der beliebtesten Menschen im Lande die Botschaft verkünde, dass man seine Religion selbst basteln könne. Zwar greift der Boulevard das Thema tatsächlich mit all den exotischen Facetten einer Sektendiskussion auf. Die Aufregung legt sich aber schnell. Die beiden christlichen Kirchen sehen in dem eigensinnigen Mann mit dem festen Glauben und dem selbstverständlichen Mut, ihn öffentlich mit Ecken und Kanten zu vertreten, eine wundersame Personifizierung der aufkommenden These von der Renaissance des Religiösen in der Moderne. Hape selbst erscheint zwar nicht auf den Großveranstaltungen der Kirchen. Aber kaum ein Katholikentag oder Kirchentag in diesen Jahren, wo nicht in den Predigten die Metapher des pilgernden Gottesvolkes griffiger Anknüpfungspunkt für aktuelle Kirchenthemen wird. Kaum eine Diözese, in der nicht die von Hape Kerkeling angeschobene neue Popularität des Jakobsweges zu einem eigenen diözesanen Pilgerpfad führt. Kaum ein theologisches oder religionssoziologisches Kolloquium über

Spiritualität, in dem nicht aus dem Tagebuch zitiert oder die erstaunlichen Zahlen seiner über die Maßen erfolgreichen Rezeptionsgeschichte herausgestellt würden.

Kein Zweifel: So wie der Weg Hape verändert hat, so verändert auch das Buch noch einmal seine Wirklichkeit. Er gewinnt zusätzlich zum wiedergefundenen inneren Gleichgewicht einen neuen scharfen und souveränen Blick auf seinem Weg zurück in die eigene Profession. Und er gewinnt mit dem fantastischen Verkaufserfolg eine neue ökonomische Unabhängigkeit.

Mehr denn je ist er jetzt in der Lage, Nein zu sagen – ohne Rücksicht auf die Konsequenzen – und allein zu entscheiden, was gemacht wird. Er entwickelt eigene Vorstellungen, »Lieblingsideen« und wichtige Projekte, um die sich die Sender, Produzenten oder Verlage jetzt reißen. Er ist mehr denn je Subjekt im Spiel der kreativen Planungen, nicht mehr Figur auf dem Schachbrett der Fernseh- und Produktionsgewaltigen. Der Moderator, den alle lieben und den alle für ihre eigenen Formate einspannen wollen, entzieht sich bewusst den Mechanismen des Geschäfts. Er will nicht mehr fremdbestimmt arbeiten. Als Person hatte er ohnehin nicht das Bedürfnis, im Mittelpunkt zu stehen. Er konzentriert sich mehr und mehr auf das, was er seit seiner Kindheit zu perfektionieren versucht hat: die Typologisierung von Figuren, das Entwickeln von ganz besonderen Charakteren – solchen, die das Leben verkörpern, die etwas über dieses Leben aussagen und die er zum Leben bringen kann zwischen Anstand und Konvention, zwischen Empörung und Tabubruch.

Für die Sendereihe »Terra X« und zusammen mit Gero von Boehm lässt er sich die historische Welterklärung angelegen sein: In einer großen Dokumentationsreihe ist er unterwegs, 5000 Jahre Weltgeschichte auf seine Art zu erklären, schlüpft in die Haut von Kleopatra, Napoleon, Martin Luther oder Leonardo da Vinci – und zeigt auf, wie, wann und warum sich Geschichte verändert und wie sich diese Veränderungen bis in unsere Zeit auswirken. Zuschauer und Kritik sind – ein seltenes Zusammenspiel – gleichermaßen begeistert über die »Varianz Kerkeling'scher Spiellust und den erhellenden Humor, der jeden Geschichtslehrer armselig aussehen lässt«. Dass Hape einer der reflektiertesten Köpfe der Branche ist, wird auch an seiner nächsten Groß-Figur, an Horst Schlämmer, deutlich. Nach dem Klassiker mit Beatrix und dem Genie-Streich mit »Hurz« gelingt ihm jetzt mit dem Journalisten vom Grevenbroicher Tagblatt ein neuer »Knaller« mit Langzeitwirkung. Horst Schlämmer, der Mann mit Bierbauch, Schnurrbart und Schnappatmung, wird zur tiefsinnig-perfekten Parodie auf einen jovial-schmierigen Journalistentypus.

Hapes Parodien sind reifer und freier geworden. Eher sanft. Weniger schroff. Horst Schlämmer, der sein Dornkaat-durchtränktes Motto: »Immer janz dischd dran!« kumpelhaft zum Brüderschaft-Trinken mit jedem und allem nutzt, wird zum schleimigen, aber liebenswerten Exempel für alle Formen von medialer Ranschmeiße. Hape schafft es mit seinem psychologisch geschulten Blick, dass sich alles, Berufsstand, Milieu und Anspruch, in Horst Schlämmer von selbst bloßlegen. Er hat den sehr genauen Blick für das Typische. Aber: Er zerlegt den Menschen nicht. Der Exzess ist nicht seine Sache. Sein Humor entschärft eher die Situation. Selbst ein so vordergründiger Unsympath wie Horst Schlämmer wird durch Hape zu einem »liebenswerten Monument«, das aus der Vergangenheit in die moderne Mediengesellschaft hineinragt, wie Kerkeling-Kenner Bernd Gäbler festhält. Kerkeling gelingen mit bemerkenswertem Mut zur gespielten Peinlichkeit und nervtötender Konsequenz die im Fernsehen so rar gewordenen magischen Momente. Keiner kann wie er so wunderbar übergangslos von echter Demut bis zur Hochnäsigkeit die Rolle wechseln, und keiner kann wie er am Ende dann doch seine Figuren human und mit Würde ummanteln und schützen.

Würde ist für Hape Kerkeling einer der wichtigsten Schlüsselbegriffe seiner Arbeit: die Würde der anderen und die eigene Aufrichtigkeit. Beides findet in Hapes Humor einen entspannten, unaufgeregten Ausdruck. »Sanfte Heiterkeit« nennt es Bernd Gäbler. Freilich: So vermeintlich schnell und leicht sich diese Fähigkeit auf die Bühne zaubert – ewig will Hape Kerkeling dieses Rad nicht weiterdrehen. Auch das gehört zur neuen Unabhängigkeit. So wie er ganz früh schon wusste, dass er vor die Kamera will, so erklärt er, frühzeitiger als jeder andere, dass er jung aufhören möchte. Er will in Zukunft weniger vor das Publikum. Er will schreiben, zu Hause oder an seinen selbstgewählten Orten und nicht mehr auf der öffentlichen Bühne, wo die Ökonomie der Aufmerksamkeit die Protagonisten immer weiter in einen halsbrecherischen Wettbewerb um Quote und Anerkennung treibt. Er hat ja mit dem Schreiben schon seine erste große Erfahrung. Und dann will er noch viel reisen. Er will ferne, exotische Länder besuchen – mit dem Zug durch Indien, mit einem Truck durch Kanada – und wieder mal weg sein.

Die öffentlich geäußerte Entscheidung, nicht mehr zu lange zur Verfügung zu stehen, ist befreiend und schwierig zugleich. Die Branche beginnt ihn dennoch weiter zu locken. Sie entwickelt wieder die schönsten Offerten, um diesen grandiosen Entertainer weiter im Licht der Bühne zu behalten. Ein denkbar großes Angebot hat er jetzt schon mal mit sehr bedachten Gründen abgelehnt. Zwanzig Jahre nach der ersten Offerte für »Wetten, dass …?« wird ihm erneut »Wetten, dass …?« zu Füßen gelegt. Hape sagt Danke. Es wird weitere Versuchungen geben.

Auf seinem Pilgerweg hat er für sich solche Versuchungen und andere schwierige Situationen durchdekliniert und durchgedacht. In seinem Tagebuch notiert er: »Fast jedes Leben lässt sich am Ende doch auf eine kleine Anzahl von Prüfungen reduzieren.« Der Tod der Mutter, der Einzug bei den Großeltern, der Einstieg in den Beruf, das sind solche Prüfungen. Der Ausstieg wird auch eine solche Prüfung darstellen. Eine erste Probe, dass eine solche Ausstiegsprüfung gelingen kann, hat er unterwegs in Spanien schon mit sanfter Heiterkeit und spirituellem Tiefgang nachhaltig bestanden.

Dieter Kürten

Kirchenmann mit Kultstatus

© ZDF/Renate Schäfer

Er kommt in der Regel so zeitig zum Sonntagsgottesdienst, dass immer derselbe Platz für ihn frei ist: erste Reihe links außen, direkt am Gang. Und oft nimmt er auch einen Dienst in der Messe wahr: Lektor für die Lesung, Vorbeter für die Fürbitten, Kommunionhelfer und all die Dinge, die rund um den Gottesdienst erledigt werden müssen. Ein Messdiener, der in der Mainzer Kirche nachholt, was er als Kind in den Wirren der Vor- und Nachkriegszeiten in Duisburg nicht so ohne Weiteres praktizieren konnte. Dieter Kürten war im Gottesdienst der Mainzer Hochschulgemeinde ein denkbar würdiger Messdiener. Am Abend zuvor hatte man ihn noch als glamourösen Moderator beim »Aktuellen Sportstudio« und als charmanten Gastgeber von Olympiasiegern, Weltmeistern, Wimbledon-Gewinnern und Fußballstars gesehen. Beim 11-Uhr-Gottesdienst am nächsten Tag ist Dieter Kürten ein überraschend nach innen gekehrter Gläubiger, ein frommer und aktiver Christ in der zumeist lockeren Hochschulmesse.

Schon in seinen ersten Jahren beim ZDF Ende der 60er hat Dieter Kürten in der Sankt Albert-Gemeinde neben der Universität eine Art Heimat gefunden. Er sagt, dass er dort Priester erlebt habe, die durch Offenheit und freundliche Tonalität in ihm »etwas zum Weiterklingen« gebracht hätten. Er habe dort in der Kommunikation mit diesen charismatischen Pfarrern gelernt, bestimmte religiöse Themen und grundsätzliche Überzeugungen gelassen und offen auszusprechen. Haltungen, die man sonst als eher privat ansieht und nicht öffentlich artikuliert, sind für ihn so Themen geworden, die man auch in großem Kreis aussprechen kann. So kam es, dass der populäre Sportmoderator Dieter Kürten gegen die Usancen und Standards seiner Branche öffentlich und angstfrei auch zu einem Moderator seiner Vorstellung von christlicher Gläubigkeit wurde. Dabei war die Vorstellung einer Karriere als Renommier-Christ für den im täglichen Umgang charmanten, lockeren und den weltlichen Dingen durchaus zugeneigten TV-Star in dieser Form nicht beabsichtigt oder geplant. In einem entspannten Interview mit dem Fußball-Magazin »Kicker« fiel eines Tages aber der beiläufig formulierte Satz, »dass es auch im Leben eines Sportreporters unendlich viel Wichtigeres gäbe als das letzte 1:0 von Schalke 04 gegen den FC Köln«. Der Interviewer reagiert schnell und nimmt flugs den Faden des neuen Stichworts auf. Was denn bei Dieter Kürten noch wichtiger als das Wichtigste sei? Und so kam es – eher spontan als strategisch bedacht – zu einem absolut ungewöhnlichen Sportinterview über den »anderen Dieter Kürten«. Es wurde das Outing eines bekennenden Christen, der im sehr lockeren Plauderton und doch konzentriert Sätze von sich sagte, die durchaus viele Menschen und auch manchen der Kollegen verstörten. Und die Tatsache, dass diese Sätze im Fußball-Zentralorgan »Kicker« zu lesen waren, war auch nicht geeignet, diese Verstörung zu reduzieren. Im Parlando und ohne große Nebensätze hatte Dieter Kürten darin erklärt, dass neben der für ihn ganz bedeutsamen Freude am Sport der »Glaube an Gott« das Wichtigste seines Lebens sei. »Ja, ich glaube an Gott! Natürlich ist dieser Glaube Privatsache. Aber weshalb soll ich nicht öffentlich darüber sprechen?« Und im gar nicht unsicheren Sprachduktus erzählt er weiter: »Ich bete jeden Tag. Einen Tag ohne Zwiesprache mit Gott kann ich mir nicht vorstellen.« Der weit gereiste Kommentator aller großen Sportevents fügt hinzu: »Das tägliche Gebet gibt mir die Ausgeglichenheit, die ich für meinen wunderbar spannenden Job brauche!« Es war, als ob Dieter Kürten mit diesen aus der Zeit gefallenen Sätzen eine Lawine losgetreten hätte. Ein Wirbel irritierter Journalisten aus den sehr hartnäckig nachfragenden Medien bricht über die Reporterlegende herein. Er ist ernsthaft, fast naiv überrascht, was er mit seinem Bekenntnis angerichtet hat.

Heute sagt Dieter Kürten, dass er diese gewaltige Aufregung nur deshalb gelassen überstanden hat, weil er sich seiner Sache sicher war und jeden einzelnen Satz jahrelang bereits »gelebt« hatte. Dieter Kürten wird nach diesem Interview in die Rolle des Vorzeige-Christen gedrängt. Er ist lange Zeit nicht erbaut darüber. Er habe doch nur die privaten Empfindungen seines Glaubens weitergegeben, eines Glaubens, durch den er seit seiner Kindheit wie selbstverständlich seine innere Kraft beziehe.

Wenn man über diese Kindheit von Dieter Kürten recherchiert, führt die Spur ganz schnell zu seiner Großmutter. »Oma Henriette hat mich an den christlichen Glauben herangeführt. Sie hat ihn mir nicht gepredigt, nicht eingetrichtert, sondern einfach vorgelebt«, sagt Dieter Kürten, der in den Wirren der Kriegs- und Nachkriegszeit viel Zeit im Haus der Großeltern verbrachte. Der Vater war ein wenig häuslicher Journalist bei der Regionalpresse, die Mutter war Bäckerstochter und nicht sehr gesund. Dieter wollte Bäcker werden, was er aber nicht werden sollte. Als er Klavier spielen durfte, wollte er Musik studieren, aber dazu reichte das Geld nicht. Zu Hause war er bei all dem Hin und Her bei Oma Henriette. Hier machte er Hausaufgaben, »und hier bekam ich Nachhilfe für meinen

Glauben!« Die Großmutter, eine tiefgläubige Frau, hatte eine Art Glaubens-Mantra: »Bete, mein Junge, bete! Man steht auf, wäscht sich, setzt sich an den Frühstückstisch und bedankt sich dafür bei Gott, dass du auch an diesem Morgen wieder aufgewacht bist; dass du zu essen hast und ein Dach über dem Kopf, dass es dir gut geht, dass du gesund bist!« Beten und Glauben sei bei ihr so normal wie Essen und Trinken gewesen, sagt Dieter Kürten. Und so seien auch bei ihm auf diesem Weg Dankbarkeit und Demut so etwas wie Schlüsselwörter des Lebens geworden. Die theoretische Grundaufstellung des Glaubens bei Großmutter Henriette sei einfach und klar gewesen. Die Bibel war der Ausgangspunkt des religiösen Sprechens. Die Worte der vier Evangelien mit den Gleichnissen, den Wundern, der Bergpredigt, all dies sei nachhaltig und selbstverständlich in seine Grundbefindlichkeit eingedrungen. Schon als Kind habe er für sich gespürt, dass diese Art von Gläubigkeit ihn behütet. Auch in Situationen der Angst und in Momenten, die ihn seelisch belasteten, habe der Glaube ihm immer geholfen. »Ich habe dann immer gewusst: Es gibt eine Art Insel, auf die ich mich flüchten kann und auf der ich meinen Schutz finde – erst recht, wenn es hier in der Situation nicht mehr weiterging. Auf dieser Insel kann ich bleiben. Gäbe es diese Insel nicht, wo sonst fände ich meine Ruhe, meine Ausgeglichenheit, meine Sorglosigkeit?«

Dieter Kürten weiß, dass er mit einer solchen Öffnung seines intimen Seelenlebens nicht bloß Zustimmung und andächtiges Nicken erntet. Er kenne inzwischen alle Reaktionen. Er kenne die Lächler, die Spötter, die, die ihn als Spinner ansehen, die, die mit dem Finger an den Kopf tippen. Und die, die seine Offenheit und seine ungewöhnliche Art, offensiv mit Glaubensfragen umzugehen, als ein Marketing-Kalkül ansehen, als eine Masche, eine ganz unheilige Strategie für ein journalistisches Alleinstellungsmerkmal. Dieter Kürten lächelt solche

Vorwürfe weg. »Wäre das der Antrieb, dann wäre ich auf einem peinlichen Holzweg. Wer heute öffentlich seinen Glauben bekennt, legt sich eher mit der Öffentlichkeit an und sich selbst Steine in den Weg, als dass er seine Popularität steigern würde.« Und relativ gelassen und freundlich fügt er hinzu: »Ich weiß, wovon ich spreche.«

Am liebsten spricht der Sportjournalist Dieter Kürten aber dann doch von seinem Sport. Er war selbst in Duisburg ein passabler Fußballspieler bei Duisburg 1900. Für eine Profi-Karriere hat es dann allerdings nicht gereicht. Er lernt Speditionskaufmann, findet einen Platz als Zeitungsvolontär in Düsseldorf, bewirbt sich beim gerade neu gegründeten ZDF, wo er als Mann der ersten Stunde in der Sportredaktion von Beginn an einen Tummelplatz für neue Ideen findet. Von 1967 an macht er als Moderator des »Aktuellen Sportstudios« eine Karriere, die ihn zu allen großen Sportereignissen seiner Zeit und bis in die höchsten Popularitätskurven bringen wird. Sein Markenzeichen ist der locker-lässige Plauderton, sein fast unschlagbares Detailwissen aus dem weiten Feld der Sportresultate und der Sportler, seine außerordentlich sympathische Art, die Gäste zu behandeln, und die charmante Weise, wie er Sportereignisse nicht nur für Männer präsentiert. Freundliche Spötter nennen ihn, den »Mister Sportstudio«, deshalb auch gerne den »Erfinder des humanen, schmerzlosen Interviews«. Härtere Kritiker schimpfen über ihn als unkritischen Softie. Der zum »Nestor des deutschen TV-Sportjournalismus« herangereifte Dieter Kürten kann mit solcher Kritik gut leben. Schließlich vermutet er, dass hinter den Anwürfen eine gehörige Portion Neid steckt. Er hat in seinen beinahe 400 Sportstudio-Moderationen im Wortsinn alle wichtigen Sportler ins Studio nach Mainz und vor sein Mikrofon gekriegt. Die Sportler wollten zu ihm kommen. Ob das – erstmalig in einem Fernsehstudio – der scheue Flankengott Reinhard Libuda war, ob später die damals blutjunge Wimbledon-Siegerin Steffi Graf samt Vater oder danach Boris Becker oder der unerreichte Fußballstar Pele, ob Franz Beckenbauer in unzähligen Rollen und Positionen, ob Uli Hoeneß, Jupp Heynckes, Hennes Weisweiler, ob die russische Schachlegende Garry Kasparov, Mark Spitz, der bei der Olympiade 1972 sieben Goldmedaillen einheimste, oder der Hochsprungrevolutionär Dick Fosbury – sie alle wollten von Dieter Kürten interviewt werden. Man wusste, dass er kein Fallensteller war, dass er die kritischen, analytischen Fragen aber auch nicht im Köcher ließ und penibel genau nachfragte – und grundsätzlich bei all dem von der Vorstellung geprägt war, dass die Gesprächspartner gut aussehen dürfen. Das »Sportstudio« war als Unterhaltungsformat konzipiert, und Dieter Kürten beherrschte wie kein anderer die Balance zwischen Glamour und journalistischer Analyse. Er wollte dabei aber Gastgeber sein und nicht Scharfrichter. Als ein eigens für das »Sportstudio« vom Zoo ausgeliehener Schimpanse der Frau von »Tarzan« Johnny Weissmüller, einem Weltklasseschwimmer, das blonde Haarteil vom Kopf riss, half er auch über diese Panne mit einer Mischung aus relaxter Plauderei über die Tücken des Wassersports und charmanten Entschuldigungen unterhaltsam hinweg. Sein Moderations-Motto ist seine Version des kategorischen Imperativs und seine eigene Interpretation des christlichen Gebots für den Umgang mit dem Nächsten: »Behandle deinen Nächsten und deine Gäste so, wie du selbst behandelt werden möchtest!«

Die Boulevardpresse hat deshalb Dieter Kürten auch »die deutsche Antwort auf Mutter Teresa« genannt. Da sind wir wieder bei dem freimütigen Gott-Bekenntnis eines gläubigen Christenmenschen. Manchmal fragt er sich, ob dieser Freimut nicht ein für einen Journalisten »saublöder Fehler gewesen ist, ein Eigentor«. Zumeist aber findet er es ganz normal und überhaupt nicht mutig, als ein in der Öffentlichkeit stehender

Mensch seinen Glauben zu bekennen. »Das kostet doch nichts, oder?«, sagt er. »Auch wenn mich manchmal die Leute so verblüfft angucken, als wäre ich selbst aus einer anderen Welt, kommt man doch schnell wieder ins normale Gespräch.« Dabei hilft ihm seine doch offensichtliche Verbindlichkeit. Der immer gut gelaunte Dieter Kürten fragt: »Warum soll ich denn anders ticken, als ich es fühle, und was soll ich anders machen? Soll ich Abbitte leisten: Herrgott im Himmel, entschuldige bitte, dass ich hier so locker über die heiligen Dinge daherrede!«

Auf die Frage, wie sich diese christlich grundierte Gelassenheit im Alltag des Jobs und im Umgang mit den Kollegen konkret erweise, nimmt sich Dieter Kürten spürbar zurück und ist im Vergleich zu den sonst sprudelnden und wie tausendfach durchdachten Antworten eher wortkarg-verschlossen. Er will nicht in eine »Pharisäer-Falle« tappen. »Ich renne ja nicht ständig herum und belatschere andere mit meinen Ideen und Prinzipien«, sagt er. »Sich bekennen ist ohnehin die eine Sache, dies zu leben eine andere.« Das sollten doch die Kollegen selbst beurteilen. Befragen wir also die Kollegen des Dieter Kürten. Nun muss man sich die Sportredaktion eines großen Senders vorstellen als einen sehr bunten, bisweilen wilden Haufen von Normalos, erfolgreichen Ex-Sportlern und extrovertierten Diplom-Sportlehrern, Ego-Shootern und Teamworkern, sensiblen Feingeistern, selbstbewussten Lautsprechern, leidenschaftlichen Analysten und hartnäckigen 1:0-Reportern. Gepaart mit dem sportiven Wir-Gefühl der Kleingruppenfraktion stellt eine solche Gruppendynamik für die Leitung und das Management einer solchen Truppe eine tägliche Herausforderung für die persönlichen Führungsqualitäten und die Integrität eines jeden Sportchefs dar. Diese ist oft genug eine Fronarbeit im Dienste einer sonst sehr fröhlichen Tätigkeit. Kurzum: Noch heute rühmen die unterschiedlichsten Temperamente des Redaktionsverbundes das ausgeprägte, durch keine persönliche

Seilschaft zu irritierende Gerechtigkeitsgefühl des Dieter Kürten. Er habe mit seiner demonstrativen Freundlichkeit und seiner freundlichen Gelassenheit das Team, bestehend aus ehemals privilegierten Diven und unmotiviertem Fußvolk, zu einer neuen Einheit zusammengeschweißt. Eine neue Kreativität habe sich breitgemacht – ohne Blutspuren und ohne die übliche Tour auf Kosten der Schwächeren oder weniger Lauten.

Dieter Kürten bleibt in der Vorstellung seiner ehemaligen Mitarbeiter der große Talente-Scout und unermüdliche Entdecker und Förderer neuer, junger Kräfte – Günther Jauch zum Beispiel wurde von ihm für das ZDF-»Sportstudio« gewonnen und lange von ihm persönlich »betreut«. Oder der kreative, innovative Mitdenker für neue Aufgaben in der immens funktionshungrigen Redaktion. Marcel Reif zum Beispiel wurde auf seine Initiative hin beauftragt, die verdienstvolle Dokumentationsreihe »Sportspiegel« mit einem kritischen Blick hinter die Kulissen neu zu beleben. Als eine kleine Fraktion der dennoch Unzufriedenen in der Redaktion höhnisch gegen den Chef mit einem »Kürten kennt Jesus«-Flugblatt Stimmung machen wollte, bricht die Revolte – wenn es denn je eine war – schnell in sich zusammen. Kürten sucht die freundliche Offensive und findet im Gespräch in der Regel den passenden Ton, tritt die kleinen Feuer aus und ist nach der Diskussion unumstrittener denn je. »Friedensstifter«, »Kümmerer«, »der gute Mensch vom Lerchenberg«, diese Etiketten werden ihm gerne angehängt – bisweilen durchaus nicht ohne Häme und Hohn. Auch andere Anwürfe in freundlich-amüsierter Ironie oder kollegialem Spott sind nicht selten. »Sieh an den Superchristen!«, war lange der Standardsatz eines bekannten Kollegen. Heute sagt Dieter Kürten, dass er die Gelassenheit, darüber leise den Kopf zu schütteln, erst reifen lassen musste. Er merkt an, dass es für ihn nicht anstößig war, einen »Schuss Härte aus dem beruflichen Alltag herauszunehmen, Menschen aufeinander zuzuführen, eine Eigenart, die durchaus auch Kraft kostet«. Täglich in vermittelnder und moderierender Mission unterwegs zu sein gehe an die Substanz. Aber Entscheidungen aus schierer Konfrontation gepaart mit Zynismus oder autoritärem Gehabe seien ihm wesensfremd. »Journalisten müssten wach sein, hungrig, immer auf dem Sprung nach einer guten Geschichte. Ohne eine gute Portion belebender Konkurrenz funktioniert das nicht. Der Grad zwischen gesundem Ehrgeiz und rücksichtslosem Durchboxen ist schmal. Aber er ist gangbar.«

Nach wie vor ist er, der seinen 75. Geburtstag sehr stilvoll zu feiern wusste, ein häufig geladener Gast bei Talkshows. Er brilliert in seiner Rolle als kenntnisreiche Sportreporter-Legende mit grandiosem Anekdotenschatz und mit pointierten Detailschilderungen über die Highlights der Sportwelt in den letzten 50 Jahren, die er alle aus dem ff mit Zahlen, Daten, Fakten und Personen darstellen kann. Er kokettiert mit seiner Fähigkeit als Connaisseur der guten Weine und der guten Küche – eine Folge davon, dass die großen Köche den sympathischen Sport-Talker gerne als Gast und Mitkoch einladen. Er persifliert mit Vorliebe »aufgeblasene Gäste« und falsche Pannen-Reaktionen im »Aktuellen Sportstudio«. In die aufkommende Heiterkeit und den fröhlichen Applaus der Gäste setzt er in solchen Talkshows gerne einen Satz, der im Publikum unsichere Stille aufkommen lässt. Auf die Frage etwa, wie es denn jetzt weitergeht, kommt der ganz schnelle Hinweis von ihm, dass er morgen, am Sonntag, erst mal in die Messe geht, weil er das immer zu tun pflegt und ein Sonntag ohne Gottesdienst ein verlorener Tag wäre. Er weiß sehr genau mit der Stille und der Verblüffung des Publikums zu spielen. Und er ist in der Lage, je nach Reaktion gerne noch einen draufzusetzen.

Neuerdings erzählt er in diesem Zusammenhang gern die eigene Geschichte, die ihm vor einiger Zeit passiert ist. Am helllichten Tag bricht er in Wiesbaden auf der Straße bewusstlos zusammen – Herzinfarkt. Aber er hatte auch einen Schutzengel. Eine 42-jährige Frau aus Marokko, eine medizinisch geschulte Altenpflegerin, war zur Stelle und rettete ihn erfolgreich mit Herzdruckmassage und Mund-zu-Mund-Beatmung über die ersten Minuten. Er konnte lebend zur Klinik gebracht werden. Und nach komplizierten Operationen und drei Bypässen konnte Dieter Kürten bald wieder ins Leben zurück. Er erzählt, dass während der Tage der Krankheit sein kluger Arzt ihm deutlich gemacht habe, dass die Ausgangslage extrem bedrohlich war und dass solche Erfahrungen der Todesnähe in der Regel die radikalsten Konsequenzen nötig machen: die Prioritäten des Lebens neu zu bedenken und existenziell neu zu ordnen. Von sofort an zähle nur noch das, was wirklich wichtig sei. In diesen wirklich wichtigen Fragen, sagt Dieter Kürten nachdenklich, »war ich sehr froh, dass ich absolut keine Prioritäten und keinerlei Koordinaten verschieben musste«. Er fühle sich manchmal wie in dem berühmten Bonhoeffer-Text: »Von guten Mächten wunderbar geborgen«. »Ich bin zutiefst dankbar dafür«, sagt er, »dass für mich sehr früh die Wegweiser für das Leben richtig beschriftet wurden.«

~

Welche Emotionen und welche Bilder verbinden Sie mit Ihrer katholischen Kindheit?

Ehrfurcht und Dankbarkeit vor Gott, Unsicherheiten vor und während der Beichte, Sicherheit im Gefolge einer glaubenstreuen Großmutter.

Hat diese Vergangenheit Spuren gelegt, gibt es Verbindungslinien zu heute?

Die katholische Kindheit hat in mir Freude an Gott, dem Leben, der Natur und den Mitmenschen erzeugt. Die Verbindungslinien sind bis heute geknüpft.

Haben die Rituale der Messdienerzeit und die Liturgie der Kirche bei Ihnen Impulse ausgelöst oder Vorlieben bestätigt?

Ja, was ich immer wieder erwartet hatte: Die Zelebranten sind den Gläubigen rein räumlich nicht mehr so fern, nicht mehr sie allein, sondern Laien bringen uns die Bibel näher und sind einbezogen bei der Kommunion, Predigten sind deutlich knapper gehalten und dadurch meistens nachhaltiger, die Gottesdienste weniger langatmig, sondern konzentrierter. Es macht Freude, dabei zu sein.

Sie kennen Erfolg und Kritik, Anerkennung und Distanzierungen. Wie schaffen Sie die nötige psychologische Distanz zur öffentlichen Rolle?

Ich mache mir reflexartig klar, dass Publikum wie Kritiker in aller Regel subjektiv urteilen. Kritik, die nicht belegbar ist, ärgert mich, ich kann sie jedoch relativ rasch abschütteln. Polemik lässt mich spontan fragen: Welche persönlichen Probleme mögen dahinterstecken?

Das Netz verschärft die öffentliche Auseinandersetzung. Wie gehen Sie damit um?

Kritik pflege ich gern mit der Feststellung zu kommentieren: »Eine mögliche Meinung!« Ich erwische mich auch bei der anmaßenden Behauptung: Über Geschmack lässt sich nicht streiten, entweder man hat ihn oder man hat ihn nicht!

Kann man seinen eigenen Kindern weitergeben, was die eigene Kindheit wertvoll gemacht hat?

Ja, ich bin glücklich, wenn ich erleben darf, wie dankbar, rücksichtsvoll, hilfsbereit, menschenfreundlich, im wahrsten Sinne christlich meine Kinder handeln. Auch wenn es nicht leicht ist, Kriegs- und Nachkriegserlebnisse zu vermitteln – offenbar sind sie imstande, Bescheidenheit und Verzicht zu üben.

Haben Sie eine Erklärung dafür, dass viele Show-Moderatoren Messdiener waren?

Gewiss schon im Kindesalter intelligent, gläubig, folgsam, hilfsbereit und nicht ohne Interesse, vor Publikum zu agieren …

Markus Lanz

Über den Brenner und zurück

Die besondere Herkunft von Markus Lanz macht ihn zu einem besonderen Fall unter seinen TV-Kollegen. Aufgewachsen in Geiselberg, einem der typischen kleinen Bergbauerndörfer in den Pustertaler Dolomiten, verbringt er seine Kindheit und Messdienerzeit in der Tradition der gleichermaßen gelassenen und geerdeten Lebens- und Glaubenswelt Südtiroler Bergbewohner. Nach dem frühen Tod seines Vaters kann er in einem von klassisch habsburgischem Geist geprägten Internat in Brixen seine Matura machen und absolviert als italienischer Staatsbürger große Teile seiner Wehrpflicht im rauen Alltag einer neapolitanischen Vorstadt. »Da fließen«, sagt einer seiner Lehrer, »in einem Südtiroler Dickschädel die denkbar unterschiedlichsten existenziellen und geistigen Quellen zusammen. Und dann bricht sich ein charakteristischer Lebensstrom seinen Weg.« Dieser Weg ist geprägt von Fleiß und Selbstbewusstsein, von Stolz und Eigensinn, von Gläubigkeit und Weltoffenheit, die aber nie die Herkunft vergisst. Der Südtiroler Kosmopolit geht in jungen Jahren »über den Brenner« und macht in Deutschland und in Österreich eine rasche Karriere in unterschiedlichen Radio- und Fernsehformaten. Die Öffentlichkeit bescheinigt ihm »nicht nur Charme, Esprit, gutes Aussehen, sondern auch Intellekt«, wie es die Programmdirektorin des ORF bei einer jüngsten Preisverleihung formuliert hat. Mit der Moderation von »Wetten, dass …?« betritt er den Olymp der deutschsprachigen Unterhaltung – und er erlebt abrupt alle denkbaren Höhen und Tiefen eines polarisierenden Showbusiness.

~

Das kirchliche Alltagsleben im italienischen Südtirol ist länger und intensiver als in Deutschland von der klassischen Tradition einer intakten Volkskirche geprägt, von einer Kirchlichkeit, die mit Pfarrer, Glaube, Glocken und Kirchenjahr den Alltag der Menschen doch stark prägt. Was bedeutet für Sie eine katholische Kindheit?

Katholische Kindheit bedeutet für mich zum Beispiel, im Dezember unter verschärften Bedingungen um sechs Uhr morgens im tiefen Schnee zwei Kilometer den Berg hoch zur Frühmette. Dort als Messdiener antreten, um dann pünktlich um acht Uhr in der Schule zu sitzen. Und gelegentlich dann auch mal einen Zahnstocher unter die Lider zu stecken, damit man irgendwie wach bleiben konnte. Das war schon hart, im Dunkeln da rauszugehen. Und wenn meine Eltern es besonders gut mit mir meinten, dann lief es darauf hinaus, dass wir am Sonntag zur Belohnung auch zweimal in die Kirche durften, um neun Uhr in die Messe und um 14 Uhr dann noch einmal zu einer Andacht. Das war sozusagen das erweiterte Bonusprogramm. Wir haben das damals aber immer nutzen können. Die Kirche lag direkt neben der Skipiste. So konnten wir direkt nach der Neun-Uhr-Messe Skifahren gehen. Oft war es so, dass wir vor der 14-Uhr-Andacht über die Skischuhe und den Skianzug noch schnell die Messdienerröcke angezogen haben

– manchmal sogar noch mit den Skischuhen unter den Messdienerröcken. Einmal Rosenkranz, und dann ging es wieder raus auf die Piste.

Wie wird man zu Ihrer Zeit in Südtirol zum Messdiener?

Die Frage müsste im Prinzip eher lauten: Wie schafft man es, nicht Messdiener zu werden? Das war eigentlich eine Verpflichtung – und in meinem kleinen Dorf im Grunde allein schon deswegen eine Notwendigkeit, weil wir in meiner Klasse nur fünf Jungs waren; und die stolze Zahl von fünf haben wir auch nur erreicht, weil die vierte und fünfte Klasse schon zusammengelegt waren. Deswegen war das halt eine Notwendigkeit, Messdiener zu sein. Es war ja auch die Zeit, in der Mädels eher doch keine Messdienerinnen sein durften, und deswegen musste man zwangsläufig antreten. Es war aber auch eine schöne Zeit, und ich weiß noch, welche Gefühle es in mir ausgelöst hat, als ich dann gemerkt habe, wie man so langsam nach oben geklettert ist. Am Anfang darf man maximal die Kerze tragen. Und dann kommt man so langsam immer eine Stufe höher, und irgendwann hatte man dann endlich das Weihrauchfass in der Hand und ist damit der Chef über Qualm und Weihrauch in der Kirche. Das haben wir auch sehr ausgeprägt ausgenutzt. Wir haben sehr viel mit Weihrauch und entsprechender Rauchentwicklung gearbeitet, und ich weiß, dass wir dann immer vom Pfarrer sehr böse Blicke geerntet haben.

Weihrauch war die höchste Karrierestufe?

Weihrauch war das Höchste, was man erreichen konnte. Ich habe oft gedacht: Mehr wird in meiner Karriere auch nicht mehr möglich sein. Also einmal Weihrauchfass, und damit war es auch geschafft. Und so war es ja dann auch im Wesentlichen. Bis heute ist in meiner Erinnerung die Stufe Weihrauch fast die wichtigste in meinem Berufsleben gewesen.

Das ist schon ein eigenes Bild, diese Imagination der Messdienerkarriere mit dem Weihrauchfass. Gibt es andere Bilder, wenn Sie an die Messdienerzeit dieser Jahre denken?

Später dann war ich im Internat, im Kloster Neustift. Dort wurde erst mal gefragt, wer von uns Erfahrung hat als Messdiener, und ich habe dann den verhängnisvollen Fehler gemacht, die Hand zu heben. Nicht wissend und nicht ahnend, dass das bedeutet, morgens um viertel vor sechs Uhr oder gar noch früher geweckt zu werden und sich dann ganz leise und still im dunklen Schlafsaal anzuziehen, ohne das Licht anzumachen. Alle anderen im Schlafsaal habe schön weitergeschlafen. Wenn du dann auch noch der Messdiener warst, der in der Woche zuständig war für einen bestimmten Chorherrn, dann warst du derjenige, der sich durch endlos lange Flure des Klosters bewegen musste, um die Hauptkirche zu erreichen; und das waren lange, lange Wege, und das war sehr unheimlich, weil es dunkel war und weil du hinter jeder Tür vermutet hast: Gleich springt dir jemand an den Kragen, und dann ist es vorbei. Dann erreichte man irgendwann die Kirche, und dann kniete man da, ganz alleine auf den Stufen, ohne Publikum, am Seitenaltar.

Jenseits dieser Dienste am kleinen Altar gab es dann oft die großen Dramaturgien, die Festmessen am Hauptaltar, die liturgische Groß-Inszenierungen waren. War man sich danach bewusst, Teil einer Inszenierung zu sein?

Man war sich dessen absolut bewusst, und zwar deswegen, weil man auch sehr schnell begriffen hat, welche großen Unterschiede es gibt. Da lernst du dann, dass es sehr unterschiedliche Pfarrer gibt: solche, die die Messe feiern können und rhetorisch unheimlich geschickt sind, die in der Lage sind, das Publikum wirklich zu packen – und dann gibt es andere, die irgendeine Art haben zu sprechen, die die Leute relativ kalt lässt. Der prägende Pfarrer diesbezüglich war mein allererster Pfarrer in dem kleinen Bergdorf, in dem wir waren, der später auch dafür gesorgt hat, dass ich in dieses Internat kam. Ich glaube bis heute, dass er mich für ein klerikales Nachwuchstalent gehalten hat und die leise Hoffnung hatte, dass ich auch so einen Weg einschlage wie er. Das war aber nichts für uns. Auch aus meinem ganzen Jahrgang ist keiner später tatsächlich Priester geworden.

Der Pfarrer als zentrale Figur einer Kindheit?

Auf jeden Fall war das eine wichtige Figur in meinen Leben. Ich denke bis heute sehr gerne an den zurück. Das war im Gegensatz zu anderen einer, der erst mal die Predigt für den Sonntag grundsätzlich auswendig gelernt hatte. Er hat mir das auch manchmal gezeigt, wenn ich bei ihm im Pfarrhaus war. Seine Mutter hatte dann Tee gemacht für uns Messdiener. Und dann hat er uns gezeigt, wie er die Predigt entwickelt. Er wollte von uns auch wissen, ob uns das interessiert. Und am Sonntag hat er sich dann nicht etwa hinter einem Pult verschanzt, sondern ging ganz nach vorne bis an die erste Reihe ran. Da hat er sich hingestellt und frei gesprochen. Das war der beste Prediger, den ich je in meinem Leben erlebt habe. Ein ganz faszinierender Mann. Wirklich alte Schule. Seine erste Amtshandlung in unserem kleinen Dorf war die Verschönerung unserer Kirche. Er hat Geld organisiert und damit die Kirche renoviert. Er hat sehr hart darum gekämpft, diese Messe auch höchst stilvoll und opulent zu inszenieren. Das war ihm sehr, sehr wichtig.

Haben Sie selbst diesen Willen zum Stil, zur Dramaturgie gespürt?

Wir Kinder verstanden schon, dass wir auch Teil einer Inszenierung sind. Und wir merkten, dass das mit den Menschen was macht. Alles in allem hat es mich schon sehr geprägt.

Manche Ihrer Kollegen sagen, das sei ein erstes Erlebnis eines gelungenen Entertainments. Ist das für Sie auch so gewesen?

Das wäre mir zu einfach. Ich erinnere mich vor allen Dingen an die Substanz, die das hatte. Das Oberflächliche und Glamouröse, das ist ja Messe, gerade wenn sie gut gemacht ist, eben in Wahrheit nicht. Und da geht es eben nicht so um Kostüme. Und es ist eben nicht nur großer Spaß.

Und was ist das, was die Substanz und den Unterschied ausmachen kann? In welcher Weise kommt das Spirituelle ins »Spiel«?

Es geht mir bis heute so: Ich habe eine große Schwäche für große, dunkle Kirchen. Und wenn ich irgendwo bin auf der Welt, dann versuche ich, in eine Kirche zu gehen. Ich finde, dass Kirchen, vor allem die dunklen, ein Ruhepol sein können. Ich war zum Beispiel an Weihnachten in einer wunderschönen Steinkirche in Trondheim. Die nordische Kirchen sind dann extrem dunkel und düster. Das sind eigentlich die Kirchen, die mir am meisten gefallen, mit Kerzenlicht beleuchtet. Oder in Schottland in einer ähnlichen Steinkirche, auf den Äußeren Hebriden war das, da ist wirklich alles aus Stein, vom Friedhof bis zur Kirche und fast auch noch die Kirchenbänke. Das ist ungeheuer intensiv. Und ich weiß, ich kann diese Momente der Ruhe und der Stille finden. Und du lernst zweierlei: Du lernst, dass du diesen Moment der Ruhe haben kannst, den du dringend brauchst, der gerade für mich wichtiger denn je geworden ist. Das Zweite ist aber, dass es egal ist, welche Ausrichtung das ist; ob das protestantisch oder anglikanisch ist, ob das katholisch ist oder orthodox oder in Äthiopien mit den ganz eigenen Riten, spielt keine Rolle. Du erlebst magische Momente der Ruhe.

Jenseits dieser Magie des Moments: Als Messdiener, wo ja auch viel »Handwerkliches« zu tun ist, gab es da Gefühle des Stolzes, der Besonderheit, der Sicherheit, am richtigen Platz das Richtige zu tun?

Also das würde ich absolut so unterschreiben. Schulterklopfen kenne ich zwar nicht. Das habe ich nicht erlebt. Das war einfach alles eine große Selbstverständlichkeit. Aber es wird dir natürlich sehr viel klarer, dass es da jenseits der Familie noch eine andere Form von Gemeinschaft gibt, auf die man im Zweifel auch zählen kann, auf die man sich auch verlassen kann. Das ist etwas, was als tiefe Gewissheit bis heute in mir ist. Das ist schon gut.

Die kirchliche Kindheit – wie viel von diesem gelebten Anfang eines jungen Südtiroler Katholiken ist bei Ihnen geblieben?

Ich hatte verschiedene Phasen. Irgendwann stellt man das alles fürchterlich in Frage und verabschiedet sich total davon – und dann merkst du plötzlich, weil du aus deiner Haut nicht herauskommst, wie du dich dem so langsam wieder annäherst. Das ist etwas, was ich in den letzten Jahren wieder intensiv so für mich erlebt habe. Das heißt nicht, dass ich jetzt jeden Sonntag in die Kirche gehe. Aber es ist trotzdem als eine Gewissheit da, dass es da etwas gibt, zu dem man immer zurückkann.

Und diese Gewissheit aus den Anfängen des Lebens, aus der ersten Zeit, aus der Kindheit ist so stark, dass man sich darauf stützen und verlassen kann?

Definitiv. Dieses Vertrauen, das sich daraus speist, zu wissen, dass es andere gibt, die helfen, dass es »geht«. Das große Grundvertrauen. Und die große Idee: »Liebe den Nächsten wie dich selbst«. Das heißt aber auch: Du musst dich auch selber mögen. Dann kannst du auch an andere denken. Diese große Idee ist so aktuell wie nie zuvor. Überall. Ich habe vor einigen Jahren einen Mönch in der Mongolei getroffen, der in einem Kloster lebt. Ungefähr in meinem Alter. Tief drinnen in der Mongolei, völlig abgeschieden, irgendwo. Da sitzt er dann monatelang und meditiert. Und ich habe ihn damals gefragt:

Was bringt das? Dass das für dich möglicherweise was bringt, ist ja in Ordnung, aber was gibst du denn der Gesellschaft zurück? Und darauf antwortete er mir: Glaube mir, zu mir kommen jeden Tag Menschen und fragen mich um Rat und wollen wissen, wie sie sich in dieser oder jener Situation zu verhalten haben. – Und was ist der Rat, den du denen gibst? Darauf sagte er: Weißt du, was dein Problem ist? Ihr denkt alle zu viel, du hast zu viele Gedanken in deinem Kopf – und um mir das zu beweisen, hat er mir eine Aufgabe gestellt: »Ich stelle dir jetzt folgende Aufgabe, versuch jetzt einfach mal, dich zehn Sekunden lang ausschließlich auf den roten Apfel zu konzentrieren und auf nichts anderes. Und ich prophezeihe dir, du wirst es nicht hinkriegen.« Ich habe Jahre gebraucht, um das zu schaffen. Und das ist das, was ich glaube und was Spiritualität mit dir macht, und dann musst du auch gar nichts mehr erklären, was Spiritualität alles kann.

Noch einmal einen Schritt zurück: Sie waren dann lange im Internat, auch in der Zeit der Pubertät. Bleibt man in der Pubertät in einem Internat gläubig?

Ich glaube, wenn man nicht anfängt, sich aufzulehnen und rotzlöffellig zu werden, dann stimmt mit dir was nicht. Da gehört natürlich dazu, dass man dann wirklich zum Revoluzzer wird. Und ich hab' mich irgendwann gegen alles aufgelehnt und am Ende dann auch gegen meine Mutter. Mit 16, 17 war ich ein unerträglicher Vollidot, da denke ich manchmal heute noch: Da muss ich Abbitte leisten.

Sie waren dann beim Militär, bei den Alpini, und dann im Süden, in Neapel. Wie geht man im italienischen Militär mit Südtiroler Wertvorstellungen um?

Da wir als Südtiroler ja die Deutschen waren und deswegen auch ausgegrenzt wurden, erinnere ich mich gut daran, dass ich vor allen Dingen für niedere Dienste herangezogen wurde. Also Küchendienst am Wochenende – wenn alle anderen rausgingen und es sich gemütlich gemacht haben, habe ich da drinnen gegen Kakerlaken gekämpft. Das waren keine besonders guten Erfahrungen. Ich habe dann allerdings gesehen, was wiederum passiert, wenn du diese Ausgrenzung irgendwann mal zu überwinden versuchst. Ich bin dann Teil des örtlichen Geschehens geworden, außerhalb der Kaserne. Ich habe mich also von meinen Südtiroler Kameraden ein bisschen zurückgezogen und bin wirklich auf die Neapolitaner zugegangen. Und das wurde eine schöne Erfahrung. Ich habe wunderbare Geschichten mit denen erlebt. Ich bin dann auch in Viertel reingekommen, die du sonst nie betreten würdest, weil es einfach zu gefährlich ist. Auch in Straßen, wo unvorstellbare Mengen geschmuggelter Zigaretten lagern, wo du CD-Player und Radiorekorder für sehr kleines Geld kaufen konntest. Das war mal eine sehr, sehr interessante Zeit, und ich hab' dann dort den Spitznamen »der Südtiroler Neapolitaner« bekommen. Und ich habe das als schön erlebt. Ich habe aber auch erlebt, dass es guttut, wenn du in dir etwas hast, was nicht verhandelbar ist. Diese Erfahrung habe ich später auch immer wieder gemacht. In vielen, vielen Situationen, auch als ich dann nach Deutschland, nach Hamburg gegangen bin, als es beruflich dann auch anstrengend und teilweise auch sehr mühsam wurde, war es sehr, sehr gut zu wissen, dass es da diese unverhandelbare Masse gibt. Und ich sag' mal so: Wenn du die Frage, wer du wirklich bist und was dich in deinem Innersten ausmacht, wenn du die durch dein Leben hindurch jederzeit einigermaßen klar beantworten kannst, dann kann dir eigentlich nicht viel passieren.

Was ist das, diese unverhandelbare Masse Ihres Lebens? Wie beschreiben Sie diese innere Substanz?

Das ist eine Mischung aus ganz, ganz vielem. Wenn eine Erfahrung immer gültig ist, dann die Erfahrung, dass Menschen immer so sind wie die Landschaft, in der sie zu Hause sind. Deswegen, glaube ich, haben die christlichen Werte dort in diesen wilden Gegenden besonders tiefe und gute Wurzeln schlagen können: weil das Leben lange, lange Zeit sehr mühsam war und dieses Leben dieser Landschaft etwas abtrotzen musste. Da war es wichtig zu wissen, warum man das eigentlich tut. Und die Hoffnung darauf, dass das belohnt wird, was man sich da von morgens bis abends antut, hat den Menschen schon zum großen Teil die Vorstellung einer sinnvollen Lebens gegeben. Und das war der Kick, der das alles auch zusammengehalten hat – und der eigentlich das fast triviale Gegenteil dessen ist, was heute häufig zählt: nämlich sich selbst zu feiern, das Individuum zu feiern. Jeder macht sein eigenes Ding, schafft sich mittlerweile im Netz eine zweite Identität. Das dort ist das krasse Gegenteil davon. Als Individuum warst du nicht wirklich wichtig, sondern du hast nur in der Gemeinschaft funktioniert. Einer für den anderen. Das ist das, was du, wenn du mit den Bergbauern sprichst, heute immer noch tief drinnen spürst.

Nach dem Militär ging es nach Norden und gleich in den Job. Was waren die weichenstellenden Entscheidungen, um in dem Job anzukommen, in dem Sie heute sind?

Die prägendste Erfahrung war die, als ich beim Radio angefangen habe und dann diesen Protestsong »Fuck Chirac« gemacht habe gegen die Atompolitik in der Südsee. Ich habe die Musik dazu gemacht. Diese Erfahrung, dann beim Sender wegen dieser Sache rauszufliegen. Das hat mich damals sehr nachdenklich gemacht, weil ich gemerkt habe: Vieles kann in jeder Sekunde sofort und immer wieder vorbei sein. Und das hat dazu geführt, das Ganze auf mindestens zwei, wenn nicht sogar mehr Beine zu stellen. Das ist der Grund, warum ich mich bis heute nie damit zufrieden gebe, wenn einer sagt: Also, das ist jetzt die Tür, durch die gehst du hindurch, und dann bleibst du auch in diesem Zimmer. Das will ich nicht: nicht aus einem falschen Ehrgeiz heraus, sondern eher auch aus dieser Erfahrung heraus, dass eine Tür plötzlich zugehen kann. Und dann war's das, und du bleibst draußen. Es ist wichtig, zu wissen, was hinter anderen Türen ist. Deshalb habe ich auch beispielsweise für mich eine Tür zur Reportage aufgemacht. Ich habe Dokus gemacht, ich habe zwischendurch angefangen, mich sehr intensiv mit Fotografie und auch mit dem Schreiben zu beschäftigen. Ich habe dann auch Bücher veröffentlicht. Ich war also auf vielen Feldern unterwegs. Und das hat zum großen Teil auch erstaunlich gut funktioniert. Gerade wenn ich daran zurückdenke, wie ich aufgewachsen bin und was das damals für eine Situation war in diesem kleinen Dorf in den Bergen, von dem ich damals losgezogen bin.

Die Türen, die in Hamburg, in Köln und auch in Mainz aufgegangen sind, waren Türen zu einer immer größeren Öffentlichkeit: zu den größten Shows, zum breitesten Publikum. War es immer selbstverständlich, den jeweils nächsten großen Schritt zu machen?

Selbstverständlichkeiten waren das natürlich nie. Aber es gibt ja unterschiedliche Phasen im Leben. Wenn du etwa dabei bist, dir gerade eine Existenz zu bauen, dann gilt es auch, Kompromisse zu machen.

Ab einem Moment ging es nur noch bergauf?

Die Frage ist, wie man bergauf definiert. Ich habe das eigentlich gar nie so empfunden, sondern ich habe mich immer leiten lassen von einer mir innewohnenden Neugier. Ich bin immer neugierig auf das Leben und neugierig auf Menschen gewesen. Ich wollte immer wissen, was hinter der nächsten Kurve ist.

Das ist tatsächlich meine Geschichte, die mich schon sehr geprägt hat, als ich noch ein kleiner, junger Mensch war. Was zum Beispiel dazu geführt hat, dass ich mit 14 Jahren mit meiner kleinen Vespa nicht nur in den nächsten Ort gefahren bin, sondern dann auch richtig die Welt erkundet habe. Ich bin dann mit dieser Vespa bis nach Venedig gefahren, Hunderte Kilometer, immer auf dieser kleinen Vespa. Wenn die kaputtgegangen wäre – ich hätte nicht das Geld gehabt, wieder nach Hause zu fahren. Ich hatte gerade so viel Geld, dass ich mir irgendwie das Benzin leisten konnte. Mein Verstand sagte meist: So, jetzt drehst du um, fahr nach Hause – aber meine Neugier wollte immer noch wissen, was hinter dem nächsten Berg ist. Und dann ist das wahrscheinlich ein Wesenspunkt von mir, der immer wieder dazu geführt hat, dass ich immer wieder neue Dinge ausprobiert habe. Ich glaube, das macht einem manchmal Ärger. Es hat auch mir schon sehr viel Verdruss gemacht. Aber im Zweifel ist es nicht so schlimm, als wenn ich mir irgendwann einmal sagen müsste: Ich hab' es noch nicht einmal versucht.

Die nächste Kurve war immer auch eine nächste Stufe von noch größerer Aufmerksamkeit und größerer Akzeptanz. Jetzt sind Sie ganz vorne angekommen. Weiter geht es nicht. Die öffentliche Reaktion brachte für Sie Himmel und Hölle, fast ausschließlich extreme Reaktionen. Haben Sie gelernt, mit solchen Emotions-Stürmen umzugehen?

Wenn du es erst lernen willst, wenn du an dem Punkt bist, dann ist es zu spät. Dann hast du schon verloren. Das musst du vorher für dich klargezogen haben, und das habe ich für mich auch klargezogen. Und ich weiß noch das Gefühl, als ich damals über den Brenner bin. Mein Gedanke war immer: Ich versuch' das jetzt, und wenn es nicht funktioniert, ist das Schlimmste, was mir passieren kann: Ich fahr' einfach wieder nach Hause zu mir.

Und dieses Gefühl habe ich bis heute: Im Zweifel fahre ich einfach wieder nach Hause. Und das ist ein wunderbares Gefühl, weil ich damit kein Scheitern oder was auch immer verbinde. Sondern ich weiß, dass es eine wunderbare Emotion ist, wenn du sagen hast: Ich fahre nach Hause. Ich kenne viele Menschen, die sind auf eine Art und Weise entwurzelt, wie ich es mir nie hätte vorstellen mögen. Die wissen nicht, wo oben und unten ist, und verlieren sich in unendlich vielen Dingen. Und das ist etwas, das wird mir nicht passieren.

Dieses Heimatgefühl ist ja wohl kein geografischer Begriff. Das ist viel mehr.

Das ist vielleicht auch eine Besonderheit in meiner Tiroler Kindheit. Es gibt bei uns zu Hause ein Wissen, was diese Dolomiten für uns bedeuten. Der Satz, der immer kam: »Ein Tiroler, egal, wo er ist, kommt irgendwann wieder nach Hause.« Das wurde immer so gesagt. Und das kannst du an ganz, ganz vielen sehen. Es zieht sie alle irgendwann wieder dahin. Das ist bei mir so, und das ist bei jemandem wie Reinhold Messner auch so. Er ist ein Weltbürger, und gleichzeitig hat er ganz, ganz tiefe Wurzeln dort in der Südtiroler Bergwelt, und das, obwohl ihm gerade dort das Leben häufig und über viele Jahre furchtbar schwer gemacht wurde.

Herkunft ist spirituelle Heimat?

Der Mensch von heute definiert Heimat als den Ort, wo seine Lieben sind, wo seine Familie ist. Das ist mir zu wenig. Für mich ist Heimat ein ganz bestimmter Ort, und das ist ganz eng gefasst, ein ganz bestimmter Sitz, ein ganz bestimmtes Grundgefühl, ganz bestimmte Gerüche, die ich damit verbinde. Und das sind eben auch ganz bestimmte Menschen, und da geht es vor allen Dingen um die Frage, wer und wie diese eigentlich sind. Und wenn ich manchmal mit dem Fahrrad unterwegs bin, dann siehst du links und rechts, wie der alte Bauer und die Bäuerin, die ganze Familie das Heu einfahren. Dann siehst du die Bäuerin mit ihrer blauen Schürze. Und schon an der Art und Weise, wie sie ihren Rechen halten, wie sie das Gras zusammenrollen, daran siehst du, behaupte ich, mit welcher Haltung diese Menschen durchs Leben gehen: mit ganz viel Demut und Respekt vor der Natur und vor dem, was die Natur ihnen gibt, und auch mit ganz viel Gottvertrauen. Sie sind durch kaum etwas aus der Ruhe zu bringen. Hier kann ich gut zu Hause sein.

Macht man, wenn man so viele Risiken eingeht, um das zu sehen, was nach der nächsten Kurve kommt, auch Fehler? Und wie geht man dann mit eigenen Fehlern um?

Erst mal ziehst du dich natürlich zurück und überlegst dir: Was ist da eigentlich passiert? Was ist da dran? Und dann musst du dir, auch wenn es schwer ist, irgendwann mal klarmachen, dass das Leben weitergeht; und dass meine Sorgen, egal, wie groß die im Moment zu sein scheinen, keine ernsthaften Sorgen sind im Vergleich zu vielen, vielen anderen Sorgen, die ein Großteil der Menschen jeden Tag von morgens bis abends hat. Man muss sich irgendwann mal fragen: Bin ich jetzt so bedeutsam, wie hier teilweise unterstellt wird, oder ist das in Wahrheit alles zweitrangig? Und ich habe es oft gesagt: Am Ende ist doch alles auch nur ein bisschen Fernsehen. Und so ist es. Und auch das ist eine tiefe Gewissheit in mir. Und da muss man sich die Wunden lecken und weitermachen. Und zeigen, dass es auch anders geht.

Mit Ihren Fotobüchern und Reportagen haben Sie immer auch eine Ausdrucksform gefunden für sich selbst. Welche Motive würde der Fotograf Markus Lanz zum Thema »echte existenzielle Sorgen« anbieten, was bekämen wir zu sehen?

Bilder von Äthiopien oder von den Jägern in Grönland oder von Menschen in der Mongolei, die dir dann zeigen, worum es wirklich jeden Tag geht. Ich erinnere mich an eine Situation am Tanasee in Äthiopien. Ich bin da raus am frühen Morgen, und es war für mich als Fotograf eine fast biblische und unglaublich romantische Szenerie. Der See liegt im Hochland von Äthiopien, und da geht hinter den Bergen plötzlich blutrot die Sonne auf, und vor dir steigt ein Fischer mit Kleidern, die wahrscheinlich seine Vorfahren auch schon so getragen haben, in ein selbstgebautes Papyrusboot und paddelt auf diesen See hinaus. Das ist für jemanden, der fotografisch denkt wie ich, ein Geschenk. Eines der schönsten Bilder, die du dir vorstellen kannst. Aber ist meine Perspektive auf diese Situation richtig? Die Perspektive des Fischers ist: Ich fahr' da jetzt raus und hoffe, dass mir drei, vier, fünf Fische ins Netz gehen, denn wenn nicht, dann gehe ich und geht meine Familie heute Abend hungrig ins Bett. Und dann geht es ans Eingemachte. Und für mich ist ja gar nichts existenziell. Aber ich kann das anderen zeigen.

Wenn es eine Fotostrecke geben sollte über Begegnungen mit Religiosität – was würden Sie anbieten?

Ich finde ja, dass Religion und Spiritualität bei allem, was damit an Tiefe und auch an Schwere verbunden ist, auch ganz oft von einer wunderbaren Leichtigkeit sind. Ich habe einmal so ein Foto gemacht, vor Jahren in Äthiopien. Das habe ich bei mir zu Hause hängen. Da siehst du einen äthiopischen Mönch, ein Bild von einem Gottesmann. In Gewändern, wie man sie auch vor zweitausend Jahren getragen hat. Er steht vor dunklem Hintergrund. Dieser Mönch streckt seine Hand aus, und das Licht fällt von der Weite durch das Fenster auf ihn herein. Von der anderen Seite, durch das Fenster, kommt ein anderer an und streckt scheinbar ebenfalls seine Hand aus. Ein magischer Moment. Ein Moment der Berührung und der Verbundenheit. Der Gag an der Geschichte ist aber: Diese Hand, die da reinkommt, ist nicht nur eine Hand. Der Mönch, der da kommt, reicht dem anderen ein Bündel Geldscheine. Es ist das Geld, das er gerade von Touristen bekommen hat, dafür, das sie das Heiligtum fotografieren durften. Eine zweite Ebene in diesem Foto, die eben zeigt, was das Leben ausmacht. »Ora et labora« im besten Sinne – und das ist, glaube ich, die Haltung, die man auch für sich für das Leben mitnehmen muss.

Welche Fotomotive könnten für Sie das Themenfeld eines »gelingenden Lebens« andeuten? Wo wären Sie selbst zu sehen?

Ich lasse mich furchtbar ungern fotografieren. Ich habe letztes Jahr im Sommer einen Bergbauern fotografiert. Wir hatten zusammen Heu eingebracht. Ein Mann von fast siebzig Jahren, und wenn du den so siehst, mit welcher Kraft und mit welcher Dynamik er das immer noch macht, dann ist dies ein Ausdruck, ein gelungenes Leben. Er hat zwar nicht viel, aber wenn ich ihn frage, ob er nicht lieber in der Ebene leben würde, wo der Bäcker etwas näher ist, dann schaut er mich immer völlig verständnislos an und sagt: »Weißt du, wenn man hier oben geboren ist und diesen Blick da hat und wenn man immer sieht, wie morgens die Sonne aufgeht und wie sie dann auch wieder untergeht hinter den Bergen, da kann man sich überhaupt nichts anderes vorstellen.« Ich glaube, was dahintersteht, ist ein wahrhaft zufriedener Mensch. Wir jagen ja alle immer dem kurzlebigen Glück hinterher. Aber die Menschen in meinem Tal sind einen Schritt weiter. Sie haben verstanden, dass Zufriedenheit mehr ist als Glück.

Kann man das, was man selbst als wichtige Erfahrung des eigenen Lebens kennengelernt hat, an seine Kinder weitergeben?

Man muss es versuchen, ihnen näherzubringen, was dich ausmacht – zum einen, damit sie dich besser verstehen. Und ich glaube, es ist auch wichtig, denen zumindest zu zeigen: Pass auf, egal, was ist, schau mal, da gibt es noch was. Und wenn es was für dich ist, dann ist es gut, und wenn nicht, dann ist es auch okay. Aber ich muss es eben gezeigt haben.

Unverhältnismäßig viele Show-Kollegen waren Messdiener. Gibt es eine Erklärung dafür?

Schwer zu sagen. Ich glaube schon, dass man als Messdiener einen Wink für Inszenierung mitbekommt, auch wenn einem das in dem Moment gar nicht klar ist. Aber du verstehst schon, dass es einen Unterschied macht, wie du das Weihrauchfass kreisen lässt, dass es ein Unterschied ist, ob da zwölf Messdiener stehen oder nur fünf. Du verstehst auch, dass es ein Unterschied ist, ob der Pfarrer an einem besonders geschmückten Altar steht. Die Gemeinde selbst ist beeindruckt, wenn die Inszenierung ganz besonders gelungen ist. Das kriegst du sehr, sehr früh mit. Und das kriegst du nicht mehr los.

Ein anderer Charakterzug scheint mir dabei noch wichtiger zu sein: Da kommt Demut mit im Spiel, da wird nirgendwo Überheblichkeit möglich. Das hat auch damit zu tun, dass man lernt, sich selbst nicht mehr so wichtig zu nehmen.

© ZDF/Ulrich Perrey

Jürgen von der Lippe

»Ich glaube nicht an Gott. Aber ich vermisse ihn.«

Auf der Bühne kommt er gut als Pfarrer. »Hochwürden« ist einer seiner Paraderollen. Vielleicht hängt dies auch damit zusammen, dass er als 15-Jähriger Priester werden wollte. Aber das ist lange her, mehr als ein halbes Jahrhundert. Heute sagt Jürgen von der Lippe: »Ich glaube nicht an Gott. Aber ich vermisse ihn.« Das ist ein Zitat von Julian Barnes, dem fast gleichaltrigen englischen Essayisten, der über Leben und Tod, Wahrheit, Redlichkeit und Gerechtigkeit und das gelingende Leben erfolgreiche Romane schreibt. Wie Barnes, den von der Lippe gerne zitiert, nennt er sich heute einen fröhlichen Agnostiker; also einen, der sich im Unterschied zum Atheisten seines Wissens und seiner Haltung zu Gott nicht ganz sicher ist. Was wäre denn, wenn es einen Gott gäbe, der radikal und unvorstellbar ganz anders ist, als es unsere bisherigen Glaubensbilder vorgeschrieben haben?

Dass er sich überhaupt eine Vorstellung von diesem Gott hat machen können, dass ihn die Frage nach Gott eine Zeit lang sehr beschäftigt hat, das hat mit einer langen Episode und mit einem ganz spezifischen Kapitel seiner Kindheit in Aachen zu tun.

Die Eltern von Hans-Jürgen Hubert Dohrenkamp – das ist der bürgerliche Namen von Jürgen von der Lippe – zogen zwei Jahre nach seiner Geburt von Bad Salzuflen nach Aachen. Der Vater hatte in der Domstadt einen lukrativen Job gefunden: Er wurde Barkeeper in der »Cortis«-Bar, dem besten Stripteaseclub der Domstadt in der Nähe des Fußballstadions. Mutter Dohrenkamp war, als der Vater sie kennengelernt hatte, im Kurhaus von Bad Salzuflen beschäftigt. Jürgen ging in die katholische Volksschule Beeckstraße. Eine Art Glücksfall für ihn, wie er sagt. Sein Lehrer, Herr Henkel, gab morgens Deutsch, Mathe und Religion, und am Nachmittag nahm er im Winter die Schüler mit zur Rehfütterung am Stadtrand. Der kleine Jürgen wollte zu diesem Zeitpunkt Förster werden. Und der leidenschaftliche Religionsunterricht dieses sympathischen Klassenlehrers machte den siebenjährigen Jürgen zum, wie er heute sagt, gläubigen Kind. Der freundliche Propst von St. Albert und spätere Weihbischof in Aachen, der von den Nazis im Konzentrationslager Dachau gefolterte Stadtjugendseelsorger Joseph Buchkremer, knüpfte ab der dritten Klasse nahtlos an Herrn Henkel an und präsentierte die Inhalte des Religionsunterrichtes so gut, dass Jürgen sich von dieser Form rheinischer Religiosität deutlich angezogen fühlte. Es war eine Volksfrömmigkeit, die in den Erzählungen des Jürgen von der Lippe auch heute noch als authentische Lebensform beschrieben wird: eine Religiosität, die Sinnenfreude, Katechismus und Gottvertrauen in einer glückhaften Verbindung ohne großes »Hinterfragen« leben ließ. Jürgen, lange Zeit unter den robusten Klassenkameraden auffällig durch seine kleine und schmale Figur, lebt das »Öcher« Heimatgefühl, den Aachener Lokalpatriotismus, zwischen dem Fußball der Alemannia und den wunderbaren belgischen Fritten in vollen Zügen. Dazu zählt in der Stadt, in der es auf Schritt und Tritt Geschichte zum Anfassen gibt, der »Klenkes«, der aufgereckte kleine Finger der rechten Hand, das Aachener Erkennungszeichen, mit dem die Aachener überall auf der Welt grüßen. Dazu zählt auch die Heiligtumswallfahrt, die auf Kaiser Karl zurückgehen soll, die nur alle sieben Jahre stattfindet und 1937 von 800 000 Pilgern zur »Wallfahrt des stummen Protestes« gegen die gottlosen Nazis umfunktioniert wurde. Jürgen kennt diese Geschichte, auf die Aachen stolz ist, auch weil er mit seinen Klassenkameraden aus der zweiten Klasse des Kaiser-Karl-Gymnasiums der Polizei bei der Verkehrszählung helfen sollte und dabei von dieser über die sinnenfrohen Begleitumstände einer solchen Wallfahrt ins Bild gesetzt wurde. Jürgen mag, wie er sagt, diese glückhafte Verbindung von rheinischer Frömmigkeit und Sinnenfreude – und auch den liebevoll-rauen und herzlichen Ton des sprachlichen Umgangs gerade mit den frommen und heiligen Dingen. Ein kleiner Platz mit Holzkreuz auf seinem Schulweg heißt »Henger Herrjotts Fott« (also: »hinter den Hintern des Herrgotts«). Heute gibt es dort jedes Jahr das gleichnamige Stadtteilfest.

Jürgen wird Ministrant – und Lektor. Es gibt Menschen, die sich an die Art und Qualität von Jürgens Lesen erinnern. Seine Fähigkeit, mit Spannung vorzutragen, wird noch heute gerühmt. Er habe schon damals einen eigenen Sound gehabt und konnte mit großem Bogen vortragen, wenn nötig auch mit Pausen, die keiner so lange halten konnte wie er. Er wusste, wie die Aufmerksamkeit und die Spannung des Publikums in der Kirche gewonnen werden kann. Er hatte schon früh ein Talent, die Worte zu setzen. Als Kleinkind war er wegen einer Diphtherie längere Zeit im Luisenhospital einquartiert. Er hatte dort anderen Kindern im Krankenhauszimmer lange Geschichten aus einem Märchenbuch vorgelesen. Dass er, wie er heute sagt, schon damals erfolgreich schauspielern konnte, wurde erst nach dem Hinweis der Stationsschwester offenkundig, er halte ja das Buch verkehrt herum.

In der zweiten Klasse begann er, eigene Märchen zu schreiben. Eine Verführung war für ihn bald die Theater-AG im Kaiser-Karl-Gymnasium. Auch hier wird Jürgens Talent schnell erkannt. Jürgen spielt in Dürrenmatts »Herkules und der Stall des Augias« die Rolle des Polybios, und er macht eine neue Erfahrung: Im Unterschied zur Lesung in der Kirche gibt es auf der Bühne Applaus. Die Menschen klatschen. Das tut gut – mehr jedenfalls als früher das stille Zustimmungsgemurmel in der Sakristei nach der fehlerlosen Lesung aus dem Paulusbrief. Für Jürgen, der sich selbst als gläubig bezeichnet, bleibt Religion ein besonderes Fach und der Gottesdienst am Sonntag selbstverständliche Pflicht. Auch die gelegentliche Beichte gehört zum Alltag. Nach dem Abitur, als er, um sein Studium zu finanzieren, sich bei der Bundeswehr für die Offiziersausbildung freiwillig verpflichtet hatte, beginnt der Zweifel. In dieser Zeit, sagt er, glaubt er das, was er anderen Leuten erklärt, selber nicht mehr: etwa warum er davon überzeugt ist, dass Kirche und Religion für ihn das Fundament eines Lebens und der Kirchgang eine Selbstverständlichkeit ist. Der Bruch mit diesen religiösen Selbstverständlichkeiten und seiner katholischen Kindheit kommt eher still und abrupt. Als Student der Germanistik, Philosophie und Linguistik im 68er-Berlin zieht er die religiöse Reißleine. Er wird, wie er später sagt, agnostisch – mit dem Sozialismus als Religionsersatz. Später tritt er aus der Kirche aus. Er wird Kabarettist. Er macht etwas radikal anderes als das, was ihn ehedem als Schüler geprägt hat. Ab und zu, eher selten, blitzen in seinen eigenen Stücken, Kabarettnummern, Texten, Witzen und Schallplatten Themen auf, die ihn bewegt haben. In einem Sidestep seiner unerschöpflichen Kreativität produziert er mit Musik von Mario Hené auf zwei CDs Gedichte und Texte von Brecht und anderen Autoren, darunter Erich Kästners zugespitztes »dem Revolutionär Jesus Christus zum Geburtstag«:

»Zweitausend Jahre sind es fast,
Seit du die Welt verlassen hast,
Du Opferlamm des Lebens! ...
Du wusstest, wie das Elend tut
Und wolltest allen Menschen gut,
Damit es schöner werde! ...«

Sein Credo in der kommenden Zeit wird, dass er kein Credo hat, zumindest nicht das, was er in Aachen gelernt hat. Aber es treibt ihn um, eigene Antworten zu finden.

Als Entertainer, Comedian, Moderator, Sänger, Buchautor (mit zwölf eigenen Werken) und Rezitator macht er eine große Karriere. Als er 2013 ein Theaterstück auf die Bühne bringt mit dem typischen Lippe-Titel »Die wollen nur spielen«, geht es wieder um die doppel- und dreifachbödige Existenzbetrachtung mit Unterhaltungswert. Der Protagonist Gottlieb schreibt in dieser Komödie kleine Stücke, in denen er am Anfang Gott spielen kann – Theater im Theater, um so seine Wünsche zu erfüllen und seine Probleme zu lösen. Die kreativ-absurde Dramaturgie und der volle Griff in den Pointenreichtum des erfahrenen Komödianten sind die sichere Grundlage dafür, dass im Theater am Dom bei der Premiere sehr viel gelacht werden konnte.

Menschen zum Lachen zu bringen, den anderen eine Freude zu bereiten, das nennt er neben dem Wunsch, lieben zu können und geliebt zu werden, als das wichtigste Erbe, das er von der Kindheit mitbekommen habe. Nachdem er 1976 die »Gebrüder Blattschuss« mitbegründet hatte, führte der Erfolg des Musikers dazu, dass sein Studium in Berlin, das ohnehin nicht staatsexamensmäßig zugelassen war, kein Ende fand. Er sucht und findet fortan Brot und Butter auf der Bühne. Aber auch im Fernsehen wird sein Talent schnell und breit eingesetzt. Sein Durchbruch kam 1984 mit der TV-Unterhaltungsshow »So isses«. Die Spielshow »Donnerlippchen« gehörte schon zu seinen großen Hits – ein Publikumsmagnet für jüngere Leute. Und 1989 etablierte er im Ersten Programm mit »Geld oder Liebe« für eine Ewigkeit von zwölf langen Jahren auf dem Hochaltar der Fernsehunterhaltung am Samstagabend seinen größten Erfolg. Seit 2003 ist der sehr belesene Jürgen von der Lippe quasi Literaturagent. In der Sendung »Was liest du?« begrüßt er jeweils einen anderen Gast und unterhält sich über Bücher und über Gott und die Welt. 2011 kehrt er mit seinem Programm »Ich liebe Deutschland« ins Showfach zurück. Fernsehen ist dabei nicht die Hauptsache. Die Marke Jürgen von der Lippe lebt von den unendlich vielfältigen Aktivitäten auf der Bühne, mit erfolgreichen Hallentourneen, mit populären Shows und Hits aus dem Humor-Genre. Sein »Guten Morgen, liebe Sorgen« beherrschte wochenlang Deutschlands Hitparaden. Genauso populär sind die immer ausverkauften Soloauftritte, die in den letzten 30 Jahren kaum ein Thema ausgelassen haben. Der Mann im XXL-Hawaiihemd seziert mit feiner Sprachakrobatik oder deftiger Zote Merkwürdigkeiten des deutschen Alltags. Gerne gewünscht dabei und perfekt von ihm präsentiert: autobiografische Szenen aus Aachener Kindheit und katholischer Jugend, meist mit der Kernfigur Udo Lohmeier, seinem (erfundenen) Erzfeind aus früheren Tagen. Jürgen von der Lippe gehört zu den erfolgreichsten Entertainern dieser Zeit. Der Saal erhebt sich zu Standing Ovations. Die Tourneen sind meistens im Vorverkauf ausverkauft.

Aber er polarisiert auch wie kaum ein anderer. Ein ganzes Kritikerheer wirft ihm vor, sein Konzept, das Goethe und Zote zusammenbringen will, sei unter der Gürtellinie und ausschließlich populistisch ausgerichtet. »5000 Jahre Herrenwitze im Bierzelt« seien definitiv zu wenig für die Fallhöhe des ihm selbst am Herzen liegenden Niveaus und des Humors, den er selbst in vielen Beschreibungen preist. Zur »Donnerlippchen«-Premiere, die ihm ein volles Haus und 38 % Marktanteil verschafft, stöhnt die Kritik sehr ungnädig auf: »Eine Sendung mit dem Charme des Provinziellen« und der »schmierigen Manier des Rummelplatz-Conférenciers«. Und auch bei den folgenden Formaten wird der Dauerbeschuss mit Albernheiten Gegenstand öffentlicher Diskussion. Gleichzeitig bleiben ihm das Publikum und die Publikumszeitschriften treu. Sie verehren ihn als einen der letzten verbleibenden großen Showstars des Fernsehens und kalauern ihn zum »Lippling Deutschlands« hoch. Jürgen von der Lippe, außerhalb seiner oft kreischenden Shows und lauten Tourneen eher der stille Star, bleibt bei den Frontalangriffen in Deckung. Er retourniert bei gegebenen Anlässen. Bei Preisverleihungen etwa, die sich ab den 90er Jahren immer mehr häufen: Der Telestar, die Goldene Kamera, der Bambi sind frühe Trophäen; der Ehrenmitgliedschaft im Verein Deutsche Sprache folgt der Grimme-Preis, Deutschlands Oskar für Qualitätsfernsehen, und zwar gleich zweimal. In der ersten Laudatio wird ihm ein selten schwieriger Spagat bescheinigt: Gelehrsamkeit und Deftigkeit klug und intelligent zu verbinden. Der zweite Grimme-Preis rühmt seine Haltung als unterhaltender Handwerker, als Dienstleister, der besser als die meisten anderen weiß, wie er sein Publikum punktgenau zum Lachen bringt, als Meister des Timings und der Pointe, als TV-Master der harten ehrlichen Arbeit, als Magier, der mit dem Publikum spontan und bisweilen anarchistisch zu spielen weiß. Es sei einerseits bisweilen richtig dämlich, wenn von der Lippe auf der Bühne stehe und auf der Gitarre zum Beispiel das Lied von den »Saunafreunden« singe, heißt es in einer porträtierenden Kritik.

»Wenn wir in unsrer Schwitzeklitsche
auf der Glitschepritsche schwitzen,
Schwitzeschweiß verspritzen,
dabei Zwetschgenschnäpschen zwitschern.«

Aber: »Wenn er sich dann (»Jetzt Sie«) mit dem Gestus eines Studienrates daran macht, mit dem Publikum das Lied einzuüben, und alle gemeinsam in die von ihm aufgestellten Sprachfallen tappen, entstehen kleine Momente großer Unterhaltung. Und wenn sich das Publikum danach die Tränen aus den Augen wischt, kann die Kritikerfrage, ob es nicht ein bisschen mehr Anspruch sein dürfe, zu Recht sehr abwegig erscheinen.« Stefan Niggemeier, der selbst Juror beim Grimme-Preis war, hat das in der FAZ geschrieben.

»Was liest du?«, seine Sendung, die ihm zuletzt sehr ans Herz gewachsen ist, verkörpert ganz gut die unterschiedlichen Seiten des Jürgen von der Lippe. In dieser Sendung – für all die eine Riesenüberraschung, die ihn vorher als albernden, kalauernden Clown sehen wollten – schlägt der in der Weltliteratur klug bewanderte Jürgen von der Lippe aus dem Fundus seiner großen Belesenheit dem Gast vor, was er zu präsentieren hat. Es sind die auffälligsten, unterhaltsamsten, quersten Stellen oder kühnsten Wortspiele, die in diesen jeweiligen Büchern zu finden sind. Mit Cordula Stratmann und Matze Knop liest und diskutiert er Nick Hornbys »Fever Pitch«, mit Barbara Schöneberger und Hugo Egon Balder spricht er über Dieter Hildebrandt und sein »Vater unser – gleich nach der Werbung«, mit Götz Alsmann über Alexandre Dumas und seine »Gefährliche Reise durch den wilden Kaukasus«, mit Oliver Welke spricht er über Frank Goosens »Weil Samstag ist«. Und diese Art des Vorlesens und Präsentierens wird zu einer großen Werbung für die Literatur. Seine Sendung ist eine mächtige Werbetrommel für den Buchhandel. Nach der Sendung werden mehr Bücher verkauft als bei herkömmlichen Buchsendungen. »Ansteckende Information mit Jux und Dollerei«, heißt es. Vom Lachen zur Lektüre. Jürgen von der Lippe ist damit sehr zufrieden.

In den seltenen öffentlichen Auseinandersetzungen um die Preiswürdigkeit einer solchen Leistung, die Niveau und Quote zusammenzubringen versucht, greift der gelernte Philosoph Jürgen von der Lippe gerne auf seinen philosophischen Gewährsmann zurück. Er beruft sich auf den alten Griechen Epikur, den Lehrer für Lebensglück und Seelenheil, den Fachmann des Genießens und der Lust, einen Denker aus dem 3. Jahrhundert vor Christus, der schon damals deutlich gemacht hat, dass die Organisation des Lebensglück und des gelingenden Lebens gut bedacht und klug und sorgfältig angegangen werden muss.

Den gelernten Philosophen und lebensweisen Menschenkenner, den belesenen Nachdenker und den humorsatten Comedian kann man, wenn man will, auch in der Botschaft des im Herbst 2013 erschienenen Buches »Der Krankentröster« wiederfinden. Das Buch enthält den Mail-Wechsel zwischen von der Lippe und Gaby Sonnenberg, die früher eine der Autorinnen bei »Geld oder Liebe« war. Mehr als 20 Jahre waren sie miteinander – mal mehr, mal weniger – in Kontakt. Eines Tages schrieb sie ihm: »Ich lieg' seit Juni mit Leukämie im Krankenhaus.« Mit dieser Mail beginnt ein neuer, sehr intensiver Austausch: 300 Seiten Mails, Lieblingssprichwörter, Lieblingswitze, Gedichte, Lebensweisheiten. Es wird ein Buch zum Lachen und zum Weinen. Auf den pietätlosen Ärztewitz folgen berührende Miniaturen aus der je eigenen Lebensgeschichte. Ein warmherziger und authentischer Austausch zwischen zwei Menschen, die sich was sagen dürfen. Und auch der Spaß kommt nicht zu kurz. Es gibt Überraschungen, Zukunftsvisionen, Fragezeichen und Fragen ohne Happy End. Es wird ein immenses Trostbuch, ganz von der Art, wie Jürgen von der Lippe sich selbst versteht: kauzig, überraschend, warmherzig, spaßig, berührend, lehrreich, gallig, agnostisch – ganz im Sinne seines Barnes-Motivs«: »Ich glaube nicht an Gott. Aber ich vermisse ihn!«

Welche Emotionen und welche Bilder verbinden Sie mit Ihrer katholischen Kindheit?

Neben den beiden prägenden Religionserziehern der Volksschule bis zur 4. Klasse erinnere ich mich auch gut an die Religionslehrer auf dem Gymnasium, an Dr. Klinkhammer mit seiner wundervollen Einführung in die Philosophie, an Kaplan Felten, der es nur sehr schwer verwinden konnte, dass unsere Klasse den Tanzkurs nicht wie seit jeher üblich mit der entsprechenden Mädchenklasse des katholischen St. Ursula-Gymnasiums absolvierte, sondern erstmalig die protestantische Viktoria-Schule wählte, weil einige unserer »Opinion-Leaders« ebendort verbändelt waren. Die Geldsammlung für ein sauteures Pestkreuz, das unseren Klassenraum schmückte, ist mir auch noch gegenwärtig. Das Kreuz sollte uns bis zum Abitur begleiten, später sollte es in den Besitz des ersten Mitschülers übergehen, der zum Priester geweiht würde, und wenn sich keiner finden sollte, an den ersten Ehemann. »Neues Deutschland« war eine katholische Pfadfinder-Organisation mit identischen Strukturen und dem tollen Angebot, mehrmals im Jahr an einer Gruppenreise teilzunehmen, mal in eine Waldhütte, mal auf eine Burg, das waren emotionale Höhepunkte zwischen aufregendem Gruppenleben und dem Heimweh eines doch eher introvertierten Kindes. Und dann war da natürlich das tolle Gefühl nach der Beichte: Ich bin frei von Sünde (es war ohnehin nicht der Rede wert), die Festplatte ist aufgeräumt, mir kann nichts passieren.

Hat diese Vergangenheit Spuren gelegt, gibt es Verbindungslinien zu heute?

Es gibt sie sicher, sonst hätte es mir nicht so viel Freude gemacht, wieder und wieder Priester oder auch mal einen Kardinal zu spielen; und das Thema bleibt spannend, eben weil es keine endgültige Antwort auf die ewige Frage geben kann.

Haben die Rituale der Messdienerzeit und die Liturgie der Kirche bei Ihnen Impulse ausgelöst oder Vorlieben bestätigt?

Wenn, dann sehr unbewusst. Ich möchte diese – nicht sehr lange – Phase meiner Kindheit auch nicht überbewerten.

Sie kennen Erfolg und Kritik. Wie schaffen Sie die nötige psychologische Distanz zur öffentlichen Rolle?

Ich habe vor allem gelernt, zwischen veröffentlichter Meinung und öffentlicher Meinung zu unterscheiden. Es gibt nur eins, das für mich zählt: Gelingt es mir, mein Publikum so zufriedenzustellen, dass die Leute sagen: »Toll, beim nächsten Programm sind wir wieder dabei«? Und das ist, darf ich in aller Bescheidenheit sagen, in der Regel der Fall.

Das Netz verschärft die öffentliche Auseinandersetzung. Wie gehen Sie damit um?

Zunächst einmal betrifft mich das ja kaum noch. Und dann muss man sich immer wieder klarmachen: Jeder kann unter 100 verschiedenen Decknamen in den Social Media die abwegigsten Meinungen in der denkbar verletzendsten Weise äußern, ohne jedes persönliche Risiko. Es sind unendlich viele anonyme Briefe, mehr nicht.

Haben Sie eine Erklärung dafür, dass viele Show-Moderatoren Messdiener waren?

Jungs meiner Generation, die in katholischen Hochburgen aufwuchsen, waren einfach für eine gewisse Zeit Messdiener.

Sven Lorig

Muntermacher und Marathonmann

© ZDF/WDR/Herby Sachs

Er liebt die lange Strecke. Bei allem, was immer er auch tut. Beim Laufen sowieso. Nach dem »Morgenmagazin«, dem Kern seiner Moderationstätigkeit, hat er die Laufschuhe immer greifbar in der Rucksacktasche dabei. Bis zu sechs Mal die Woche, zehn Kilometer. Das ist die Lorig'sche Regel. Bei seinem Heimat-Marathon ist er in diesem Jahr für die Halbstrecke gemeldet. In einem anderen Sport-Verein war er auch schon mal Übungsleiter. Für die Turngruppe seiner ältesten Tochter hatte sich kein Betreuer gemeldet. Das hat er auch noch gemacht. Der Marathoni im roten Trikot des LAZ Rhein-Sieg hat eine Neigung zum Mehrkämpfer.

Steherqualitäten und Lust auf Varianz zeigt er auch im Job. Seit mehr als elf Jahren, länger als jeder andere, bewältigt er mit seinen Teamkollegen von morgens halb sechs bis neun Uhr die gewaltige Moderationsstrecke des ARD-Morgenmagazins. Und das ist ihm nicht genug. Sven Lorig verbindet mit der Frühschicht des »Morgenmagazins« in den Wochen-Pausen dieser Sendung die Spätschicht für die Spätausgabe der »Tagesschau« (das »Nachtmagazin«) und die Sonntagsschicht für die ARD-Sendung »Wochenspiegel«. Und Primetime-Shows in der ARD. Und Entertainment-Formate in den Dritten. Und die Sonderakzente im »Morgenmagazin« – wenn er beispielsweise mit dem damaligen Auslandskorrespondenten und heutigen Intendanten des WDR, Tom Buhrow, für Sondersendungen im »Morgenmagazin« unterwegs ist. »Kritische Nachbarn in Europa«, so hießen die Geschichten, die beide zwischen Frankreich, dem Balkan und Polen produziert haben und in denen unter anderem erzählt wird, wie der Pfarrer der polnischen Gemeinde Legowo die von der deutschen Wehrmacht im Zweiten Weltkrieg geklauten Kirchenglocken zig Jahre später wieder zurück auf den polnischen Kirchturm gebracht hat – und warum diese »Kirchengeschichte« bis heute eine exemplarisch gute Geschichte ist, die das Zusammenwachsen in Europa zeigt, gerade an den ehemals kritischen Grenzen.

Auch in seiner ganz persönlichen Geschichte mit seinen eigenen »Kirchenthemen« hat Sven Lorig langen Atem und Steherfähigkeiten. Er dient volle zehn Jahre als Messdiener in seiner Pfarrgemeinde in Hilden, einem Mittelzentrum zwischen Düsseldorf und Köln. Von der Erstkommunion bis zum Abitur, von acht bis achtzehn Jahren. Auch hier: Dies ist eine lange Strecke. Die Erinnerung an diese Zeit bleibt lebendig und prägnant.

Zu den Wurzeln und der Lorig'schen Familientradition gehört seither die Nähe zum und das Engagement im Glaubensumfeld der kirchlichen Pfarrei. Das war schon beim Großvater so, einem Amateurzauberer mit rheinischen Entertainmentqualitäten, und bei seinem Vater, einem Familienmenschen von hohen Graden. Beide haben »gedient« und es bis zum Obermessdiener gebracht. Die Großeltern waren als Nachbarn im Schatten des Kirchturms von St. Konrad sehr in das kirchliche Alltagsleben involviert. Für Sven wird die St.-Konrad-Gemeinde eine Art zweite Heimat. Zwischen den Häusern der beiden Omas und dem Jugendhaus ist das Hin- und Herpendeln ganz einfach. Sven wird Messdiener – umso mehr, als der rheinische Katholizismus in der Gemeinde St. Konrad in Hilden einem sportlich-vitalen Jungen aus gut katholischer Familie alle Verheißungen von Spaß, Anziehungskraft und Attraktivität bot: St. Konrad ist die Gemeinde mit dem mit Abstand abenteuerlichsten Sommerzeltlager in Dänemark und den feierlichsten Gottesdiensten, bei denen die Messdiener in den unterschiedlich roten und schwarzen Roben eine sichtbar wichtige Rolle gespielt haben. Da ist die von den Kaplänen der Großgemeinde traditionell krachend organisierte Karnevalskampagne mit den besten Rednern der Stadt. Da ist die architektonisch herrlich labyrinthische »Location« des Kirchenkomplexes, geeignet für Räuber-und-Gendarm-Spiele inklusive Kirchturm und Sakristei-Anbauten. Noch so ein Grund, weshalb fast alle coolen Klassenkameraden sich ebenfalls für das Messdienen entschieden. In Sven Lorigs Erinnerung bleiben eine ganze Menge unterschiedlicher Eindrücke mit verschiedensten »Ingredienzien« aus dieser Messdienerzeit. Etwa der entspannte Spaß für die kleinen Einsteiger im roten Ornat der Anfänger. Diese Flambo-Träger aus den unteren Rängen der Hierarchie hatten das Privileg, zusammen mit den Weihrauchschwenkern die lange Zeit der Predigt in der Sakristei verbringen zu können. Man tat dies bisweilen sehr laut, manchmal mit einem gewonnenen Match im Schiffe-Versenken. Da war der Quatsch in den Messdienerstunden mit den Kaplänen, die außerhalb des Gottesdienstes fünf gerade sein lassen konnten, die aber auch die beträchtliche Schar der Ministranten so motivieren konnten, dass sie in den liturgischen Handlungen des Gottesdienstes – jedermann setzte hier zu dem Wort »Messe« das Wort »heilig« hinzu – mit großem Eifer, gekonntem »Handwerk« und mit der gelernten Andacht bei der Sache waren. Da sich zum Ernst im Gottesdienst und zum Spaß außerhalb der Kirche bald auch der Stolz einstellte, ein wichtiger, unabdingbarer Faktor für das Gelingen der sakralen Handlung zu sein, blieben viele Messdiener auch in der beginnenden Pubertät bei der Stange. Die Zuordnung zu den höheren Diensten – das Dienen direkt am Altar des Priesters, Weihrauch, Zeremoniar – machte ihre Bedeutung bei der Inszenierung der Feierlichkeiten noch größer. Die in St. Konrad gelebte Liturgie hat alle magischen Momente einer liturgischen Choreografie gekannt, sagt Sven Lorig heute. Etwa der Einzug der kerzentragenden Gemeinde in die dunkle Kirche in der Osternacht. Die archaisch anmutende Liturgie mit dem dreifachen Ruf »lumen Christi« – je nach Musikalität des Pfarrers jeweils einen Halbton höher intoniert –, die Lesung der langen, bilderreichen Erzählungen aus der Schöpfungsgeschichte und vom Auszug der Israeliten aus Ägypten, eine Parabel für das Eingreifen Gottes in die konkrete Geschichte seines Volkes. Das sind magisch-religiöse Momente, die ein Leben lang bleiben, sagt er. Umso mehr, als er bald selbst einer der Lektoren ist, die in der Osternacht vor den nur von Kerzenlicht erleuchteten Gläubigen im randvoll gefüllten Kirchenrund diese Texte vortragen, und so selbst ein wichtiger Teil des suggestiven Momentes wird. Die Erinnerungen gehen aber auch an die »Frühschicht«-Messen im Advent, wenn Jugendliche aus der Gemeinde in noch dunkler Herrgottsfrühe im kleinen Kreis der wirklich Engagierten zum selbstgestalteten Jugendgottesdienst zusammenkommen. Es sind Besinnungsmomente für den eigenen Standort und der Platz für die neuen Vorsätze.

Manchmal nehmen einige der Vorsätze und Pläne konkrete Gestalt an. Zu den prägenden Erinnerungen an die schon fortgeschrittene Messdienerzeit ab dem 13. Lebensjahr gehören die ausgetüftelt großen Kampagnen für die Dritte Welt. Es sind Unternehmungen, bei denen auf mehr oder weniger originelle Weise Geld gesammelt wird für die längst etablierte Partner-Gemeinde in der Dritten Welt. Sven Lorig gehört zu denen, die Informationen recherchieren, damit es auf alle möglichen Fragen, die von den Teilnehmern zu der Aktion gestellt werden, Antworten gibt. Nicht immer, aber doch häufig waren die Ergebnisse so zufriedenstellend, dass es keiner zusätzlichen Ermunterung bedurfte, um solche Aktionen auch im nächsten Jahr wieder mitzumachen.

Sven hat mit 14, 15 Jahren längst Verantwortung übernommen und wächst in den nächsten Jahren in eine Sprecher-Rolle im Leitungsteam hinein. Er ist dabei bei der Planung der Zeltlager in Dänemark, bei den Einzelvorbereitungen der Gottesdienste während dieser drei Wochen. Er übernimmt die Vorbereitung und die Moderation der traditionellen Unterhaltungsabende zum Schluss der Zeltlager: Alle gängigen Showformate des deutschen Fernsehens – »Wetten, dass …?«, »Montagsmaler«, »Geld oder Liebe« – werden, wie ein ehemaliger Kaplan heute noch schwärmt, von einem »unglaublich perfekten Entertainer« zu einem grandiosen Erlebnis mit großem Wir-Gefühl gestaltet. Der Oberstufengymnasiast macht jetzt mit bei den Leitungsgruppen und bei der sensiblen Aufgabe der Einteilung und Betreuung der Gruppe der Minis. Er formuliert die Fürbitten und trägt sie vor, ein Kernstück des Engagements der Laien – und ein Platz, wo sich die Gemeinde mit ihren Vorstellungen von Sinn und Umsetzung der Liturgie und mit ihrer Vorstellung von Kirche am nachhaltigsten einbringt. Er lässt sich in den Pfarrgemeinderat wählen und ist aktives Mitglied der Pfarrbrief-Redaktion. Reibungsverluste und Konflikte mit den Offiziellen und der Geistlichkeit bleiben nicht aus. Diese sind gar nicht mit dem Reformeifer der Jugendvertreter einverstanden. Es bleiben die ständigen Ärgerlichkeiten mit der dogmatischen Einstellung und dem autoritären Verhalten so mancher klerikaler Entscheidungsträger – und großes Unverständnis auch gegenüber dem, was innerhalb der katholischen Kirche Deutschlands sich als politische Linie durchsetzt. Die Diskussionen nehmen mit Sven Lorig als Mitdiskutanten immer wieder neue Fahrt auf. Er ist hartnäckig, hält mit seiner Meinung nicht zurück.

Als er mit knapp zwanzig Abitur macht – aufgrund der vielen Nebentätigkeiten und des neuen Hobbys Standard-Tanz eher ein mittleres Abitur – kriegt er eine sehr, sehr freundliche Abschiedsfeier als »Messdiener Methusalem«, wie sich ein Pfarrer erinnert. Darauf wird er eingezogen, »zum Bund«. Er hört mit der Messdienerei auf und hängt den Talar demonstrativ an einen Sakristeinagel.

Der Weggang aus dem Elternhaus ist der auch innerlich vollzogene Strich unter dem Kapitel rheinisch-katholischer Kindheits- und Jugendzeit. Bald gibt es nach den Erfahrungen mit der Bundeswehr und mit dem handlungsorientiert und pragmatisch ausgesuchten Studium der Politologie und Zeitgeschichte einen ersten Riss und eine Distanzierung auch zu den gelebten Idealen der Kindheit. Aber unter dem Strich bleibt das, was er in den nächsten Jahren zu schätzen lernt: eine bemerkenswerte Dividende für diese Dekade, die ihn neben den kirchlichen Schwerpunkten und vielen »Zeitinvestitionen« in die Hobbys Fußball, Badminton sowie Schlagzeug zu einem bemerkenswerten Allrounder gemacht hat. Er hat ein starkes Zutrauen in sein gewachsenes Selbstbewusstsein gefunden. Er ist auch an den Problemen und Schwierigkeiten mit Menschen gewachsen. Und er hat die Gewissheit, dass er vor anderen Menschen und einem großen Publikum gewinnend sein und »gewinnen« kann und dass er mit der Verantwortung, die er früh für sich reklamiert hat, gut umzugehen weiß. Er hat dabei auch Niederlagen erlebt und weiß, wie wichtig es gerade für Draufgänger wie ihn sein kann, Formen der Demut zu lernen. Er glaubt seinen eigenen Weg spiritueller Werte gefunden zu haben und bekennt sich zu einer gläubigen Vorstellung von einem Schöpfergott. Er fühlt sich seiner Vorstellung von dem biblischen Jesus verpflichtet.

Eine andere, für ihn nicht minder wichtige Erfahrung: Er liebt es, ein Teil einer großen Inszenierung zu sein. Er mag die Theatralik und die opulente Dramaturgie der Kirche, die alle Register zieht, um Menschen zu versammeln und zu begeistern und sie aus dem Alltag herauszuholen oder ihnen für diesen Alltag etwas mitzugeben. Und es gefällt ihm, dabei selbst eine Rolle zu spielen, selbst ein wichtiger Akteur zu sein und ganz vorne zu stehen – ohne jede Angst, dass er in zu großen Schuhen dasteht.

Mit diesem Kopf voller Ideen und Idealen, mit gewachsenen Vorstellungen von den eigenen Talenten, dem gelernten Hang zur Aktion und einem Wissen, etwas zu sagen zu haben, unterbricht der Student an der Uni Düsseldorf nach dem Grundstudium seinen akademischen Werdegang und beginnt bei Radio Neandertal eine neue journalistische Vita.

Er sagt, dass er nie etwas anderes werden wollte und dass er schon in der Messdienerzeit bei den vielen Festen die Familie und die Freunde mit dem Kassettenrecorder interviewt und anschließend daraus erste Reportagen gebastelt hat. Jetzt bekommt der ausgeschlafene Tausendsassa mit der jungenhaften Aura bei Radio Neandertal in Düsseldorf eine Sendung mit dem passenden Titel »Der Muntermacher«. Bald fühlt er sich auch so sicher, dass er das Studium parallel (»nachmittags«) wieder aufnimmt. Die Häme und den Spott, der sich unter den Kollegen breitmacht, als er zum Abschluss des Studiums einen von ihm selbst als »Klugscheißer-Schnitt« titulierten Studienabschluss von 1,0 hinlegt, nimmt er in Kauf. Die Doppelbelastung als Tutor an der Uni und als Dauermoderator im Radio beendet er allerdings abrupt, als Radio Bremen ihm einen Job im Fernsehen anbietet. Auch dieser Sendungstitel scheint ihm auf den Leib geschnitten: »Der Sportblitz«. Der sportive Typ »mit den straßenköterblonden Haaren«, wie er sich selbst beschreibt, kommt auch vor der Kamera gut an. Die Liebe zur

Freundin aus der Studentenzeit, das Heimweh nach dem Rhein und ein Angebot des WDR bringen ihn zurück in die alte Heimat. Er entscheidet sich jetzt definitiv für das Fernsehen. Und eine andere Entscheidung zeichnet sich in kurzer Zeit ab: Er heiratet, wird bald Vater einer Tochter, der nach und nach zwei weitere Schwestern folgen. Sven Lorig wird Familienmensch. Die Balance zwischen beiden Welten ist nicht leicht., »aber handlebar«, sagt der vielbeschäftigte Moderator. Erst recht, als das muntere, aber unstete Job-Hopping nach vielen Moderationsstationen schließlich dort endet, wo man ihn heute am häufigsten sehen kann: als Anchorman des »Morgenmagazins«. Seit Juli 2003 moderiert Sven Lorig diese Sendung. Der damals 32-Jährige hat eine eigene Tonalität in der Mischung zwischen jungenhafter Keckheit und gereifter Nachdenklichkeit. Er fällt auf. Er macht seinen Job so gut, dass er nach ein paar Jahren einer der nachgefragtesten ARD-Moderatoren für neue Formate wird. Bald steht er für die »große Unterhaltungsshow« in der Primetime vor großem Publikum. Sein erster großer Ausflug in die neue große Welt der Primetime-Unterhaltung mit dem Titel »Die große ARD-Weltreise« bringt ihm gleich den Tagessieg über die an dem gleichen Platz versammelte große, längst etablierte Konkurrenz. Er wird von vielen als der »neue Günther Jauch«, in jedem Fall als ein neuer interessanter Zukunftsmann der ARD gefeiert. Er erbt von Jörg Pilawa mit dem »Schlagzeilen-Quiz« ein weiteres Format gleich nach der »Tagesschau«. Und beim Hessischen Rundfunk moderiert er eine Entertainment-Skurrilität namens »Das Ding vom Dach«. Spätestens jetzt ist er auf dem Feld der Unterhaltung »durch«. Die Fachwelt und seine Sender trauen ihm jetzt definitiv den Entertainer zu.

Journalist und Entertainer. Geht beides? Seine Antwort: »Ja.« Er will sich nicht nur für eine Seite entscheiden. »Ich bin sehr gerne Journalist. Ich habe das schon mehr als 15 Jahre gemacht. Erst Sportjournalist und Fußballreporter. Dann im politischen Bereich mit dem ›Morgenmagazin‹. Auf der anderen Seite bin ich immer ein Spielkind geblieben. Vorbilder wie Hans Rosenthal haben mich immer inspiriert. Ich freue mich deshalb heute jedes Mal, diese Neigung aus Schüler- und Studentenzeiten jetzt breit ausleben zu können.«

Die Kritik ist nicht immer nur freundlich. Vor allem die Rezensenten aus dem Netz finden ihn »zu glatt und zu nett und zu höflich und zu jovial« zu seinen Gästen. Er sei »zu wenig aneckend, zu wenig kantig«. Lorig kennt diese Kritik und hält sie für wenig hilfreich. Er sagt, dass Freundlichkeit und Zuschauernähe in der Unterhaltung bei den Kritikern grundsätzlich unter Generalverdacht steht. Er will bei sich und authentisch bleiben, nicht eine andere Rolle spielen. Er dränge sich nicht in die Funktion der Talkshow-Polarisierer. Zynismus liege ohnehin nicht in seiner DNA. Er bleibe auf seiner eigenen Spur und gehe davon aus, dass er ausreichend geerdet sei, um nicht abzuheben. »Ich liebe und lebe zwei Leben: mein professionelles Arbeitsleben im Fernsehen und das andere Leben, bei dem ich der Sven vom Würstchenstand beim Kinderfest meiner jüngsten Tochter bin!« Er ist mit der ganzen Familie zurückgekehrt nach Hilden. Er lebt in der Nähe seines Elternhauses und er hat seine alte Pfarrgemeinde wieder entdeckt. Mit der Geburt der Kinder, spätestens mit der Taufe der Ältesten, hat er auch hier wieder eine alte Spur für sich und seine Familie gefunden. Die drei Töchter werden am gleichen Taufstein wie der Vater getauft, gehen hier zur Erstkommunion und zur Firmung. Die älteste Tochter ist nach Beratung im Familienrat inzwischen längst auch Messdienerin. Und seine Frau begleitet die Töchter beim Sternsingen. In diesem Jahr hat er sich die Zeit genommen, um selbst bei den Sternsingern dabei zu sein. Seine Mädchen wollten nicht, dass er in ihrer Gruppe mitgeht. Und so wurde er einer vierköpfigen Jungengruppe zugeordnet, mit der er, ganz politischer Journalist, zunächst mit einem Film und klugen Materialien die Hintergrundinformationen über die Hilfsprojekte im afrikanischen Malawi erarbeitet. Es ist natürlich eine sehr gut informierte Sternsingergruppe, die ihre Projekte in den Häusern auch klug darstellen kann. Sven Lorig hat seine Gruppe an vier Tagen begleitet. Er nennt es einen Intensivkurs in Naherfahrung. Danach glaubt er zeitweise besser zu wissen, was Menschen im Alltag bewegt: sozial, religiös, zwischenmenschlich. Meist hat man den Betreuer der Gruppe erkannt. Die daraus entstehenden Gespräche, Dispute, Kurzkommentare klingen für Sven Lorig noch nach. Er will diese Erfahrungen wieder machen – so wie er sich überhaupt wieder stärker in das Leben der Gemeinde einbindet. Er ist jetzt häufig dabei. Er hat seine Auftritte auf der Bühne. Bei einem Fest wird er nach seinen Vorbildern gefragt, nach Menschen aus unserer Zeit, die ihm etwas bedeuten. Er nennt Dietrich Bonhoeffer, den evangelische Theologen, der 1945 als Widerstandskämpfer von den Nazis hingerichtet wurde, den Mann, der neben Martin Luther King und Maximilian Kolbe an der Westwand der Westminster Abbey in London als einer der spirituellen Helden des 20. Jahrhunderts in besonderer Weise verehrt wird. Lorig nennt den Refrain des bekannten Bonhoeffer-Liedes, das dieser kurz vor seiner Hinrichtung geschrieben hat, und zitiert:

»Von guten Mächten wunderbar geborgen,
erwarten wir getrost, was kommen mag.
Gott ist mit uns am Abend und am Morgen,
und ganz gewiss an jedem neuen Tag!«

Und er spricht über die tiefe Wirkung dieses führenden Kopfes der bekennenden Kirche. Bonhoeffers Verweis auf die Bergpredigt gefalle ihm, und ebenso sehr Bonhoeffers Mahnung, Leben, Denken, Reden und Tun als eine Einheit zu verstehen.

Das ist für ihn auch heute noch der gültige Appell für die Christen. Wenn Sven Lorig darüber spricht, klingt der Mittvierziger, den die Boulevardmedien gerne als Showhoffnung bezeichnen, gar nicht fromm, eher selbstbewusst und selbstverständlich. Sven Lorigs Religiosität und christliche Verankerung haben nichts Eiferndes. Er ist eher zurückgenommen, und wenn seine Aussagen spirituell klingen, dann eher im Sinne von orientiert an Wert- und Sinnfragen und durchaus selbstkritisch bezogen auf die eigene Existenz. Er erwähnt nochmals Bonhoeffer, dessen Vorstellung von einem gelingenden Leben mit dem Hinweis verbunden ist, dass Christen in Bewegung sein sollten, einen langen Atem bräuchten und ein Ziel vor Augen haben müssten. »In Bewegung sein, Laufen und Glauben, erfordern eine eigene Disziplin«, schrieb einst der Theologe Bonhoeffer, der auch für die Jugendarbeit zuständig war. Für einen wie Sven Lorig, der die Bewegung liebt und den langen Atem des Marathonmannes mitbringt, klingt dies auch wie eine Bestätigung dafür, dass er mit seinen täglichen Übungen als Langstreckenläufer durchaus auf einer richtigen Spur ist.

Welche Emotionen und welche Bilder verbinden Sie mit Ihrer katholischen Kindheit?

Das sind glücklicherweise ganz viele positive Erinnerungen, die ich gar nicht alle aufzählen kann. Hier eine kleine Auswahl:

- der Geruch von Weihrauch (ich war Weihrauchschwenker und natürlich auch daran interessiert, möglichst viele Mädchen in Ohnmacht zu schicken);
- eine volle, aber dunkle Kirche in der Osternacht, die nach dem Ruf »Lumen Christi« (Das Licht Christi) langsam in vollem Glanz erstrahlt, wenn die Flamme der am Osterfeuer

entzündeten Osterkerze »überschwappt« und nach und nach die Kerzen aller Gläubigen entzündet;
- insgesamt drei ganz tolle Kapläne und einen Pastor, der zwar streng sein konnte, aber auch ein ganz besonderes Herz für seine Pfarrjugend und seine Messdiener hatte;
- regelmäßige Gruppenstunden in der KJG (Katholische Junge Gemeinde) und bei den Messdienern, in denen wir keine theologischen Studien betrieben haben, sondern Jungs-Abenteuer, und gleichzeitig die Regel »Behandele jeden so, wie du selbst behandelt werden willst« einfach gelebt haben. Zumindest war dies das Anliegen meiner drei Gruppenleiter, bevor ich schließlich selbst Gruppenleiter von acht halbwegs kleinen Messdienern wurde. »Meine Gruppe« trifft sich übrigens heute noch einmal im Jahr um das Dreikönigsfest.

Haben die Rituale der Messdienerzeit und die Liturgie der Kirche bei Ihnen Impulse ausgelöst oder Vorlieben bestätigt?

Beim Messedienen habe ich deutlich gemerkt, dass mir Inszenierung und Dramaturgie tatsächlich Spaß machen. Auch wenn ich heute versuche, keine Rolle zu spielen, sondern im Gegenteil ganz authentisch zu sein – damals fand ich es sehr aufregend, mit ernster Miene den Kelch zum Altar zu tragen, obwohl ein älterer Ministrant gerade hinter den Kulissen einen Witz gemacht hatte. Auch das Gespür für Timing, wann eine Messe »perfekt« gelaufen war und wann nicht, habe ich dort zumindest im Ansatz gelernt. Meine Lust daran habe ich allerdings längst nicht nur im Altarraum gespürt, sondern auch noch viel stärker bei gemeinsamen Aktivitäten außerhalb des Kirchengebäudes. Wir haben bis heute eine sehr aktive Gemeinde, in der auch die Jugendarbeit sehr gepflegt wird. Die Zeltlager zu Pfingsten und die dreiwöchigen Sommerlager in Dänemark in den Ferien waren für mich Highlights und ein

Gemeinschaftsgefühl wie aus dem Bilderbuch. Zu diesen Anlässen habe ich früh, schon als 16-jähriger Leiter, »bunte Abende«, Diashows oder Spielshows, die wir aus dem Fernsehen kannten, für die Kinder moderiert.

Hat diese Vergangenheit Spuren gelegt, gibt es Verbindungslinien zu heute?

Klar hat die Vergangenheit Spuren gelegt – siehe die vorherige Antwort.

Sie kennen Erfolg und Kritik, Anerkennung und Distanzierungen. Wie schaffen Sie die nötige psychologische Distanz zur öffentlichen Rolle?

Ich habe versucht, mir ein Lebensumfeld zu schaffen, welches mich »erdet«, das in der Stadt, in der ich lebe, auch räumlich eine Distanz zur Medien-Großstadt schafft. Dort mache ich mich unter anderem als Vater von drei Kindern mit all den daraus resultierenden Aufgaben und Tätigkeitsfeldern in Schulen, Vereinen und Kirche halbwegs unabhängig von den Stimmungen, die in dem »Bienenstock« der Sender, aber auch der medialen Öffentlichkeit mit all dem Gesumme und Gebrumme gerne mal entstehen können. Die Familie oder der dort ansässige Freundeskreis sind für mich keine Rückzugsorte, sondern im Gegenteil aktiv gelebte »Distanzschaffer«.

Das Netz verschärft die öffentliche Auseinandersetzung. Wie gehen Sie damit um?

Früher erschrak man vielleicht über wütende Zuschauerbriefe oder Mails (am besten noch mit Kopie an den Intendanten oder den Rundfunkrat), heutzutage sind dies hasserfüllte Posts in sozialen Netzwerken. In der Anonymität von Facebook & Co. wagen einige Zuschauer eine Wortwahl und einen Tonfall über Sender, Sendungen und Moderatoren, die mich zuweilen wirklich bestürzen. Ich kann mir kaum vorstellen, dass diese »Verbal-Hooligans« ihre anonym verfassten Sätze den betreffenden Menschen auch von Angesicht zu Angesicht sagen würden, geschweige denn selbst so angesprochen werden wollen. Ich hoffe immer, dass sie ihre Posts mal eben ohne nachzudenken auf dem Weg zur Arbeit in der S-Bahn hingeschrieben haben. Vermutlich aber gibt es einfach eine Gruppe von Menschen in Deutschland, die voller Inbrunst ihren eigenen Frust loswerden müssen und denen wir das passende Ventil dafür bieten. Für solche Nachrichten entwickelt man mit der Zeit einfach ein dickes Fell, ohne das man in diesem Job nicht überleben könnte.

Kann man seinen eigenen Kindern weitergeben, was die eigene Kindheit wertvoll gemacht hat?

Natürlich kann man das. Das ist doch das große Streben aller Mütter und Väter, die (aus der eigenen Sicht) überaus positiven Dinge der eigenen Kindheit und Jugend weiterzugeben. Intuitiv gibt man doch gerade das weiter, was man in der Kindheit selbst erlebt hat – also die wertvollen Dinge, aber auch die negativen Dinge.

Dies geschieht einerseits verbal, z.B. in den Geschichten, die man den eigenen Kinder erzählt (»Also, als ich Messdiener war, da haben wir dem Pastor statt Messwein Whisky in den Kelch getan oder in der Osternacht bemalte Eier hinter dem Altar versteckt. Schließlich haben alle zusammengehalten und keiner hat die Schuldigen verraten – dieses Gemeinschaftsgefühl war wirklich großartig …«). Gleichzeitig darf man aber nicht nur über die wertvollen Dinge reden, sondern muss sie natürlich auch vorleben. Was zum Beispiel die Messdienerzeit angeht, so kann ich kaum meine eigenen Kinder zum Messedienen schicken, aber selbst nicht mehr in die Kirche gehen.

Haben Sie eine Erklärung dafür, dass viele Show-Moderatoren Messdiener waren?

Die heilige Messe, die Fronleichnamsprozessionen oder die Betstunden für die Jugend um Mitternacht in einer abgedunkelten und nur von Kerzen erleuchteten Kirche sind voller Dramaturgie, voller – im besten Falle und Sinne – »magic moments«, nach denen ja auch das Fernsehen lechzt. Die katholische Kirche wusste – zumindest in meiner Kindheit und Jugend – sich und ihre Inhalte oder »Darreichungsformen« so zu inszenieren, dass kleine Gruppen wie große Massen gleichermaßen angesprochen wurden. Die Kirche als Probebühne für eine weltliche Karriere im Fernsehstudio – schließlich ist der Moderator im Studio letztlich nichts anderes als ein Hohepriester der Show, der die wichtigen Elemente der Sendung zelebriert, wie eben ein Priester im Altarraum. Zu meiner Messdienerzeit habe ich z.B. den berühmten Spruch »The show must go on« (den ich damals gar nicht kannte) regelmäßig gelebt, wenn wieder einmal trotz etlicher Messdienerproben alles schiefging, wenn einige Messdiener sich vor Lachen krümmten oder unsere Streiche doch so wild wurden, dass unser Pastor zwar uns böse anschaute, aber zum Publikum, pardon: zur Gemeinde hin so tat, als ob nichts passiert wäre, und letztlich mit einem Grinsen weitermachte. Rheinischer Katholizismus in seiner guten Form.

© ZDF/WDR/Thomas Leidig

Matthias Opdenhövel

»Der liebe Gott hat es richtig gut mit mir gemeint.«

Bisweilen sind es Namen, die besondere Auskunft über uns und unsere Herkunft geben. Nicht der Rufname, den die Eltern nach Klang und Vorlieben als Vornamen ausgewählt haben. Eher die Namen, die in schriftlichen Beurkundungen weiter hinten, unter »ferner« laufen. Von den Eltern als Erinnerung, als Dankeschön oder Mahnung für wichtige Lebensstationen bewusst gesetzt. Manchmal werden diese dann auf einen einzigen Buchstaben abgekürzt, mit einem Punkt dahinter. Matthias Opdenhövel hat so einen weiteren Vornamen: ein A. Der Buchstabe steht für »Augustinus«. Die vier langen Silben mit der lateinischen Endung und der Kirchenlehrer-Anmutung erinnern an einen besonderen Freund der Familie. A. steht für den Dechanten Augustinus Reineke, der nach dem frühen Kriegstod des Großvaters der Familie Opdenhövel selbstlos, rasch und nachhaltig geholfen hatte. Er sorgte dafür, dass Matthias' Vater seinen Ausbildungsweg gehen konnte. Als dieser dann nach Studium und Ausbildung auf Jobsuche war, war es wieder Dechant Augustinus, der in diesen konjunkturell gar nicht so leichten Zeiten für die von ihm nach dem Krieg rast- und ruhelos aufgebauten kirchlichen Sozialeinrichtungen einen geeigneten Verwaltungsdirektor und Controller suchte – was der kirchlich hochengagierte Vater Opdenhövel von seinem bisherigen Werdegang her war. Da kam eines zum anderen: das Leben im Schatten der benachbarten Kirche und das Leben im Licht eines gesellschaftspolitisch hochverpflichteten Glaubens. Und als nach der Geburt der beiden Töchter ein Junge in die Familie kam, war es für niemand überraschend, dass auf dem Taufschein von Matthias auch der Name Augustinus zu lesen war. Der befreundete Geistliche wurde gleichzeitig auch Patenonkel.

Augustinus also. Matthias Opdenhövel lächelt entspannt. Ausgerechnet der Denker an der Epochenschwelle zwischen Antike und Mittelalter, der Mann der großen Gelehrsamkeit und der Freund der Wissenschaften, gerne dargestellt mit Buch und Feder, den Attributen für die Menschen, die ihr Leben in der stillen Liebe für die Wissenschaften gelebt haben. Ausgerechnet Augustinus. Denn gerade von diesen Attributen des Kirchenlehrers hat er, sagt Opdenhövel, ziemlich wenig mitgekriegt. Seine erste und einzige Begegnung mit der Wissenschaft, das Studium, hat er nach zwei Monaten entsetzt, frustriert und mit dem klaren Wissen abgebrochen, dass die reine Lehre, die abstrakte Theorie und das asketische Reich der Wissenschaft definitiv nicht seine Welt sind.

Seine Welt, das hat sich schon bald gezeigt, ist eher der Kosmos der bewegten Dinge und der Aktionen – und der Kommunikation darüber. Er ist der Mann, so sagt er heute, für die klare pragmatische und praktische Zielvorgabe für den erkennbar nächsten konkreten Schritt. Was er mag, das will er machen – und zwar konsequent und richtig. Das fängt früh an. Als er nach dem großen Familienfest der Erstkommunion vom Vater freundlich angehalten wird, Messdiener der Gemeinde zu werden, ist er selbstverstänlich dabei. Da tut sich was. Und es gefällt ihm. Weil er mit seinen acht Jahren klein und schmächtig ist, übt er für sich allein die wichtigsten Handlungen des Messdieners. Immer wieder. Er will schließlich nicht unangenehm auffallen am Altar. Er trainiert in der Sakristei das perfekte Schellen: wie man die Glocke hebt, ohne dass sie beim Anheben schon einen Ton von sich gibt; wie man für den wichtigen Moment, die Wandlung, den richtigen Ton trifft, hell und fest, klar und kurz und nicht scheppernd – die Glocke gehalten auf halber Höhe zwischen der Schulter und der anderen, andächtig am Körper angelegten Hand. Und wie man das Gerät wieder auf die Altarstufen stellt, ohne dass es klirrt. So übt der fromme und religiöse Junge auch die anderen wichtigen Tätigkeiten: etwa das Schwenken des Weihrauchfasses – ebenfalls eine Kunst für sich: Wie kann die Kohle so lange und rot und glühend gehalten werden, dass der Duft des Weihrauchs gleichmäßig und über die ganze Dauer der Messe liturgisch angemessen anhält? Der Messdiener Matthias Opdenhövel, so erzählt er heute lachend, hat diese gar nicht so kleine Kunst perfekt beherrscht – auch weil er häufig »dran war«. Er war einer der Eifrigen, immer zur Stelle. Und so fiel ihm schon bald auch eine andere Königsdisziplin des Messdienens zu: der Kreuzträger, der beim Einzug zum Altar allen anderen vorausgeht und der am Altar so etwas wie ein Zeremoniar ist, eine Art Spielführer unter den Messdienern. Beim Einzug für die großen Feste und die wichtigen Messen zieht der Oberministrant mit dem Kreuz in den beiden Händen drei Schritte vor seinen Kollegen feierlich über den Mittelgang an den Altar. Er gibt das Tempo und das getragene Schreiten vor. Er ist für die Gemeinde das sichtbare Zeichen zur Konzentration: Jetzt beginnt die sakrale Handlung wirklich! Zuvor hat der Kreuzträger die kleine Glocke der Sakristei geläutet. Es ist der Hinweis für den Organisten, dass dieser jetzt alle Register ziehen kann für das festliche Präludium. Matthias erzählt, dass er gerne Kreuzträger und dass er stolz war, vor so vielen Menschen eine so wichtige Rolle zu spielen.

Ein erhebendes Gefühl, die Blicke der Gemeinde auf sich gerichtet zu sehen und mit feierlichem, fast erwachsenem Ernst den Blick der Gemeinde zu erwidern – manchmal auch in der Hoffnung, dass die Angebetene ihn diesmal sieht. Ein Dienst, der ein Gefühl von Bedeutung gibt, von Zustimmung und Freude der Menschen, ein gutes Gefühl, das sich in Erinnerung hält. Auch deshalb, weil, wie Matthias Opdenhövel nicht vergisst hinzuzufügen, solche Gefühle die Wahrnehmung und Erfahrung des wachsenden Selbstbewusstseins und des Zutrauens zu sich selbst symbolisieren, erst recht bei dem einst kleinen Hänfling. Später dann, noch in der Messdienerzeit, hatte er dann einen richtigen Sprung gemacht und an Gewicht und Größe zugelegt. Er wurde, sagt er, aufgepäppelt. Er erzählt von opulenten Messdiener-Sommerfreizeiten und Fahrten an die Nordsee. Die kirchlich gut vernetzten Eltern haben sogar andere Pfarreien gefunden, die den allseits beliebten, nicht auf den Mund gefallenen, durchaus frommen Matthias mitnahmen und ihn größer, sportlicher, gesünder, kirchlich bewanderter und kommunikativer wieder zu Hause ablieferten. In solchem Umfeld bleibt der obligatorische Berufswunsch eines Zehnjährigen nicht aus. So ungefähr beim Wechsel von der Grundschule zum Christian-Dietrich-Grabbe-Gymnasium sagt er seinen Eltern und dem Patenonkel, dass er glaubt, dass er vorhat, einmal Geistlicher und Dechant zu werden.

Als ein Mann der Tat und der umfassenden Übung fügt er dem Wunsch in der Vorstellung auch gleich den Nachweis der Fähigkeit hinzu. Er deckt den Küchentisch mit Mutters bester, goldrandig gestickter Tischdecke, stellt zwei Kerzenleuchter an die Ecken, holt aus dem Schrank die Oblaten, zieht den grünschwarzen Borussia-Mönchengladbach-Schal als Stola und Messgewand über und liest und singt aus dem Messdiener-Messbuch die wichtigsten Kapitel eines Sonntagsgottesdienstes – inklusive Ansprache an die Gläubigen. Die vor der Tür lauschenden Familienmitglieder hören vergnügt und bei der Predigt feixend zu. Sie haben ihren Spaß daran, dass der Junge aus Freude an Glaube und Kirche sich liturgisch beschäftigt. Die Familie lebt im Alltag wie selbstverständlich eine gläubige Existenz mit Tischgebet, Kommuniongang beim sonntäglichen Gottesdienst, Sternsinger-Betreuung, engagierter Teilnahme an der Fronleichnamsprozession – einem wichtigen Zeichen in dem dominant protestantischen Detmold. Die drei Kinder erleben eine klassische kirchliche Kindheit. Der Glaubensprozess wird nicht als Formel erlebt, sondern als vielschichtige Aktion zwischen der Jugendarbeit, dem Alltag und den Anforderungen unterschiedlicher Feiern des Kirchenjahres, dem Leben um das Pfarrhaus mit den Geistlichen, dem Mitwirken in den Festtagsdramaturgien und bei der Feier der Messe. Matthias Opdenhövel nennt diese Zeit eine gute Kindheit, weil sie, in der Balance zwischen großen, wilden, kecken Freiheitsräumen und klaren, auch kirchlich besetzten Grenzen, einen guten Ausgleich gefunden habe.

Es gibt auch in der Familie klare Regelwerke für den Alltag: die »Gesetze« für das Mithelfen zu Hause, für die gemeinsamen Mahlzeiten, das obligatorische Frühstück, für das Engagement bei sozialen Mitmach-Aktionen in der Gemeinde. Es gibt die Normen für die Schulleistungen (»Sei sorgfältig!«) und die Verabredung für die Präsenz in der Kirche. Es konnte auch später, in der Pubertät und danach, am Samstagabend noch so spät in der Nacht werden, am Sonntag war der gemeinsame Kirchgang heilig.

Auf der Straße, im Verein, auf dem Schulhof oder beim Kicken wird der inzwischen hochgeschossene Matti der Taktgeber. Er ist nicht unbedingt der laute Anführer mit der schnellen Klappe, aber doch einer, auf den man guckt und auf den man hört. Wenn man Klassenkameraden nach Matthias Opdenhövel fragt, kommt ganz schnell der Hinweis, dass es doch schon damals eine ausgemachte Sache war, dass der Matthias einmal in den Medien ganz vorne stehen würde. »War klar, dass der auf der Bühne enden wird, vor dem Mikro und der Kamera!«, da sind sich die Jungs aus der gemeinsamen Klasse ausgesprochen einig. Und auch darüber, dass er nicht der Angeber und auch keine frühe Rampensau war – eher der mit dem unbekümmerten Selbstbewusstsein, dem es nichts ausmachte, auch in unbekanntem Terrain voranzugehen, einer, der immer Neues riskieren wollte. Und er war der mit dem bestechend guten Wissen in den Dingen, die ihn interessierten – zum Beispiel in der Pop-Musik oder, noch mehr, beim Fußball. Nachdem der Berufswunsch, Priester zu werden, sich erwartungsgemäß bald wieder gelegt hatte – die Niederungen des religiösen Alltags mit dem ungeliebten Beichten etwa und dem doch sehr frühen Beginn der Frühmesse hatten seine frühe Begeisterung heftig gedämpft –, gab es die Rückkehr zur alten geliebten Perspektive: Er wollte Sportjournalist werden. Und der Mann der Tat und der Aktion meinte es diesmal besonders ernst. Schon früh beginnt er mit imaginären Reportagen und Fantasie-Interviews, am Anfang am liebsten unter der Dusche. Der Duschkopf wird zum beidseitigen Mikrofon. Und so konnte man im Hause Opdenhövel bisweilen seltsame Dinge aus dem Badezimmer hören. »Herr Breitner, warum hat sich heute der FC Bayern mit einem einfachen 2:0 begnügt? Wollten Sie sich schonen für das nächste Spitzenspiel gegen Schalke 04?« »Nein, Herr Rubenbauer«, kommt mit verstellter höherer Tonlage die Antwort, »für uns ist ein Sieg in Kaiserslautern auch in der Höhe von 2:0 ein bemerkenswerter Erfolg. Früher, wenn wir nach Kaiserslautern gefahren sind, haben wir die Punkte schon vorher abgegeben!« – und so weiter. Heribert Fassbender spricht mit Lothar Matthäus und Ernst Huberty mit Jupp Heynckes. Alles, was Rang und Namen hat, ob Sportreporter oder Fußballstar, in der kleinen Welt hinter dem Duschvorhang bei den Opdenhövels trifft man sich zu ausführlichen Gesprächen. Der fußballverrückte Matthias imitiert jeden und alle, vermischt Tonfall und Temperament der Einzelnen mit ihren sprachlichen Besonderheiten und den aktuellen Ergebnissen. Besonders gelingt ihm das »Sakradi« von Harry Valérien, sagt Matthias Vater, der sich bisweilen hinter der Badezimmertür totlacht. Das Lachen vergeht ihm allerdings, als nach einem halben Jahr die Stadtwerke die Rechnung für die Warmwasser-Nachzahlung schicken. Damit ist dann die regelmäßige Radio-Show aus der Dusche beendet – nicht aber der Versuch von Matthias, bei jeder Gelegenheit eine spannende imaginäre Radiokonferenz mit den wichtigsten Einzelheiten aus den letzten Wochen der Bundesliga zu initiieren. »Schräg und toll«, so hat der Vater die unendlichen Anläufe des Sohnes in Erinnerung. Die Begeisterung für den Ball und was damit in den unterschiedlichen Ligen der Republik passiert, bleibt seine Passion. Er selbst kickt auch in den Jugendmannschaften des SV Post Detmold. Rainer Bonhof ist sein Vorbild. Wie er ist er einer, der das Spiel lesen kann, ein klassischer Mittelfeldspieler, ein Sechser, manchmal ein Zehner, wie er heute sagt. Aber mit deutlich weniger Brillanz, sagen seine Mitspieler, als beim Kommentieren. Fußball bleibt seine Leidenschaft. Der Vater hat ihn angesteckt und ihn, wann immer es möglich war, zu den Spielen nach Mönchengladbach mitgenommen. Die Mannschaft in Grün-Weiß-Schwarz mit ihren Wurzeln in einem katholischen Jugendclub, mit ihrem faszinierenden Tempofußball und ihrem ganz eigenen Spielwitz war dem Naturell der Opdenhövels deutlich näher als die Vereine aus der lippischen oder niedersächsischen Nachbarschaft wie Bielefeld oder Hannover – auch wenn die Anfahrt auf den meist übervollen Autobahnen am Samstagnachmittag deutlich beschwerlicher war. Es war eine Art Herzblut-Liebe, so sehr, dass Matthias später als Stadionsprecher das Aushängeschild und der Front-Runner des Vereins wurde. Drei Jahre lang, von

2003 bis 2006, hat er nicht nur die Mannschaftsaufstellung angesagt. Als er verabschiedet wurde, gab es für den sympathischen Stimmungsmacher und professionellen Connaisseur des Spielgeschehens eine große »Adieu-Sause«. Gladbach war eine Herzensangelegenheit der Opdenhövels. Opa, Papa, Dechant Augustinus, alle waren Fans des grün-weiß-schwarzen Vereins. Für Matti gab es gar keine andere Wahl: Borussia blieb seine Leidenschaft. Und auch sonst: Seit er als Grundschüler im Frottee-Schlafanzug samstags nach der Badewanne in der »Sportschau« seine frühen Idole sehen konnte, die Topspieler wie die Moderatoren, war es für ihn klar, dass es kaum etwas Größeres gibt, als bei dieser Sache dabei zu sein.

Da waren auch die ambitionierten Versuche des hochmotivierten Deutschlehrers, Matthias stärker in die Theater-AG des Grabbe-Gymnasiums zu integrieren und den sympathischen Oberstufler in die Literaturszene zu locken, vergebliche Liebesmüh. Matthias spielt zwar mit Bravour in Tschechows tragikomischer Gesellschaftskritik im »Kirschgarten« den verschwendungssüchtigen Gajew. Er wird mit Szenenapplaus belohnt und zum Schlussvorhang gefeiert. Die Theater-AG gefällt ihm. Er findet dort ein ähnliches erhebendes Gefühl wie früher als Kind beim Messdienen: vorne zu stehen, das zu leisten, was die große Zustimmung des Publikums erhält. Der Applaus macht ihn, der durchaus gerne im Mittelpunkt steht, stolz. Ein andermal wagt das Literaturprojekt zeitgenössisches Theater. Matthias Opdenhövel bleibt fasziniert und mitgerissen, ist ein gewichtiger Mitdiskutant bei der Einrichtung des Stücks. Er verbreitert seinen Wissenskanon über all das, was Dramaturgie, Ausdruck, Rhetorik, Vortrag bedeutet. Er übt die freie feuilletonistische Rede – man weiß ja nie, was man noch brauchen kann. Aber die Liebe zur Literatur sitzt nicht so tief, dass Theater und Germanistik eine Perspektive für einen Brotberuf hätten werden können. Nach dem Abitur geht es auch deshalb zur Bundeswehr, weil die vielen Monate ihm noch einmal Zeit lassen, im Kopf zur Klarheit darüber zu finden, welches Studium ihn zu welcher Uni und zu welchem Beruf bringen könnte. Der 20-Jährige wird zum Panzeraufklärungsbataillon 7 in Augustdorf, nicht weit von Detmold, einberufen. Er nennt die nun kommenden Monate die Zeiten, in denen er, nolens volens, geerdet wird. Nicht dass er abgehoben gewesen wäre – aber die Bundewehr relativiert alle hochfliegenden Pläne. Weder Theater noch Journalismus, weder Literatur noch Fußball scheinen das realistische Fundament für ihn zu sein.

Der neue Realismus führt ihn am Ende der Bundeswehr zum Studienfach Betriebswirtschaft. Es ist eine Sicherheitsentscheidung – und die ist grundfalsch. Nach zwei Monaten Studium wird ihm das Ausmaß seiner katastrophalen Fehlentscheidung bewusst. Er bricht das Studium ab und beginnt – eher demütig – ein Journalismus-Praktikum bei der »Lippischen Rundschau«, der Heimatzeitung. Das hätte er auch schon früher haben können: journalistische Sportberichterstattung aus der näheren Umgebung. Es folgt ein Volontariat bei Radio Lippe. Er schwört sich, ab jetzt keinen Fehler mehr zu machen. Und er schafft es, Schritt für Schritt auf dünnem Eis, täglich in der Gefahr, als Anfänger mit einer neuen Sendung oder mit einem noch nicht etablierten Sender einzubrechen. Er kann sich dabei auf seine Spontanität, seine Gelassenheit bei Live-Auftritten, seine Präsenz vor dem Mikro und sein Organisationstalent verlassen. Er wechselt von Radio Lippe zu Viva, wo man unverbrauchte, wilde Typen für Redaktion, Moderation, Reportagen, Talk und Produktion sucht – oder am besten einen für alles. Matthias traut sich das zu. Matthias Opdenhövel macht bei Viva den großen Schritt zum souveränen Multimann. Er wird fest angestellt. Drei Jahre hält er den Laden zusammen und bereitet seinen nächsten Schritt zur größeren Aufmerksamkeit vor. Mit Barbara Schöneberger moderiert er ein sonntägliches Frühstücksfernsehen aus Mainz für SAT.1. »Weck up« war eine intensive journalistische Show-Schule, »Hast Du Töne?« bei Vox dann eine Einführung in klassisches Musik-Entertainment. Er macht sich einen Namen als ein Tausendsassa mit Substanz und robbt sich über Umwege wieder an den Sport heran. Im Pay-TV darf er vor kleinerem Publikum Bundesliga moderieren. Für das brachiale Format einer sportiven Unterhaltung mit dem bezeichnenden Titel »Schlag den Raab« muss er sich nicht bewerben. Stefan Raab, der Opdenhövel von Viva und aus vielen persönlichen Begegnungen kennt, sucht einen in sich ruhenden Antipoden, einen, der ihm auf Augenhöhe widersprechen kann, der einen selbstbewussten Humor hat und der, wenn er »Einspruch« sagt, diesen Einspruch auch durchsetzt – unerschrocken, wenn nötig auch rotzig im Auftritt. Matthias Opdenhövel ist genau der richtige Mann dafür. Er ist einer, bei dem es auch dann oder erst recht dann eine gute Sendung werden kann, wenn produktionell alles schief und unvorhergesehen läuft. Pannendramaturgie und Improvisation als die neue große Herausforderung von modernem Unterhaltungsfernsehen, das gefällt ihm. Er beherrscht es. Er hat mit seiner Karriere der vielen kleinen Schritte den Weg auf die große und breite Bühne ohne Blessuren an Leib und Image gut überstanden. Er trägt mit seinen ganz unterschiedlichen Fernseherfahrungen in seinem Karriererucksack ein enormes Pfund an Erfahrung. Und er hat Haltung. Er gilt als einer der kommenden Leute – umso mehr, als der vitale Kerl aus Ostwestfalen ziemlich uneitel auftritt. »Ich sag' nach meiner Show ›Tschüss‹, und dann fahre ich wieder nach Hause. Ich muss nicht hausieren gehen mit dem, was ich kann. Und ich weiß auch ohne Quote unmittelbar nach der Sendung, ob ich gut war oder nicht! Da muss mir keiner auf die Schulter klopfen!« Der Mann ohne den branchenüblichen Geltungsdrang mit einer souveränen Natürlichkeit und einer erstaunlichen Live-Entspanntheit bleibt bescheiden.

Er weiß auch, dass nicht jede seiner Sendungen Gold war. Als er aber kurz und rasch nach seinem Einstieg bei Stefan Raab das goldene Glitzerding eines Deutschen Fernsehpreises für seine Moderation bei »Schlag den Raab« und ein Jahr später dafür die »Goldene Kamera« erhält, wird in der Laudatio die Leistung von Matthias Opdenhövel als der Einzug der Natürlichkeit in die aufgeregte Show-Welt gelobt – und dass er, selbst in peinlichen Situationen, niemals danebenlangt. Er hat Haltung, Stil und Stilsicherheit. Matthias hat es geschafft. Die Fernsehrepublik kennt seinen Namen. Und da er 2010 erneut den Deutschen Fernsehpreis für gelungene Unterhaltung, diesmal mit dem Team vom Eurovision Song Contest und um Lena, gewinnt, ist der Mann, den man gerne als den »Star der zweiten Reihe« angesehen hat, reif für den nächsten Schritt, und zwar in die erste Liga, wo er schon als Kind zu Hause war. Die Bundesliga wird folgerichtig der nächste Coup, seine Moderation der »Sportschau« wird der Aufstieg in die Spitzenklasse. Die ARD holt ihn auf den »Everest« des Sportjournalismus, wo er im Trio mit Gerhard Delling und Reinhold Beckmann die Bundesliga präsentiert. Mit Mehmet Scholl wird er bald zu einem fernsehpreisdekorierten Analyse-Duo für Fußball-Highlights, und die ARD gibt ihm dazu ein Solo für ein großes Unterhaltungspaket mit unterschiedlichen sportiven Formaten. »Opdi«, wie ihn die Kollegen hier rufen, ist auf dem Olymp seines Schaffens. Das vermeintliche Leichtgewicht aus Viva-Zeiten, der Bauchladen-Mann mit der Erfahrung von mehr als 20 unterschiedlichen Formaten bei fünf verschiedenen Sendern, ist bei dem angekommen, was er selbst den »heiligen Gral« des Sportjournalismus nennt: das Höchste, was ihm seit jeher journalistisch in den Sinn kommen wollte. Der Wechsel in die Höhenluft hat ihn aber zu keinerlei Schnappatmung verleitet – auch wenn er weiß, dass ihm in der großen Unterhaltungsshow des bloßen Entertainments nicht alles gelingt. Umso mehr wird er in seiner Königsdisziplin zu einem Aushängeschild bei allen großen, exklusiven Sportereignissen. Ein grandioser Höhenflug ohne peinliche Stolperer und branchenübliche Fehltritte. Die Fußballweltmeisterschaft in Brasilien bringt ihn noch einmal vor neue, größere Herausforderungen.

Er ist angekommen in seinem »heiligen Gral«. Und auch sonst hat er, wie die Kritik ihm bescheinigt, ein mächtiges Hochplateau bestiegen. Ob er unmittelbar nach der »Tagesschau« auf dem Showklassiker-Platz in der Primetime oder samstags unmittelbar vor der »Tagesschau« auf dem Sportklassiker-Platz der Bundesliga antritt, der lockere, gut gelaunte, charmante Moderator mit dem losen Mundwerk und der unerschütterlichen Live-Fähigkeit zeigt ohne Mätzchen, dass er sportlich-unterhaltend zu den Besten zählt.

Matthias Opdenhövel ist zum Zeitpunkt seines Wechsels 41 Jahre alt. Er hat, wie er sagt, jetzt »Heimat« gefunden. Er bezeichnet sich als rundum glücklich. Auf der Zufriedenheitsskala von 1 bis 10 sehe er sich bei 12, sagt er in der Sendung »Zimmer frei« auf die Frage, wie es ihm bei all dem Glück der letzten Monate gehe. Und er fügt hinzu: »Der liebe Gott hat es mit mir richtig gut gemeint!« Der liebe Gott, der selbstverständliche Begleiter aus der frühen Kindheit, bleibt auch dem erwachsenen Medienstar ein präsentes Gegenüber. »Ich hab' meinen Glauben an einen guten und helfenden Gott behalten und nie verloren. Ich bleibe bei meinem Gottesbild von dem guten Gott, der der Welt als seiner Schöpfung alle Freiheit gibt, zu deren Wohlergehen mitzuwirken. Ich habe ein religiöses Grundgefühl!« Allerdings: Über die Unfähigkeit und Verlogenheit von Kirchenvertretern kann er sich schwarzärgern. Der Missbrauch in der katholischen Kirche macht ihn zornig und laut. Aber er will in der Kirche bleiben. Sie hat ihn viel zu sehr geprägt, als dass – auch bei bittersten Nachrichten – der Gedanke des Austritts aufkäme. Der neue barmherzige Mann im

Vatikan bringt für die, die gern weiter mit der Kirche leben wollen, große Hoffnungen, sagt er. Das sei eine Perspektive, mit der man gut leben könne – und die in die Erziehung der beiden Söhne einfließt. Die Erstkommunionfeier des Ältesten war ein großes Familienfest. Man besucht, möglichst gemeinsam, wenn der Rhythmus des Jobs es zulässt, im neuen Zuhause in Köln den Gottesdienst. Die Mutter begleitet und betreut den ältesten Sohn beim Sternsinger-Rundgang. Unterwegs bei den Sportevents sucht Matthias Opdenhövel an den Wochenenden auch die Stille und Feierlichkeit einer Sonntagsmesse. »Ich mag von Kindheit an das Sakrale, die wiederkehrenden Rituale, das gemeinsame Vaterunser. Das lässt mich zu mir kommen, gibt mir Ruhe.« Dafür steht er vor Ort bisweilen früh auf, fährt wie beim Skisprung-Event im finnischen Kuusamo eine sehr weite Strecke bis zur nächsten katholischen Kirche. Und weckt mit der Selbstverständlichkeit seines Tuns auch die Neugierde im TV-Team über das, was ihn umtreibt. Dabei ist Matthias Opdenhövel kein Missionar. Er lebt so, dass er danach gefragt wird, wie er lebt.

»Ich bin ziemlich bei mir!«, sagt er heute. »Und ich habe Anlass, dankbar zu sein!« Dankbar zu sein wird eine Art Mantra seiner eigenen Lebensvorstellung. »Wir beten an jedem Abend, an dem es irgendwie geht, gemeinsam ein Nachgebet mit den Kindern. Und dabei wissen wir, dass wir Dank zu sagen haben!«, sagt er in einem für ihn eher ungewöhnlichen Ernst. Da fühlt er sich im Einklang mit seiner Herkunft, seiner Erziehung und seiner Überzeugung. Und, wenn man so will, mit seinem zweiten Namenspatron Augustinus. Der hatte schon in seinen lebensgeschichtlichen »Confessiones« über den Zusammenhang von Glück und Dank philosophiert. »Wer glücklich ist, soll dankbar werden. Wer dankbar ist, bleibt glücklich.«

~

Welche Emotionen und welche Bilder verbinden Sie mit Ihrer katholischen Kindheit?

Weihrauch ist der Geruch. Mein erster Messdiener-Auftritt war an einem Ostersonntag. Ich war überwältigt von der feierlichen Stimmung in der proppenvollen Kirche. War extrem aufgeregt, aber fokussiert, nichts falsch zu machen. Hat auch alles geklappt.

Hat diese Vergangenheit Spuren gelegt, gibt es Verbindungslinien zu heute?

Zumindest hat es mich nicht erschreckt, dass Messdiener in der Kirche von vielen Leuten gesehen und beäugt werden. Ich habe mich aber auch nicht drin gesonnt. Das mache ich übrigens heute im Job auch nicht. Ich leiste meine Arbeit und gehe dann nach Hause. Diese Einstellung hatte ich als kleiner Messdiener auch schon.

Haben die Rituale der Messdienerzeit und die Liturgie der Kirche bei Ihnen Impulse ausgelöst oder Vorlieben bestätigt?

Sicherlich ist mir dadurch schon klar geworden, dass ich nicht in eine Schockstarre verfalle, wenn ich mich in der Öffentlichkeit präsentieren muss.

Sie kennen Erfolg und Kritik, Anerkennung und Distanzierungen. Wie schaffen Sie die nötige psychologische Distanz zur öffentlichen Rolle?

Indem es auch einen Teil gibt, der für die Öffentlichkeit absolut tabu ist. Dazu gehört meine Familie mit meiner Frau und meinen zwei Söhnen. Es wird von mir nie eine Homestory geben. Wenn man sein Privatleben schützt, kann man die öffentliche Rolle sehr schnell loswerden im Alltag.

Das Netz verschärft die öffentliche Auseinandersetzung. Wie gehen Sie damit um?

Indem ich sage: Augen auf bei der Berufswahl. Das gehört eben inzwischen dazu. Ich nehme aber anonyme Diffamierung nie ernst. Sachliche Kritik schon.

Kann man seinen eigenen Kindern weitergeben, was die eigene Kindheit wertvoll gemacht hat?

Aber mit Sicherheit. Das ist auch mein großes Ziel. Meine Eltern haben mir immer die Freiheit gelassen, das zu tun, was mir Spaß macht. Natürlich gab es auch strenge Regeln, aber gerade im Beruflichen haben sie mich immer unterstützt und bestärkt, mutig zu sein.

Haben Sie eine Erklärung dafür, dass viele Show-Moderatoren Messdiener waren?

Nein, habe ich wirklich nicht. Vielleicht ist es auch purer Zufall. Vielleicht aber auch gerade nicht … Zumindest kleiden wir uns jetzt anders. Bis auf Thomas Gottschalk manchmal …

Helmar Rudolf Willi Weitzel

Willi weiß mehr

Er hat es schnell und mit Schmackes geschafft. In wenigen Jahren war Helmar Rudolf Willi Weitzels »Willi wills wissen«, was die Popularität betraf, auf Augenhöhe mit dem zeitlosen Longseller »Löwenzahn« und der seit gefühlten 100 Jahren beliebten »Sendung mit der Maus«. Diese drei bilden ein überragendes Trio im deutschen Kinderfernsehen. Sie produzieren die herausragenden, die exquisiten Programme, die das Kunststück fertigbringen, dass sie von den Kindern geliebt und von den Eltern geschätzt werden – und zwar quer durch alle Schichten, bei den Vielsehern wie bei den Familien, die ihre Kinder nur sehr gezielt vor die Glotze lassen. Als »Willi wills wissen« in Brüssel einmal mit einem EU-Kommissar ein Interview zum Thema China und Europa machen will, kommt zufällig auch Bundesaußenminister Steinmeier in den Raum. Er sieht Willi Weitzel, lässt die versammelten EU-Kommissare stehen, stürzt auf das Team zu und erzählt, wie sehr er sich freue, endlich mal den Moderator dieser Sendung persönlich kennenzulernen. Er hatte früher regelmäßig mit seiner Tochter Merit »Willi wills wissen« gesehen, und »zwar richtig gern und mit Lust und Gewinn – für uns beide«.

»Die Sendung ›Willi wills wissen‹ mit seiner ausgefuchsten Dramaturgie und kinderfreundlichen Direktheit ist zu Recht schnell in die Charts der großen Kinderfavoriten-Sendungen und in den Kosmos der besonderen Wertschätzung aller hochgeschossen«, heißt es in der Begründung des Erich-Kästner-Preises. In der mit diesem renommierten Preis ausgezeichneten Einzel-Sendung ging es um das für Kinder von Natur aus sperrige Thema »Sterben – Wie ist das mit dem Tod?«. Gelobt wurde die riskante Wahl des Themas, ihre Umsetzung ohne jede Unschärfe, das ausgeklügelte dramaturgische Tempo und die sensible Annäherung an die Gesprächspartner. Besonders hervorgehoben und als herausragend qualifiziert wird jedoch der Moderator: wie Willi Weitzel Menschen trifft, wie er behutsam und offen, herzlich und kindlich, klug und kerzengerade die Tonalität hält; wie er mit den, wie er selbst sagt, »Todgeweihten« ins Gespräch kommt, »die doch nur noch eine begrenzte Lebenszeit haben«, das geht Kindern wie Erwachsenen unter die Haut. Auch die Jury beim Bayerischen Fernsehpreis bestätigt in ihrer Laudatio eine grandiose Leistung des Moderators. Einige Jahre und viele, viele Sendungen später nimmt der Grimme-Preis das Lob auf den Moderator der Sendung fast wörtlich wieder auf. Durch die richtige Frage an die richtigen Menschen und mit dem richtigen Ton in der richtigen Situation sei Willi Weitzel das perfekte und überzeugende Aushängeschild einer richtig guten Sendung, ein kompetenter Mittler, der sich nicht mit halben Sachen abspeisen lasse. »Er fragt so lange, bis er und jedes Kind den Sachverhalt verstanden hat. Willi ist in seiner alterslosen Naivität mehr als ein Beobachter. Er spricht direkt, bisweilen unverschämt. Er handelt, wie Kinder es tun und wie viele Erwachsene es gerne täten.« Und in der Tat: Willi geht die oft komplizierten Fragen mit der souveränen und radikalen Einfachheit an, die wohl ihrerseits nur aus einer rundum herzlichen, unkomplizierten Erfahrung von Kindheit kommen kann.

Wie war diese Kindheit von Helmar Rudolf Willi Weitzel, geboren 1972 in Marburg, aufgewachsen im hessischen Stadtallendorf, allenthalben und überall nur liebevoll Helmar gerufen? In seiner Kindheit, wo er mit Kusine Ilona und Bruder Manuel eine in der Nachbarschaft gefürchtete Fahrradbande anführte und mit seiner großen Schwester Ingrid im Leichtathletik Verein selten Erster wurde, dabei kein schlechter Tischtennisspieler war und ein mittlerer Flöten- und Klavierspieler, haben zwei Erfahrungen eine besondere Bedeutung. Die erste, die dem Alltag und dem Leben der Familie die entscheidenden Vorgaben machte, klingt so: »Meine Uroma hatte einen Edeka-Laden, meine Großmutter hatte einen Edeka-Laden, meine Eltern hatten einen Edeka-Laden, und ich sollte auch einen solchen Laden übernehmen.« Zwar ist dann doch der Bruder Manuel in die Bresche gesprungen. Aber ziemlich lange hat Willi Weitzel geglaubt, dass auch er einmal einen Edeka-Willi-Weitzel-Markt haben werde. »Bis an das Ende der Kindheit habe ich mich gar nicht getraut, an etwas anderes zu denken als: Wenn ich groß bin, werde ich Edeka-Ladenbesitzer!« Die zweite, nicht weniger wichtige Prägung hängt nur mittelbar mit dem Laden zusammen: »Unser Haus mit dem Edeka-Markt steht direkt vis-à-vis zur Pfarrkirche. Die Nähe hat uns geprägt. Mein Vater war Messdiener und später aktiv im Pfarrgemeinderat, und nach der Kommunion wurde auch ich Messdiener.« Er war dies, wie er sagt, sehr gerne. Und ziemlich lange. Es wurde die klassische Karriere eines Ministranten in Stadtallendorf. Klingeln, Fahnen, Flambos, Altardienst, Weihrauchschwenker, Fürbitten. »Als ich größer war, habe ich die Lesungen gemacht. Die habe ich mit Freude und Leidenschaft vorgelesen. Auch weil ich es – nach ein wenig Übung – gut konnte.«

Helmar Rudolf Willi Weitzel war ein besonders engagierter Messdiener. Lebhaft und verschmitzt erzählt er von den 1000 Erinnerungen aus dem zehnjährigen Messdienerleben. Von den

Morgenandachten in der Karwoche, früh um halb sechs, von der Zeit als Obermessdiener, der die ganz neuen Anfänger anlernen musste, auf die verantwortungsvolle und machtbewusste Arbeit als Koordinator, der die Ministranten zu ihren unterschiedlichen Diensten und für die unterschiedlichen Funktionen einteilte. Als kleiner Messdiener, wenn er nicht immer in die von ihm erhofften großen Dienste eingesetzt wurde, hat er sich seine Lücken gesucht. Weil sonntags im Hauptgottesdienst die Großen alle spannenden Aufgaben an sich gerissen hatten und die Kleineren immer nur mitlaufen oder zugucken durften, hatte er sich mittwochabends um 19 Uhr in der Werktagsmesse seine Nische eingerichtet. Hier konnte er sich beim Altardienst profilieren und Aqua und Vinum mit Verbeugung überreichen oder mit frommem Ernst durch das Klingeln bei der Wandlung Magie in den kirchlichen Raum zaubern. Der Mittwochabend war sein Abend. Da hat er sich messdienerisch ausgetobt. Heute sagt er: »Wie ein junger Radio-Moderator in der ARD-Popnacht, wo kaum einer zuhört, bis auf ein paar Nachteulen, und Versprecher und Unsicherheiten keine große Bühne finden.« Bei der Messe am Mittwochabend waren es keine Nachteulen, sondern liebenswerte ältere Damen, bei denen er bald einen Stein im Brett hatte. Das hat ihm außerordentlich gefallen. Hier in der Kirche konnte er lieb und konzentriert und vor allem ruhig sein – das vermochte er im Unterricht oder beim Spielen am Nachmittag auf der Straße nicht so ohne Weiteres. Für die andächtige Dienstleistung wurde er häufig von den katholischen Ladies sehr gelobt.

Mit einem Messdiener-Kumpel stand er so immer mittwochs und immer zu zweit in der Sakristei und wartete auf den Ausruf des Pfarrers: »Unsere Hilfe ist im Namen des Herrn …« – das Zeichen, dass es losging mit der Messe. Die beiden Messdiener antworteten: »… der Himmel und Erde erschaffen hat!« Dann zogen die beiden als Vorhut des Pfarrers in die Kirche ein. Derjenige, der links ging, zog mit Wucht die Glocke, die dem Organisten und den Damen das Signal für das Einzugslied gab. Er erzählt, dass ihm viele Jahre später, als er das erste Mal in einer Livesendung aus den Kulissen ins Studio kommen sollte, dieses Gefühl nicht unbekannt vorgekommen sei.

Helmar Rudolf Willi war ein besonders eifriger Messdiener, erst recht als er bei den feierlichen Hochämtern und Hauptgottesdiensten mit dabei sein durfte und immer wichtigere Rollen bei dem so gut wie immer gut einstudierten und inszenierten Dienst übernahm. Am Schluss war er es, der bei Festgottesdiensten bis zu 20 Messdiener im Altarraum zu dirigieren hatte. Heute sagt er, dass der Duft von den alten, bei Festgottesdiensten getragenen Messdienergewändern aus den Tiefen der Sakristeischränke zusammen mit dem der Wachskerzen einer der typischen Gerüche seiner Kindheit gewesen sei. »Nicht zu vergessen«, fügt er hinzu, »der kalte Nikotin-Atem des Pfarrers.«

Dass Helmar Rudolf Willi nach dem Abitur an der Stiftsschule St. Johann im benachbarten Amöneburg, einer kirchlichen Privatschule, die gerühmt wird für ihre Schwerpunkte in sozialen Schulprojekten, und nach einem Zivildienst als Pflegehelfer im Uni-Klinikum Marburg sich zu einem Theologiestudium entschlossen hat, scheint auf den ersten Blick fast konsequent und erwartbar. Aber diese vermeintlich kerzengerade biografische Linie hat eine bittere Kurve: ein dunkler Schatten, über den Willi Weitzel eigentlich nicht groß redet, ein Schatten aber, der zu seiner eigenen Lebenswahrheit gehört – mindestens genauso wie die Freude am Dienen. Der fleißige, immer freundliche, gut gelaunte und mit klarer Stimme die Lesung vortragende Messdiener war augenscheinlich einer der Lieblinge der Gemeinde, die ihn bei Gelegenheit auch schulterklopfend lobte und ihn zum Lob auch in die Arme nahm. Auch der Pfarrer suchte oft die körperliche Nähe zum ausführlichen Lob. Die Tatsache, dass ein Pfarrer eine hohe Autoritätsperson war, die denkbar höchste für einen Messdiener, ließ aber die Reflexe nicht verkümmern: Mit allerlei Tricks, gutem Zeitmanagement, schnellem Verschwinden aus der Sakristei nach getaner Arbeit bei der Messe konnte die Gelegenheit zu ausführlichen Umarmungen durch den Geistlichen vermieden werden. Als es dem Pfarrer doch dann gelang, den 13-jährigen Jungen zu einem angeblich dringend notwendigen Gespräch in sein Pfarrhaus zu bitten, gelang es diesem nur knapp, den deftigen verbalen erotischen Annäherungen, den heftigeren Umarmungen und dem sehr fordernden Tätscheln zu entkommen und schließlich dem Pfarrer die Grenze zu setzen. Zu Hause lässt sich Willi lange Zeit nichts anmerken. Erst gute zehn Jahre später, als der Pfarrer verstorben ist, erzählt er es den Eltern. Wütend auf den toten Pfarrer und hilflos ihrem Sohn gegenüber, fragt die Mutter, weshalb er ihr nichts davon gesagt hat. Sie hätte doch alles getan, um diese Tat zu rächen. Seine Antwort darauf: »Ja, genau deswegen!«

Bei diesem Missbrauch priesterlicher Macht war für ihn auch deshalb die Fallhöhe ganz besonders groß, weil in seiner damaligen Vorstellung der Priester ein Mensch mit besonderer Nähe zu Gott war. Wenn man ihn heute fragt, wie er diese Implosion seiner Welt religiöser Vorstellungen verarbeitet hat und wie eine Fortsetzung seines Lebens in kirchlichem Umfeld möglich werden konnte, so macht er deutlich, dass er keinen kausalen Zusammenhang zwischen Priestertum und Missbrauch sehen wollte. Willi Weitzel konnte wohl an seiner Stiftsschule St. Johann und während des Zivildienstes mit der Hilfe gesprächsfähiger und vertrauenswürdiger Freunde die monströse Übergriffigkeit des Pfarrers verarbeiten. Er nennt es heute seine persönliche religiöse Resilienz, seine besondere psychische Widerstandskraft. Er habe sich eine »Hornhaut zugelegt«, die seine Seele schützt – eine Energie, die ihm in der Zivi-Zeit eine Lebenseinstellung gibt, die den Blick nach vorne lenkt, eine Haltung, die auf gewachsener Selbstsicherheit beruht und Gelassenheit mit sich bringt. In der Zeit des Zivildienstes haben »seine Sparringspartner für das Existenzielle« ihm nahegelegt, seine herausragende Kommunikationsbegabung, seine offensive Dialoglust und seine vitale Erzählkunst in ein Studium eines Kommunikationsberufes münden zu lassen – Radio-Reporter zum Beispiel. Das war ein Beruf, den sich auch Helmar Rudolf Willi gut vorstellen konnte. Ein Praktikum bei einem Radiosender wäre aber für eine definitive Studienentscheidung hilfreich. Auf die Bewerbung beim Bayerischen Rundfunk hin kommt jedoch eine ernüchternde Antwort: Praktika und Hospitanzen gibt es grundsätzlich erst ab dem vierten Semester. Erst solle man sich (quasi bis zum Vordiplom) in einer universitären Fachdisziplin erprobt haben und – so der inoffizielle Zusatzrat – am besten kein Journalismusfach studieren. Je exotischer das Fachstudium, umso besser die Hospitanzchancen nach vier Semestern. Willi nimmt den Rat an und entscheidet sich für ein Studienfach, von dem er glaubt, dass es in den Augen der Medienleute ein exotisches Fach ist: Theologie. Auf Diplom. Pfarrer werden wollte er nicht, aber sich mit seinem Kindheitsglauben vernünftig auseinandersetzen, das hielt er für einen vernünftigen Einstieg in das Studium. Nach vier Semestern Theologie kriegt er das Praktikum. Danach wechselt er das Studienziel und studiert jetzt auf Lehramt – das heißt: Er studiert, soweit ihm der neue faszinierende Job als freier Mitarbeiter in der Radio-Kinderredaktion des Bayerischen Rundfunks, der ihm inzwischen angetragen worden ist, Platz und Raum für das Studium lässt. Immerhin wird er zum Staatsexamen zugelassen. Als Abschlussarbeit hat er ein medienethisches Thema ausgesucht: »Welche Medienkompetenz fördern die Teletubbies?« Das sind die putzigen, von der BBC übernommenen »Winke-Winke«-Figuren für Kleinstkinder, die im Kinderkanal von ARD und ZDF eine nicht unumstrittene

Karriere begonnen haben. Willis Arbeit ist eine der ersten an einer deutschen Universität über diese Offerte zum frühkindlichen Fernsehkonsum. Er will sein fertiges Thesenpapier mit eigenen neuen Ideen und verbesserten Konzepten den verantwortlichen Redakteuren in Erfurt, dem Sitz des KiKA, präsentieren. Es könnte ja vielleicht auch dort ein interessanter neuer Job für ihn winken. Einige Wochen später beginnt er ein Praktikum beim KiKA. In Erfurt ereilt ihn dann ein Anruf aus München. Man bietet ihm die Moderation einer ganz neuen Sendung im Kinderfernsehen an. Es sind genau die Eigenschaften gefragt, die er als Radioreporter zeigen konnte: Neugier, Wachheit, keckes Nachfragen, unverstellte Wissbegier, freche Attitüde, freundlicher Umgang mit den Gesprächspartnern und so weiter. Die Kindersendung soll den Titel haben: »Willi wills wissen«. Dazu passt zwar sein Vorname Helmar nicht, aber man würde man schon eine Lösung finden. Und die Lösung wurde gefunden. Dazu musste Helmar nur seinen Pass zeigen, um glaubwürdig zu machen, dass seine Eltern ihm zu Ehren seines Patenonkels durchaus auch noch den richtigen Vornamen gegeben hatten, auch wenn es sein dritter war.

Willi wird mit der neuen Sendung schnell zu einem der bekanntesten »Kinds-Köpfe« im deutschen Fernsehen. Er ist zum Zeitpunkt der Übernahme der Moderation 28; aber er sieht so aus, als hätte er diese Rolle des großen Jungen bereits ohne Abstriche und ohne Anstrengung verinnerlicht. Wo hört die kindliche Rolle auf, wo beginnt der erwachsene Mann? Er macht diese Sendung als Stellvertreter für die Kinder. »Um meine Zuschauer abzuholen, muss ich auch auf ihre Augenhöhe kommen, ihre Sprache sprechen, um den Blickwinkel aufzunehmen.« Ihm mache dieser fließende Rollenwechsel zwischen dem Menschen Helmar Rudolf Willi Weitzel und der Fernsehfigur Willi richtig Spaß. »Ich empfinde das so, als könnte ich was nachholen, auf kindlich geschützte Art Dinge machen, die kein Erwachsener kann. Ich empfinde es als tollkühn, mich in meiner Figur auszuleben. Das hat etwas von einer wunderbaren Anarchie. Manchmal weiß ich nicht, wo der Willi vor der Kamera aufhört und wo er hinter der Kamera anfängt.«

Vor und hinter der Kamera bestimmt der Moderator zusammen mit dem Regisseur, den Produzenten und einer kreativen Reaktion in der Zeit ab 2001 in großer Kollegialität, motivierender Kommunität und klarem Erfolgswillen, welche Themen mit welcher Zuspitzung und welchen Gesprächspartnern angezeigt sind. Es ist eine spannende Zeit, in der von der Idee bis zur Recherche und Sendung kaum jemand im Weg steht oder höheren Orts »Halt« gerufen wird. Es ist die schiere Neugier, die Suche nach dem richtigen Durchblick, die ihn, den UNICEF-Paten, UN-Botschafter für biologische Vielfalt und Schirmherrn der »Initiative Junge Forscherinnen und Forscher«, antreibt. »Neugier ist eine der wichtigsten Eigenschaften, die ein Reporter ganz besonders braucht«, sagt er. »Ich spreche da aus Erfahrung. Egal, ob in Deutschland oder dem Rest der Welt, ich erforsche alles, was mir begegnet: Fabriken, Wälder, Zoos, Krankenhäuser, Berge, Labore und vieles mehr.« Willi ist überall unterwegs, meist direkt vor Ort, mitten im Geschehen. Er probiert aus, macht möglichst alles selbst und ist unglücklich, wenn er delegieren muss. Als er für das Thema »Was ist ohne Obdach los?« in einem Selbstversuch in einem Münchner Park am Stachus mit Obdachlosen eine Nacht verbringt, wird er überfallen und kriegt mitten im Schlaf einen Baseballschläger auf die Stirn. Eine Narbe auf der Stirn ist eine Erinnerung an diese bemerkenswerte Rechercheform und vermittelt einen Eindruck von einem Kinderfernsehen, das es wirklich wissen will. Auch die Themen haben es generell in sich. »Was geht im Rollstuhl?«, »Wie lernen Clowns, was lustig ist?«, »Was hat man, wenn man Krebs hat?«, »Wie sieht ein Knast von innen aus?« – typische Fragen, auf die Willi eine Antwort will. Und möglichst so, dass diese Antwort auch von den Kindern verstanden werden kann.

Nach acht Jahren und über 350 Willi-Sendungen nimmt er eine Auszeit. Willi will nicht mehr. Er sagt, dass ihm keine Frage mehr einfalle. Der inzwischen 37-jährige ist Vater einer kleinen Tochter. Der Moderator will ihr nicht zumuten, dass sie ihn öfters im Fernsehen als zu Hause erlebt. Vor dem Abschied hat er einen Kinofilm gedreht: »Willi und die Wunder dieser Welt«. Der Film ist eigentlich die Idee einer 82-jährigen Kommilitonin aus dem Theologiestudium, die ihm, dem damals staunend zuhörenden Studenten, von der Magie ihrer Reisen und vor allem von den grandiosen Erlebnissen in der Sahara erzählt hat. Der Film, in dem Willi neben der Sahara auch noch andere markante Punkte rund um den Globus bereist, wird erfolgreich. Auch andere Projekte, weit weg vom Fernsehen, gelingen ihm. Er füllt den riesigen Saal der Oper in Frankfurt mit einer ganz eigenen Willi-Version von Sergej Prokofjews Musikmärchen »Peter und der Wolf«. Er lässt weitere Konzerte mit einer eigenen, humorvollen und musikalisch außerordentlich beachtlichen Version von Tschaikovskijs »Nussknacker« folgen und verkündet einen Rückzug vom Fernsehen. Das ZDF überredet ihn dennoch zu einer neuen Sendereihe in loser Folge. Neben Margot Käßmann, dem prominentesten Gesicht der evangelischen Kirche, soll er im Fernsehen das Kirchenjahr erklären, genauer gesagt die katholischen Feste, also das, was er als Messdiener gelebt und gefeiert hat. Er erklärt fortan auf eine sehr originelle, bisweilen schräge Weise die Herkunft, die Tradition, den Hintergrund und die Bedeutung katholischer Kirchenfeste. Es wird nicht ein Blick in die Vergangenheit, sondern eher eine Spurensuche in der Gegenwart. Die Sendereihe trägt den Titel »Ein guter Grund zu feiern« und nimmt die Zuschauer mit auf eine Entdeckungsreise, zum Beispiel zu dem geheimnisumwitterten Fest Fronleichnam. »Was ist das für ein besonderes Brot, das als Hostie durch die Stadt getragen wird?«, fragt er nicht nur in einer Hostien-Bäckerei, sondern auch den ehemaligen Fußball-Europameister Klaus Allofs. Er kommt über ein Geplauder mit Allofs über die von den Fußballfans gern gebrauchte Bezeichnung »Fußballgott« zu einem spannenden und interessanten Gespräch über den Kern eines solchen Festtages. Mit eleganten Kurven oder gewagten und steilen Analogien erklärt Helmar Rudolf Willi Weitzel auch andere Feste. Allerheiligen mit dem ungewöhnlichen Extremkletterer Thomas Huber, Himmelfahrt mit dem Fernsehmoderator Jörg Pilawa, Heilige Drei Könige mit dem Skispringer Sven Hannawald. Als er nach zwei Jahren am Dreikönigstag mit dieser Reihe aufhört, macht er mit den Sternsingern auf seine Art weiter: Mit seiner 2011 gegründeten Produktionsfirma macht er in Entwicklungsländern »Motivationsfilme« für die Sternsingeraktion. Kinder, die für diese Aktion auf die Straße gehen, sollen sehen, für welche Zwecke und Hilfsprojekte sie mitten im Winter von Haus zu Haus ziehen. »Willis wilde Wege« ist sein jüngstes Multivisionsprojekt über seine Abenteuer. Der Titel ist gleichzeitig so etwas wie eine programmatische Generalaussage für den nach wie vor außerordentlich vitalen und aktiven Moderator, der auf der Suche ist nach Themen, Geschichten, Projekten, nach Unerforschtem, Unerhörtem, auch Absurdem – und nach seiner eigenen Mitte in einem turbulenten Leben. So ist er auch auf dem Weg zu sich. Er wandert mit einem Esel von Nazaret nach Betlehem und will so eine Weihnachtsgeschichte erzählen, oder er geht zu Fuß, verfolgt von Hyänen, quer durch Äthiopien. Einige Wochen nach unserem Gespräch startet er am Steuer eines Lkw von München aus einen kleinen Hilfskonvoi, ausgestattet mit sehr speziellen und dringend gebrauchten Hilfsgütern für ein von Jesuiten geleitetes Flüchtlingslager an der türkisch-syrischen Grenze, eine der wenigen noch offenen Hilfestationen im syrischen Bürgerkrieg bei Aleppo. »Ich mache gerne was Sinnstiftendes. Zumindest etwas Sinnhaftes und Sinnvolles«, sagt er und lacht dabei sein berühmtes Willi-Lachen mit dem hellen Ton und den strahlenden Augen. »Seit meiner Kindheit bin ich in diesen Fragen ein Suchender. Ich kann und will aus dieser Haut nicht heraus.«

~

Welche Emotionen und welche Bilder verbinden Sie mit Ihrer katholischen Kindheit?

Emotional ist da alles dabei: andächtiger Ernst, heimliches Kichern, Mut und schlechtes Gewissen. Vor allem meine fromme Omi hat mich geprägt. Wenn wir draußen Fußball gespielt haben und die 12-Uhr-Glocken unserer Kirche geläutet haben, mussten mein Bruder, meine Cousine und ich reinkommen und mit ihr den Engel des Herrn beten.

Hat diese Vergangenheit Spuren gelegt, gibt es Verbindungslinien zu heute?

Wenn die Kamera bereit ist und läuft und der Regisseur »Und bitte« sagt, dann geht mein Einsatz vor der Kamera los. Es gibt da wohl Zusammenhänge zwischen dem Schritt aus der Sakristei in die Kirche und dem Auftritt vor der Kamera. Na ja, und als Ministrant habe ich mich im Altarraum von meiner besten Seite gezeigt – so mache ich das vor der Kamera auch.

Haben die Rituale der Messdienerzeit und die Liturgie der Kirche bei Ihnen Impulse ausgelöst oder Vorlieben bestätigt?

Eine katholische Sonntagsmesse mit Weihrauch, Fahnen, Flambos, Weihwasser, Klingeln und Glocken, Chor und Musik ist eine nicht zu übertreffende »Show« voller Effekte. Als Kind gab es Momente, da hatte ich das Gefühl: Jetzt geht das Kirchendach auf, und der liebe Gott steigt vom Himmel herab. Als Messdiener steht man am Altar mitten drin und lernt das, was man Timing nennt: die richtige Verbeugung, das synchrone Umdrehen mit seinem Messdiener-Kollegen oder das punktgenaue Klingeln, wenn der Kelch hochgeht. Wenn ich heute im Schnitt bei meinen Filmen sitze und dramaturgische Akzente setze oder wenn ich auf der Bühne das Publikum in Wallung bringen will, dann profitiere ich von dieser Erfahrung.

Sie kennen Erfolg und Kritik, Anerkennung und Distanzierungen. Wie schaffen Sie die nötige psychologische Distanz zur öffentlichen Rolle?

Vor ein paar Jahren habe ich die Grimme-Preis-Verleihung moderiert, was kräftig in die Hose ging. Danach bin ich direkt nach Hause, habe mir mein Zelt und meinen Schlafsack gepackt und bin im Wald verschwunden. Zwei Tage später habe ich mich wieder in die Öffentlichkeit getraut. Verstecken bringt nichts; auch wenn ich es nicht mag, nehme ich Kritik an. Manchmal kann die öffentliche Meinung sehr unheimlich sein, und nur weil ein Mensch berühmt ist, hat er nicht unbedingt ein dickes Fell. Das Fernsehen ist ein Bauchmedium, und ich bin ein Bauchmensch. Grundsätzlich blicke ich in Richtung Sonne und lasse Schatten hinter mich fallen. In meiner Heimatstadt Stadtallendorf ist Margot Käßmann, die ehemalige Ratsvorsitzende der Evangelischen Kirche in Deutschland, aufgewachsen. Als sie dieses Amt nach ihrer Alkoholfahrt aufgegeben hat, hat sie sich mit den Worten getröstet. »Du kannst nie tiefer fallen als in die Hände Gottes.« So eine Lebenseinstellung vermittelt Gelassenheit, und so lebe ich auch; das befreit mich von der öffentlichen Meinung und erdet mich gleichzeitig.

Das Netz verschärft die öffentliche Auseinandersetzung. Wie gehen Sie damit um?

Ich bin recht glücklich darüber, im Kinder- und Familienprogramm einen geschützten Rahmen zu haben, der auch von außen, von den potenziellen Kritikern, halbwegs respektiert wird. Wenn ich auf »spiegel online« lese, wie im Minutentakt eine »Wetten, dass ...?«-Sendung bzw. deren Moderator öffentlich zerpflückt wird, dann tut mir das weh, weil ich finde, unsere Gesellschaft sollte ihre Energien lieber sinnvoll nutzen, anstatt sie zu verschwenden.

Kann man seinen eigenen Kindern weitergeben, was die eigene Kindheit wertvoll gemacht hat?

Jahrelang wehren wir uns dagegen, wie unsere Eltern zu werden. Und dann müssen wir doch wenigstens ein bisschen so werden wie sie, um als Väter und Mütter unseren Kindern die Erfahrungen zu schenken, die wir selbst als Kinder gemacht haben. Reden hilft da wenig, es geht ums Vorleben.

Haben Sie eine Erklärung dafür, dass viele Show-Moderatoren Messdiener waren?

Einen Messdiener und einen Show-Moderator vereint eine Eigenschaft: dass sie Gefallen daran haben, Teil einer Show zu sein, auch wenn viele Augen auf sie gerichtet sind. Insofern glaube ich, dass viele Moderatoren und Messdiener einfach ein ähnlicher Typ Mensch sind und es deshalb viele ehemalige Messdiener im Unterhaltungsfernsehen gibt. Wenn sich Thomas Gottschalk vor seinem Publikum verneigt, dann merkt man, wo er das gelernt hat. So verbeugen sich nur ehemalige Messdiener. Der Altarraum ist eine Bühne, auf der jeder Messdiener und jede Messdienerin sehr emotionale Erfahrungen sammeln kann. Irgendwann wird man zu alt und fühlt sich unter den Kleinen nicht mehr wohl. Dann beginnt die Suche nach einer neuen Fläche, auf der die Erfahrungen am Altar vor den Augen der Gemeinde wieder gelebt werden können. Für Messdiener gehört das zum Lebensgefühl und ist eine Art Elixier.

© ZDF/ARD/Marco Grob

Anne Will

Kompetent, klug, kritisch, keck, (rheinisch-) katholisch

Es ist unübersehbar. Die linke Augenbraue zuckt und zieht sich ganz weit nach oben. Anne Will ist im Disput. Sie setzt ihren Kommentar mit Mimik und Körpersprache. Im Laufe der Diskussion hatte sich gerade eine Gesprächspartnerin verstiegen. Die Psychologin zieht in Anne Wills Talkshow »Auf Sinnsuche« mit einer Parallele überdeutlich vom Leder: Die Unterwerfung der Gläubigen unter ein göttliches Über-Ich sei im Prinzip nichts anderes als die Unterwerfung des Über-Ichs gegenüber Hitler. Ein klarer Fall für die Augenbraue – und ein dankbarer »Knochen« für die Mitdiskutanten.

Die hochgezogene Augenbraue ist Anne Wills schärfste Waffe seit der Zeit, als sie Moderatorin der »Tagesthemen« war. Kanzler Gerhard Schröder hatte in einem Interview auf die Fragen der klug insistierenden Interviewerin nur halbwegs überzeugend antworten können. Da kam sehr deutlich die Augenbraue von Anne Will ganz nach oben. Das Schaltgespräch nach Washington war für den Kanzler und seine Ausgangsposition für die gerade angekündigten Neuwahlen eher ein Desaster.

In der Talkshow mit der »Sinnsuche« geht es Anne Will aber nicht um politische Streitlust und parteipolitische Positionen.

Sie hat diese Thematik über ein gelingendes Leben gegen viele Ratschläge – wegen der schlechten Quotenprognose – bewusst in die Karwoche gelegt. Die Zuschauer sind in den Osterferien sehbereiter für Ungewöhnliches. Sie will ruhig und mit längerem Atem existenzielle Fragen stellen und subjektiv beantwortet wissen. Dass die Runde wegen des Temperaments von Matthias Matussek und des Eifers von Heiner Geißler dann über manche Strecken doch ein Schlagabtausch zwischen religiös erzogenen und allzeit zur Polemik neigenden Alpha-Männern wurde, hat Anne Will in Kauf genommen. Denn in den ruhigeren Momenten kommen dann die nachdenklichen Sätze und Überzeugungen zum Tragen, die die Sendung so gelingen lassen, wie sie am Redaktionstisch und von der Moderatorin konzipiert war.

Anne Will hebt im Gespräch heute die nachsinnenden und eher tastenden Formulierungen eines Politikprofessors hervor, der, wie sie heute noch zu zitieren weiß, die »tiefe menschliche Sehnsucht nach etwas« betont, »was das eigene Ich in seiner Begrenztheit übersteigt«. Und dass er locker und freundlich erzählt, dass er wichtige Kraftquellen seines Lebens in regelmäßigen Schweigetagen in einem Benediktinerkloster findet – etwas, was es nur in einem religiösen Kontext gebe. Nicht ohne Stolz verweist sie auch auf eine Entdeckung ihrer Redaktion, auf die Nonne Katharina Rohrmann, die als frühere Bankkauffrau und erfolgreiche Investment-Bankerin auf der Suche nach dem »Mehr im Leben« in den strengen Orden der Benediktiner gewechselt ist und seitdem als Nonne lebt. Auch wenn das Gespräch weitgehend auf die Talkshow-Profis zugespitzt war und an ihr vorbeigegangen ist – allein durch ihre eigene Geschichte und die daraus glaubwürdig entstehende mutige Kritik an der Art und Weise, wie die Kirche die Rolle der Frau mit Füßen tritt, sei ihr Statement ihr nachhaltig in Erinnerung geblieben: »Es gibt überhaupt keinen Grund dafür anzunehmen, dass die Kraft des Heiligen Geistes nicht auch gerade durch uns Frauen geht!«

Anne Will erinnert sich noch heute gern an diesen Auftritt und diesen Satz vom Heiligen Geist, der im Netz rauf und runter große Karriere gemacht hat. Sie erinnert sich auch deshalb gern, weil es diese und ähnliche Fragen sind, die sie sich seit ihrer frühen katholischen Kindheit in Köln wieder und wieder selbst gestellt und auf die sie nicht immer eine Antwort bekommen hat.

Aufgewachsen und verwurzelt ist sie in Hürth in einem Elternhaus mit klassisch-rheinischem Katholizismus. Diese Kirchlichkeit bezeichnet sie in ihrem Versuch einer »gerechten« Definition als eine »sehr menschelnde Mischung aus gelassener Gottesfurcht und einer mit fast allen Wassern gewaschenen Weltklugheit«. Eine historisch gewachsene Balance von kommunikativer Fröhlichkeit, entwaffnendem Frohsinn und couragierter Toleranz. Eine kirchliche Tradition, die pragmatische Gestaltungskunst und soziales Gespür für den Schwächeren mit fast fatalistischer Gelassenheit verbinden kann. »Et kütt, wie et kütt« heißt eine kölnische Zusammenfassung des Katechismus, und die Aussage, dass »noch immer alles gut gegangen« ist, nennt Anne Will einen der liebsten Hoffnungs- und Glaubenssätze dieser Tradition. Dazu gehört auch die angenehme Tatsache, dass der rheinische Karneval von »Weiberfastnacht« bis Aschermittwoch als wichtiger kirchlicher Feiertag in Stein gemeißelt ist.

In der Familie von Anne Will in Hürth, einem besonders vitalen Ort, der sich immer erfolgreich gegen die Eingemeindung nach Köln gewehrt hat, wird dieser rheinische Katholizismus als lebensfreundlicher Glaube und gute Grundlage für ein sinnvolles Miteinander verstanden. Die Familie unterhält in diesem Sinn eine enge Beziehung zum kirchlichen Leben, allen offenen Fragen zum Trotz. Da ist die schnell am eigenen Leib gespürte Benachteiligung der Frauen im Dienst in der Kirche ein offensichtlich großes Ärgernis. Wie gerne wäre Anne Will Messdiener geworden wie ihr älterer Bruder – aber der Pfarrer ihrer

Pfarrei wollte unmittelbar an seinem Altar keine Mädchen haben. Anne, die heimlich zu Hause messdienen spielt und übt, musste sich Umwege einfallen lassen, Tricks, um zumindest teilweise ihrem Bruder gleichzukommen. Bei dem feierlichen Einzug der Messdiener im Abschlussgottesdienst der Sternsingeraktion etwa ist sie von Anfang an deshalb dabei, weil sie sich als Sternsingerin im vollen Ornat in die Prozession der Messdiener einmischen darf. Sie wird unregelmäßige Lektorin für Fürbitten und Lesungen in der Messe und ist so vorne mit dabei. Das ist zwar nicht das, was die Jungs am Altar machen dürfen, aber sie ist, wie sie heute sagt, durchaus in der Nähe des Altars. Der Altar ist Mythos und Alltag zugleich. Aus der Familie mütterlicherseits sind allein drei Verwandte Priester oder Mönch geworden. Mit diesen Verwandten wurden die Familienfeste in rheinischer Feierlichkeit und Kölner Fröhlichkeit gefeiert. Gemeinsamer Gottesdienst und gemeinsame Feste gehen ineinander über; vom Altar zum Mittagstisch, vom kirchlichen Ritual zum fröhlichen Lachen und Erzählen im Kreise der großen Familie um die Esstafel herum ist es nicht weit. Anne Will erinnert sich gerne an diese enge Nähe zwischen Familienleben und Kirchenraum. Mit ihrer ganzen Familie, mit Eltern, Tanten, Onkeln und Cousins besucht sie bisweilen einen der Onkel im Kloster, lernt die eigentlich verschlossenen Räume der Klosterwelt kennen, tobt in den Klostergärten und empfindet sich dabei als nicht nur kirchlich privilegiert. Sie ist mittendrin in einer durchaus faszinierenden Aura des Besonderen. Ihre Mutter ist Vorsitzende der katholischen Frauengemeinschaft. Sie ist in dem Verband in Hürth-Hermülheim lange Zeit das Herz der Dinge, zuständig für soziale und kulturelle Aktivitäten. Von Kind auf ist Anne Will mit dabei, vor allem auch wenn die Mutter weit über den Rahmen des Üblichen caritative Unterstützung für Hilfesuchende organisiert oder wenn die Mutter einfach den »Laden weiterdreht« und mit Herzblut und

Vitalität in diese offensichtlich besonders aktive Gemeinschaft Leben haucht. Die Familie betet gemeinsam zum Essen, es ist die Mutter, die Wert legt auf die Aktivitäten im kirchlichen Glauben, auf den besonderen Kommunionunterricht. Mutter und Vater finden gemeinsam für die Tochter eine besondere Pfarrei mit einer von den Kindern als sympathisch empfundenen Möglichkeit zur regelmäßigen Beichte, zunächst im Dom und dann in der »Kirche zur Schwarzen Mutter Gottes«. Anne Will sagt heute, dass es auf dies Art möglich war, diese – eigentlich von Kindern gefürchtete – Bußpraxis ernst und angstfrei und über eine längere Zeit umzusetzen. Dabei geht Anne Will auch schon als Mädchen sehr eigenständige Wege. Am Albert-Schweitzer-Gymnasium setzt die kecke Schülerin mit Leichtigkeit ihre Schullaufbahn fort. Sie interessiert sich für Sport und Politik, bringt kritische Lektüre nach Hause mit, was durchaus zum Streit und temperamentvollen Disput führt. Ihr Vater, früher Schreiner, jetzt Architekt, und die Mutter versuchen zu bremsen – vergeblich. In dem Zeit vor dem Abitur setzt sich Anne Will bewusst und klar mit ihrer kirchlichen Kindheit auseinander. Sie eignet sich im Eigenstudium die Religionskritik Ludwig Feuerbachs an. Sie findet die Radikalität des Philosophen aus dem 19. Jahrhundert attraktiv. »Der Mensch schuf Gott nach seinem Bilde« – diese Vorstellung, die Feuerbach entwickelt, ist für sie ein wichtiger Meilenstein in ihrer eigenen Lebensorientierung. Und die Feuerbach'sche Vorstellung, dass der Mensch sich aus Hoffnung und Not Gott als ein Wunschbild projiziert, kann sie bis heute sehr textsicher ableiten. Gott als eine Erfindung des Menschen, ein projiziertes Spiegelbild der menschlichen Natur. Gott als das, was der Mensch gern sein würde. Anne Will nimmt diese Auseinandersetzung zwischen ihrem Lebensgefühl einer bisher unangefochtenen Gewissheit und eines religiösen Lebensfundaments einerseits und einer neuen freien Unabhängigkeit des Kopfes andererseits mit all den radikalen Konsequenzen in ihr Studium mit auf. Die daraus entstehende emotionale und kognitive Dissonanz bleibt für sie ein großes, schwieriges und existenzielles Thema. Sie befreit sich aus dem Dilemma, indem sie die Feuerbach'sche Forderung nach der Verantwortung der Menschen für das Diesseits leben will. Sie studiert in Köln und Berlin unter anderem Politikwissenschaft und beginnt während des Studiums mit den ersten Gehversuchen im Journalismus. Als Schülerin hatte sie gemerkt, dass sie sich gut ausdrücken und gut Texte präsentieren kann. Nach den ersten Wochen bei der »Kölnischen Rundschau« merkt sie, dass der Job ihr liegt. Journalismus wird ihre Zukunft. Sie macht nach dem Examen schnell Karriere und moderiert mit 26 die Fernsehshow »Mal ehrlich«. Sie fällt auf. Ihr Markenzeichen: Keckheit, Charme und Kompetenz. Schnell und überraschend wird sie die erste weibliche Moderatorin der Kultsendung »Sportschau«. Ihre kluge, sympathische und gleichzeitig kritische Präsentation mit sehr eigenwilligen inhaltlichen Akzenten wird schlagartig einem noch größeren Publikum bekannt, als sie mit 35 Jahren zur Moderatorin der »Tagesthemen«, des Hochamts journalistischer Orientierung, Einordnung und Wertung am späteren Abend in der ARD, berufen wird. Sie ist der Shootingstar des Journalismus, erhält den Deutschen Fernsehpreis für ihre breite, über die üblichen Grenzen weit hinausgehende Moderationskompetenz. Sie wird für ihre eigenständige publizistische Haltung mit dem hoch angesehenen Hanns-Joachim-Friedrichs-Preis dekoriert. Auch die Goldene Kamera ziert sich mit ihr und gibt ihr den Preis für die »auffälligste Journalistin des Jahres«.

2007 wird sie in der Nachfolge von Sabine Christiansen Moderatorin und Namensgeberin der ARD-Talkshow, die am Sonntag – unmittelbar hinter dem extrem erfolgreichen »Tatort« – von der Prominenz des Sendeplatzes und der Bedeutung der Zuschauererwartungen her das Flaggschiff des Ersten für politische und gesellschaftliche Debatten ist. Sie setzt jetzt die Themen, die Woche für Woche mehr als vier Millionen in der Regel hochinteressierte, engagierte Zuschauer wahrnehmen und interessieren. Die am Anfang gar nicht so selbstbewusste Moderatorin erntet zwar gute Quoten, aber harte und böse Kritiken. Nach einem Jahr hat sie das Format »erobert« und sieht sich selbst auf dem Weg zum Gipfel eines sehr interessanten Berufszieles. Sie wird sichtbar sicherer. Sie sagt: Dies hänge auch damit zusammen, dass »Frauen etwas fragen, weil sie wirklich etwas wissen wollen, und nicht, um bestätigt zu bekommen, was sie schon zu wissen glauben«. Anne Will wird gelobt für ihre Fähigkeit, auch bei schwierigen Passagen mit ganz unterschiedlichen Gästen einen komplexen inhaltlichen Spannungsbogen durchzuhalten. »Rendite statt Respekt – wenn Arbeit ihren Wert verliert« war der programmatische Titel der ersten Sendung. Erstmals mit dabei: ein Studiogast »aus dem Volk«, eine Frau mit Niedriglohn.

Sie bleibt erfolgreich und anspruchsvoll, fleißig, klug und mutig im Besetzen ganz neuer Themenfelder. Mit der Tatsache, dass der Kopf des Sonntagabends besonders exponiert ist und immer was »auf die Scheibe kriegt«, hat sie sich nolens volens abfinden müssen. Nach einiger Zeit wird sie auch von der Kritik anerkannt. Fehler und Formkrisen gibt es bei ihr kaum. Sie ist gefeiert und geschätzt. In einer Publikumsumfrage in dieser Zeit liegt sie weit vorne, »zwei Plätze vor dem Papst«, wie sie augenzwinkernd anmerkt. Trotzdem kommt quasi wie aus heiterem Himmel ein Karriereknick: Die ARD verpflichtet Günther Jauch, und er soll auf ihrem Platz am Sonntagabend senden. Sie muss auf den Mittwoch ausweichen – bei einem deutlich späteren Sendebeginn mit deutlich schlechterem Vorlauf und deutlich mehr Konkurrenz. Ein Rückschlag. Auch eine Niederlage. Aber kein Rückzug. Eher einer der Neuanfänge, von denen Anne Will seit ihrer Kindheit weiß, dass sie notwendig ein Leben bestimmen können. Wenn sie als Kind ihrer Sache zu gewiss war, kam in der Regel der mütterlich-kölsche Konter: »Pass ob, Anne, du bes noch net lans Schmitz-Backes!« Eine elterliche Ermahnung dafür, dass es im Leben wenig Grund gibt, übermütig zu werden. Denn nur ganz selten gibt es das perfekte Ding. Der Satz ist eine klassische Mahnung aus dem Mittelalter, als es als Strafe für Übeltäter noch das Spießrutenlaufen gab. Wer von den Bestraften vorbei am Bäcker Schmitz war, der am Ende der städtischen Häuserreihe seine Backstube hatte, für den war die schlimmste Pein überstanden. Seit der frühen Kindheit ist »lans Schmitz-Backes« die Maßeinheit der Zieldefinitionen von Anne Will. Auch für den neuen Mittwoch bedarf es jetzt harter, hochdisziplinierter Arbeit, wie man die eigenen Vorstellungen von Qualität und Publikumsnähe an diesen neuen Sendeplatz heranbringt. Aber schneller als erwartet ist »lans Schmitz-Backes« erreicht: Im harten öffentlichen Fight um die Frage, ob es nicht zu viel Talk im Ersten gibt, ist Anne Will bald außerhalb der Schusslinien. Nach einigen klaren Qualitätsbeweisen ist sie vom publizistischen Spießrutenlaufen um die Talkshows eher ausgenommen. Und nach durchaus harter Kritik am Anfang hat die Sendung Fahrt aufgenommen mit deutlich politischen Profil und scharfen Disputen. Profil und Tiefenschärfe sind die Schlüsselworte, mit denen sie die Qualität ihres Talks bewertet. Für die professionellen Beobachter ist Anne Will gesetzt. Längst haben auch Intendanten und Gremien das Format »Anne Will« zum festen Bestandteil des Informationsprogramms der ARD erklärt.

Nicht ganz »lans Schmitz-Backes« ist sie in ihrer Betrachtung ihrer persönlichen existenziellen Situation als Katholikin aus Köln. Was die Heimatdiözese Köln, die deutsche Kirche und die vatikanische Kirchenpolitik angeht, ist sie, die seit dem Outing ihrer Partnerschaft mit Miriam Meckel im Jahre 2007 böse kirchliche Reaktionen erfahren hat, knapp und unmissverständlich: »In diese Kirche gehe ich schon lange nicht mehr. Ich bin zwar zahlendes Mitglied. Aber es ist für mich extrem schwer, Mitglied eines Vereins zu bleiben, der meine Art zu leben ablehnt und als Sünde bezeichnet und der über Jahre hinweg systematisch sexuelle Gewalt an Kindern vertuscht hat.« Gleichzeitig verweist sie aber auch auf die »wunderbare Erfahrung einer im rheinischen Katholizismus aufgehobenen Kindheit«. Sie sagt, dass sie die englische Differenzierung des deutschen Wortes »Glauben« hilfreich findet. Dort, in der englischen Sprache und im britischen Denken, trennt man zwischen »belief« und »faith«. »Belief« als die kirchlich-dogmatische Seite des Glaubens mit den Geboten der Kirche, »faith« die Vorstellung eines Glaubens an Transzendenz und ein göttliches Gegenüber. Sie ist ausschließlich auf der Seite derer, die ihre Religiosität als »faith« verstehen, die Transzendenz bejahen und die Vorstellung von Gott als dem großen Geheimnis dieser Welt leben. Aber die »believer«, die Normen, Regelwerke, Vorgaben und Attitüden der Kirche dogmatisch meinen befolgen zu müssen, lehnt sie ab. Und so bedankt sie sich einerseits in der Livesendung zu einer großen Preisverleihung für die warmherzige Erziehung durch ihre Eltern und sagt strahlend Dank dafür, dass sie die Chance bekam, ihren Lebensweg nach wunderbaren Wertvorstellungen auszurichten. In einer ihrer eigenen Sendungen verurteilt sie andererseits mit sehr klaren, harten und unmissverständlichen Worten die Moral der Kirche: »Diese Kirche lehnt meine Lebensform, nämlich eine homosexuelle Lebensform, als schwere Sünde ab.« Man mache sie zur Sünderin und schließe sie gnadenlos von den Sakramenten aus.

So geht es bei ihr zwischen »faith« und »belief« hin und her. Sie klagt an, schärfer als die meisten, und sie verteidigt, klüger als die meisten. Auf Festen und in privaten Diskussionen lobt sie gegen manch anderen im Freundeskreis das kulturelle und soziale Erbe eines von überzeugenden Menschen gelebten Christentums. Den erwartungsfrohen Umfragen über die Veränderungen im Vatikan gegenüber bleibt sie skeptisch, ob der »Neue in Rom« seine Worte und seine verbale Öffnung zu mehr »Barmherzigkeit« auch auf die Hochstrecke der Taten und konkreten Veränderungen bringen kann. Dennoch hofft sie, dass der Tiefpunkt einer Entwicklung erreicht sei, der mithilfe der Vernünftigen zu ganz neuem Terrain für vernünftige Glaubenspraxis führen kann – inklusive einer veränderten Rolle der Frau in der Kirche, wie sie es am Beispiel ihrer Mutter deutlich macht. Auch die sei hier nicht »lans Schmitz-Backes«.

Die Dissonanzen aus den Auseinandersetzungen mit dem Glauben bleiben auch in ihrem heutigen Leben existent. Eine Entscheidung, aus der Kirche auszutreten, hat sie nicht treffen wollen. Gibt es zwei Gesichter der Anne Will in dieser Frage? Sie lacht und verneint. »Das ist zu apodiktisch«, sagt sie nach kurzem Nachdenken. »Ich habe ein einziges Gesicht. Das ist geprägt von klarem Nachdenken und gezeichnet von einer wunderbaren Erfahrung meiner Kindheit.«

~

Welche Emotionen und welche Bilder verbinden Sie mit Ihrer katholischen Kindheit?

Ich stamme aus einer Familie, in der es gleich mehrere katholische Priester gab. So wurden Taufen, Hochzeiten, Beerdigungen nicht selten von einem meiner beiden Großonkel zelebriert. Das brachte in meiner Kindheit ein Gefühl familiärer Nähe zur katholischen Kirche, gepaart mit einem guten Maß an Unaufgeregtheit. Meine Onkel waren keine »Würdenträger« für mich, eher Spielkameraden, später Gesprächspartner, jedenfalls waren sie mir nah.

Meine Eltern sind gläubige Katholiken, gehen bis heute jeden Sonntag in die Kirche und verlangten das – solange wir noch zu Hause wohnten – auch von meinem Bruder und mir. Anfangs fand ich das ganz normal, später – vielleicht so ab 14, 15 Jahren – hat es mich zunehmend genervt. Ich empfand den sonntäglichen Kirchgang als lästige Pflicht, komme ihr heute auch nicht mehr nach, kann mich aber wie damals an einem feierlichen Hochamt erfreuen. Orgelmusik, Chorgesang, Weihrauch, Kerzenduft, schöne Messgewänder, die vertraute Zeremonie – das alles konnte mich sentimental berühren, auch beruhigen, gab mir zum Beispiel bei Beerdigungen Halt und Zuversicht, konnte mich aber auch schlichtweg freuen, wenn ich die Messe als schön und Musik und Predigt als gelungen empfand.

Haben die Rituale der Messdienerzeit und die Liturgie der Kirche bei Ihnen Impulse ausgelöst oder Vorlieben bestätigt?

Maximal meine Freude daran, anderen etwas vorzulesen. Das machte ich manchmal in Schulgottesdiensten.

Sie kennen Erfolg und Kritik, Anerkennung und Distanzierungen. Wie schaffen Sie die nötige psychologische Distanz zur öffentlichen Rolle?

Keine Ahnung, ob mir das immer gelingt. Ich glaube, dass ich von Beginn an eine einigermaßen distanzierte Haltung zu jedweder Form von Über-Aufmerksamkeit hatte. Das würde ich glatt der guten Gelassenheit zuschreiben, die man den Rheinländern für gewöhnlich nachsagt: nichts *zu* ernst zu nehmen, auch sich selbst nicht, der Welt und sich selbst mit Ironie und Humor zu begegnen und darüber hinaus jeden Jeck anders sein zu lassen – das umschreibt es vielleicht einigermaßen. Daran halte ich mich, das habe ich, glaube ich, verinnerlicht, und damit lebt es sich auch in Zeiten großer, auch berechtigter Kritik gut.

Das Netz verschärft die öffentliche Auseinandersetzung. Wie gehen Sie damit um?

Gelassen. Denn die Mechanismen lassen sich ja mehr als leicht decodieren. Je hämischer die Kritik, desto höher die Klickzahlen. Das hat nicht zwingend was mit Journalismus und ernst zu nehmender Kritik zu tun, das würde ich »Verkaufe« nennen. Gleichwohl kann ich durchaus aus Kritiken etwas lernen und klemme mich dann auch sehr konzentriert dahinter, Fehler möglichst nicht zu wiederholen und besser zu werden.

Haben Sie eine Erklärung dafür, dass viele Show-Moderatoren Messdiener waren?

Vielleicht suchten sie alle schon früh den großen Auftritt? Das könnte es sein.